Eva Pierrakos und Donovan Thesenga

Fürchte dich nicht vor dem Bösen

Titel der amerikanischen Originalausgabe:
Fear No Evil – The Pathwork Method of Transforming The Lower Self
erschienen bei Pathwork Press, Madison, Virginia, USA
Copyright © 1994 by Susan Thesenga

Copyright © 2001 der deutschen Ausgabe:
Synthesis Verlag, Postfach 14 32 06, D-45262 Essen
Alle Rechte der deutschen Ausgabe vorbehalten.

Cover: Dragon Design (send@dragon-design.org)
Typographie und Satz: Dragon Design
Gesetzt aus der Goudy

ISBN 3-922026-92-3

Eva Pierrakos und Donovan Thesenga

Fürchte dich nicht vor dem Bösen

Aus dem Amerikanischen von
Franchita Mirella Cattani

SYNTHESIS

Dank

Ohne die Vorschläge und Bemühungen von Judith Saly, John Saly, Susan Thesenga und Jan Bresnick wäre dieses Buch nicht möglich gewesen, ebenso wenig ohne die fachkundige Unterstützung von Karen Millnick, Iris Markham, Hedda Koehler und Rebecca Daniels.

Fürchte dich nicht vor dem Bösen ist im Auftrag der *Pathwork Foundation* entstanden.

Muss ich auch wandern in finsterer Schlucht, ich fürchte kein Unheil.

Psalm 23,4

Wenn es einen Weg zum Besseren gibt, dann darin, dem Schlimmsten ins Auge zu schauen.

Thomas Hardy

Inhalt

6

8

$\rightarrow$

10

Einleitung

I. Das Böse und wir

Die menschliche Natur ist unendlicher Bosheit fähig … Es ist heute, wie zu allen Zeiten, wichtig, dass der Mensch die Gefahr des Bösen, die in ihm lauert, nicht übersieht. Sie ist leider nur allzu wirklich, weshalb die Psychologie auf der Realität des Bösen bestehen und irgendeine Definition, welche das Böse als unbedeutend oder gar als nicht existierend auffassen will, abweisen muss.[1]

C. G. Jung

Wenn man versteht, dass das Böse eigentlich ein göttlicher Energiefluss ist, der durch falsche Ideen, Auffassungen und Unvollkommenheiten vorübergehend verzerrt ist, wird man seine Essenz nicht mehr ablehnen.

»Der Sinn des Bösen und seine Transzendierung«[2]

Ihr seid keine bösen Menschen. Ich bin kein böser Mensch. Dennoch existiert Böses in der Welt. Woher kommt es?

Das Böse, das in der Welt geschieht, wird von Menschen begangen. Wir können weder Pflanzen und Tiere noch ansteckende Krankheiten oder böse Einflüsse aus dem Weltall dafür verantwortlich machen. Wenn aber weder ihr noch ich böse sind, wer ist es dann? Weilt das Böse nur anderswo, etwa im früheren Nazideutschland oder dem »bösen Reich« der stalinistischen Sowjetunion? Oder befindet es sich allein im Herzen von Verbrechern und Drogenkönigen, aber nicht im Herzen von jemandem, den wir kennen?

---

[1] Werke Bd. 9/II, *Aion*, Walter-Verlag, Olten 1976, S. 63.
[2] Lesung 184, in Pierrakos, Eva: *Der Pfad der Wandlung*. Synthesis 1994, S. 166 ff.

Kann es vielleicht sein, dass niemand böse ist, sondern nur fehlgeleitet? Sind die unglaublichen Schrecken der Judenvernichtung, der Sadismus eines Idi Amin oder die von vielen Ländern sanktionierten Folterungen auf bloßes Fehlgeleitetsein zurückzuführen? Das Wort bietet eine allzu fadenscheinige und ungenügende Erklärung.

Doch wo befindet sich das Böse?

Der Pfad lehrt, dass das Böse in jeder Menschenseele weilt. Oder anders ausgedrückt: Das Böse in der Welt ist nicht mehr als die Summe des Bösen in jedem Einzelnen.

Das »Böse« ist ein starkes Wort. Die meisten Menschen würden es lieber nur für die Verbrecher dieser Welt gebrauchen und nicht auf sich selbst anwenden. Gilt es für euch und mich?

In meinem Wörterbuch ist das »Böse« als »moralisch verwerflich, sündig, gemein« definiert. Dies verdeutlicht, dass das Wort richtig verwendet wird, wenn etwa von der »bösen Institution der Sklaverei« die Rede ist.

Ich habe schon Dinge getan, die moralisch verwerflich sind, und ich vermute, dass auch euch das passiert ist. Wir haben alle Charakterfehler und sind mehr oder weniger egozentrisch, selbstsüchtig und kleinlich. Diese Charakterfehler haben oft dazu geführt, dass ich lieblos, boshaft, eifersüchtig war und mein Handeln die Not in der Welt nur vergrößerte. Aber macht mich das böse?

Ihr und ich sind insgesamt oder in unserem Kern bestimmt nicht böse, aber wir haben tatsächlich Böses in uns. Demnach beschreibt das Wort »böse« den fließenden Übergang eines Verhaltens, das von simpler Kleinlichkeit und Egozentrik bis zum völkermordenden Sadismus der Nazis reicht. Diejenigen unter uns, die sich im weniger spektakulären Bereich befinden, meinen keine Gemeinsamkeiten mit den Mördern zu besitzen. Doch kann es sein, dass wir nichts mit ihnen gemein haben? Um mit der zweiten Bedeutung aus meinem Wörterbuch zu sprechen: Sind wir nicht alle Sünder?

Vor dreißig oder vierzig Jahren war das Wort »Sünde« noch allgemein in Gebrauch, aber heute wird es (außer bei Fundamentalisten) kaum mehr benutzt. Wir verwenden eher psychologische Fachausdrücke, reden von menschlichen Fehlern und Schwächen, und machen in der Regel

12

jemand anders verantwortlich für das, was wir sind. Eine Veränderung findet dann statt, wenn wir verstehen, warum andere uns negativ programmiert haben, die damit zusammenhängenden Gefühle zulassen (vorwiegend Wut und Trauer), und dieser äußeren Quelle von Negativität vergeben. Das ist der Kern des Transformationsprozesses.

Allerdings haben wir durch die psychologische Betrachtung etwas verloren, das uns der alte religiöse Gedanke der Sünde noch vermittelte. Und zwar dass wir für unsere eigene Negativität, für unsere eigenen Unterlassungs- und Begehungssünden selbst verantwortlich sind. Verantwortlich zu sein ist etwas anderes als schuldig zu sein. Wir gestehen uns damit ein, dass wir manchmal selbst die Ursache von Schmerz, Ungerechtigkeiten und Lieblosigkeiten uns selbst, anderen und der Welt gegenüber sind.

Kann ich diesem Maß an Eigenverantwortlichkeit zustimmen – dass ich nicht nur ein Opfer des Bösen in der Welt bin, sondern auf meine Weise ebenfalls Negativität auslöse – was sollte ich dann dagegen tun? Wie stelle ich es an, das Böse in mir selbst umzuwandeln?

Die religiöse Überlieferung enthält moralische Grundsätze, nach denen wir leben sollen: »Alles, was ihr von anderen erwartet, das tut auch ihnen« oder »Liebe deinen Nächsten wie dich selbst«. Wir sind uns sicher darüber einig, dass die Welt ein angenehmerer Aufenthaltsort wäre, käme jeder diesen goldenen Regeln nach. Nur halten wir uns nicht immer daran. Ich nicht, und ihr auch nicht. Weshalb ist es so schwer, nach diesem Prinzip zu leben? Wie stelle ich es an, mein Verhalten zu ändern? Was muss ich tun, um liebevoller zu sein? Die Antworten der traditionellen Religionen scheinen meist bloß zu lauten: »Strengt euch mehr an.«

In der religiösen Überlieferung werden, um mit C. G. Jung zu sprechen: »Idealismen gelehrt, von denen man meist mit Sicherheit weiß, dass man sie nie wird erfüllen können, und sie werden von Amts wegen von denen gepredigt, die wissen, dass sie selber sie nie erfüllt haben noch je erfüllen werden.«[3]

---

3 Jung, C. G., *Erinnerungen, Träume, Gedanken*. Rascher, Zürich, Stuttgart 1962, S. 333.

Viele, die früher einen Priester um Rat gefragt hätten, gehen heute zum Psychotherapeuten. Und welche Erfolge hat die moderne Psychologie beim Ringen mit dem Bösen zu verzeichnen?

In einem Ende der Achtzigerjahre erschienenen Artikel über Abraham Maslow, den Begründer der humanistischen Psychologie, heißt es: »In seinen letzten Jahren setzte sich Maslow mit dem Wesen des Bösen im Menschen auseinander ... Er äußerte Bedenken über die Unfähigkeit der humanistischen und transpersonalen Psychologie, die dunkle Seite (die Jung Schatten nannte) in eine umfassende Theorie der menschlichen Natur aufzunehmen. Maslow selbst bereitete diese Frage Kopfzerbrechen, und als er starb, war er zu keinem endgültigen Schluss gelangt.«[4]

Diejenigen unter uns, die sich mit der Pfadarbeit auseinander gesetzt haben und darin geübt sind, stellen mit Erleichterung fest, dass die Pfadarbeit das wesentliche Bindeglied bietet, das sowohl der Religion wie auch der Psychologie nicht zur Verfügung stand.

Die große Mehrheit heutiger spiritueller Übermittlungen oder des gechannelten Materials konzentriert sich auf die grundsätzliche Güte des Menschen, auf unsere letztendliche Gott-Selbst-Natur. Das ist eine wertvolle Botschaft in unserer Zeit. Was aber machen wir mit unserer »dunklen Seite«? Woher kommt sie, weshalb ist sie so widerspenstig?

Der einmalige Wert des Pfades liegt darin, dass er auf diese Fragen Antworten liefert. Die Übermittlungen durch Eva Pierrakos lehren, dass das Böse sich in irgendeiner Form im Herzen eines jeden Menschen befindet. Wir brauchen es aber weder zu fürchten noch zu verleugnen. Uns wird eine Methode angeboten, dank welcher wir unsere »dunkle Seite« erkennen, ihre Wurzeln und Ursachen verstehen und sie vor allem umwandeln können. Dies schafft Frieden in dem Herz des Menschen, und erst wenn dieser erlangt ist, wird es Frieden auf Erden geben.

Eva und der Pfad

Das hier zusammengetragene Material wurde ursprünglich gesprochen, nicht geschrieben. Von 1957 bis 1979 überlieferte Eva Broch Pierrakos 258 Lesungen über das Wesen der seelischen und geistigen Realität sowie

4 Hoffmann, Edward: *Abraham Maslow and Transpersonal Psychology*, in »The Common Boundary«, May/June 1988, p. 5.

14

über die geistige Entwicklung des Menschen. Eine Auswahl von 17 Lesungen ist in *Der Pfad der Wandlung*[5] erschienen, weitere Lesungen in *Bereit sein für die Liebe*.[6] Im vorliegenden Buch geht es um die *Methode* der in den Lesungen beschriebenen Wandlung. Die Methode ist nicht einfach, aber sie verspricht überaus weit reichende Ergebnisse, wenn man sie getreulich und mutig befolgt.

»Dieser Pfad fordert von euch, wozu die meisten Menschen am wenigsten bereit sind: *Wahrhaftigkeit dem eigenen Selbst gegenüber, Offenlegung dessen, was jetzt ist, Beseitigung der Masken und Vorwände und die Erfahrung der eigenen nackten Verletzlichkeit.* Es ist eine hohe Anforderung und zugleich der einzige Weg, der zu echtem Frieden und zu Ganzheit führt.«[7]

In den ersten zehn Jahren von Evas Arbeit scharte sich eine Gruppe von Menschen um sie. Diese versuchten die in den Lesungen dargelegten Grundsätze in die Praxis umzusetzen. Im Jahre 1967 lernte Eva den Psychiater Dr. John Pierrakos kennen, der Mitbegründer der Bioenergetik war. Wenige Jahre später waren sie verheiratet, und ihre gemeinsame Arbeit vergrößerte die Pfadgemeinschaft deutlich. Nach Evas Tod gründete John C. Pierrakos die Core Energetik.

Zum Netz von Praktikern und Lehrern der Pfadarbeit gehören in den USA zwei Zentren, wo der Pfad gelehrt und gelebt wird. Weltweit gibt es zahlreiche weitere Zentren. Eine Übersicht ist am Ende des Buches zu finden. Die Pfadbücher sind in französischer, deutscher, italienischer, spanischer, portugiesischer und holländischer Übersetzung erschienen.

Zu Evas Lebzeiten (sie starb 1979) traf sich die Pfadgemeinschaft einmal im Monat in New York City. Eva versetzte sich in eine leichte Trance und sprach jeweils etwa drei Viertelstunden lang. Die Lesungen wurden aufgenommen, transkribiert und an die Mitglieder der Gemeinschaft verteilt. In den letzten zwei Jahren ihres Lebens war sie körperlich zu schwach, um die neuen Lesungen öffentlich vorzutragen. Deshalb entstanden sie an der Schreibmaschine, und die Abschrift wurde der Gemeinschaft vorgelesen.

Die mündliche Erläuterung des Materials zog Wiederholungen nach sich. Zudem wurden viele Themen im Lauf der 22 Jahre, über die sich die

---

5. Im selben Verlag, 1994.   6 Im selben Verlag, 1997.   7 *Der Pfad der Wandlung*, S. 25.

15

Übermittlungen erstreckten, öfters behandelt und dabei weiter ausgeführt. Bei der Arbeit an diesem Buch habe ich die meisten Wiederholungen gestrichen. Am Ende jeder vorgetragenen Lesung wurden Fragen gestellt und beantwortet. In dieses Buch habe ich nur wenige Beispiele aufgenommen.

Wie man dieses Buch verwendet

Ich rate dringend, das Buch nicht auf einen Schlag durchzulesen. Bei den ursprünglichen Vorträgen wurde erwartet, dass jede Lesung einen Monat lang besprochen wird, bevor die nächste Lesung startet. Vieles davon ist sehr dicht und erfordert mehrmaliges Lesen. Der Versuch, Empfehlungen auf sich anzuwenden, will wohl überlegt sein. Es wäre ideal, wenn ihr das Buch mit anderen zusammen lesen und mit ihnen besprechen könntet. Ist das nicht der Fall, empfehle ich euch nach dem Lesen einige Tage zu warten, die Lesung dann noch einmal durchzugehen und eine Zeit lang euer Möglichstes zu tun, die darin enthaltenen Grundsätze auf euer eigenes Leben anzuwenden, bevor ihr die nächste Lesung anpackt.

Die nachfolgenden Lesungen sind eine Auswahl aus den 258 durchgegebenen Lesungen. Ich habe sie chronologisch geordnet. Am besten werden sie in dieser Reihenfolge durchgenommen. Bleibt ihr aber in irgendeinem Abschnitt stecken, lest lieber bei einer für euch attraktiveren Stelle weiter, als das Buch beiseite zu legen.

Die Lesungen beschreiben eine Methode der Selbstbeobachtung und enthalten eine Theorie, die euch hilft, das Beobachtete einzuordnen und zu verstehen. Die Arbeit erfordert eine gewissenhafte Bemühung, Masken und Abwehrmechanismen abzulegen sowie Gefühle zu empfinden und zuzulassen, die ihr verdrängt und verleugnet habt. Zum Teil könnt ihr alleine arbeiten. Den meisten aber fällt es schwer. Ihr werdet Freunde und Mitreisende brauchen, die euch helfen, Seiten zu sehen, die ihr lieber im Dunkeln lassen möchtet.

Habt ihr wahre Selbstbeobachtung gelernt und den Mut besessen, die Schatten, euer niederes Selbst, ans Licht zu holen, dann seid ihr zur echten Selbsttransformation bereit. Die Arbeit ist weder leicht, noch geht sie schnell voran, aber sie verändert euer Leben von Grund auf.

Donovan Thesenga, Oktober 1993

TEIL I
Selbsterkenntnis

Es ist oft tragisch, zu sehen, auf wie durchsichtige Weise ein Mensch sich selber und anderen das Leben verpfuscht, aber um alles in der Welt nicht einsehen kann, inwiefern die ganze Tragödie von ihm selber ausgeht und von ihm selber immer wieder aufs Neue genährt und unterhalten wird. Sein Bewusstsein tut es allerdings nicht, denn es jammert und flucht über eine treulose Welt, die sich in immer weitere Ferne zurückzieht. Es ist vielmehr ein unbewusster Faktor, der die welt- und selbstverhüllenden Illusionen spinnt.

C. G. Jung[8]

---

[8] *Aion*, a.a.O., S. 19.

Das erste Kapitel enthält Auszüge aus einer der ersten Pfadlesungen. Darin geht es um Glück: Es wird festgestellt, dass wir uns alle danach sehnen, aber dazu neigen, äußere Umstände für etwaiges Unglücklichsein verantwortlich zu machen.

Die Lesung stellt den Grundsatz der Selbstverantwortlichkeit voran: »Der spirituell unreife Mensch glaubt, Glück müsse zuerst im Äußeren geschaffen werden; äußere Umstände, die nicht unbedingt von ihm abhängen, hätten sich seinen Wünschen zu fügen – dann folge das innere Glück. Der spirituell reife Mensch weiß, dass es sich genau umgekehrt verhält.« Und weiter: »Glück hängt nicht von äußeren Umständen oder anderen Menschen ab, wie sehr der spirituell unreife Mensch von diesem Trugschluss auch überzeugt sein mag. Der spirituell reife Mensch weiß, dass er die Fähigkeit in sich trägt, ein glückliches Leben herbeizuführen, nicht nur zuerst in sich, sondern als unvermeidliches Ergebnis auch außen.«

Dieser Grundsatz ist ein Grundstein, auf welchem die Selbsttransformation bei der Pfadarbeit beruht. Es ist nicht nötig, ihn zu glauben, um mit der Arbeit zu beginnen, wohl aber die Möglichkeit in Betracht zu ziehen, dass es sich so verhalten könnte. Es wird dringend empfohlen, alte Gewissheiten beiseite zu legen und uns neuen Möglichkeiten aufzuschließen. Das trifft auf diesen Gedanken wie auch auf viele andere zu, die noch folgen.

Der Pfad erfordert nicht, irgendwelche konkreten Dogmen zu glauben oder sich irgendwelchen Glaubensbekenntnissen anzuschließen. Stattdessen werden uns Gedanken und Methoden angeboten, mit denen wir arbeiten können. Ob die Methode funktioniert, sehen wir am Ergebnis. Tragen die Gedanken Früchte, indem sie helfen, uns selbst besser zu verstehen und ein glücklicheres, produktiveres Leben zu führen, machen wir sie uns wirklich zu Eigen. Dann wissen wir und glauben nicht nur.

Der erste Schlüssel zum Glück ist Selbsterkenntnis. Das scheint eine unumstrittene Aussage zu sein. Sicherlich sind sich alle gebildeten Menschen über den unschätzbaren Wert der Selbsterkenntnis einig. Doch weshalb ist sie so schwer zu erlangen? Vielleicht, weil es niemandem gefällt, unangenehme oder wenig schmeichelhafte Tatsachen über sich selbst zu erfahren. Die Lesungen im ersten Teil weisen darauf hin, wie wichtig es ist, gerade diese Seiten kennen zu lernen.

In der Jung'schen Psychologie wird der Teil von uns, den wir lieber nicht anschauen, sondern in die Dunkelheit abschieben und vergessen möchten, »Schatten« genannt. Im Pfad heißt diese Ansammlung von Charakterfehlern und Negativität »niederes Selbst«. Das niedere Selbst wird durch ein Maskenselbst verborgen, ein idealisiertes Selbstbild oder verherrlichtes Bild dessen, dem wir glauben, entsprechen zu müssen, und das wir zu sein vorgeben.

Die Anfangsstadien der Pfadarbeit konzentrieren sich vor allem darauf, das Maskenselbst durchschauen zu lernen und sich des niederen Selbst bewusst zu werden, das sich darunter versteckt. Diese beiden Persönlichkeitsschichten verbergen das höhere Selbst, jenen Funken Göttlichkeit im Inneren, der sich im Kern eines jeden befindet. In den ersten Lektionen werden wir ermahnt, jene Seiten in uns auszuloten, die wir am meisten zu verbergen suchen. Für diese Arbeit werden uns praktische Hilfsmittel angeboten. Zuerst lernen wir unser alltägliches Tun und Fühlen zu betrachten und einzuschätzen – also Dinge, die uns ganz bewusst sind und die nur darauf warten, dass wir ihnen unsere volle Aufmerksamkeit schenken. Dann lernen wir, unbewusste Gedanken, Gefühle und Einstellungen aufzuspüren. Dabei kommt Erstaunliches ans Licht. Bereitet euch auf Überraschungen vor.

D. T.

1

Erkenne dich selbst

Tief in seinem Inneren sehnt sich jeder Mensch nach Glück. Doch was ist Glück? Fragt ihr verschiedene Leute, bekommt ihr unterschiedliche Antworten. Der spirituell unreife Mensch sagt vielleicht, er wäre glücklich, wenn er etwas bekäme oder eine Sorge weniger hätte. Anders ausgedrückt: Glück bedeutet für ihn, dass bestimmte Wünsche sich erfüllen. Doch selbst wenn sich diese Träume erfüllten, wäre er nicht glücklich. Er würde immer noch eine tiefe Unruhe verspüren. Weshalb? Weil Glück nicht von äußeren Umständen oder anderen Menschen abhängt, wie sehr der spirituell unreife Mensch auch davon überzeugt sein mag. Spirituell reife Menschen wissen das. Sie wissen, dass nur sie für ihr Glück oder Unglück verantwortlich sind. Sie wissen, dass sie sich ein glückliches Leben schaffen können, zuerst in sich selbst, dann aber auch unweigerlich in ihrem äußeren Leben. Der spirituell unreife Mensch glaubt, Glück müsse zuerst auf der äußeren Ebene entstehen und die äußeren Umstände hätten sich seinen Wünschen zu fügen. Geschieht das, ist Glück die Folge. Der spirituell reife Mensch weiß, dass es sich genau umgekehrt verhält.

Viele Menschen wollen diese Tatsache nicht wahrhaben. Es ist einfacher, das ungerechte Schicksal, höhere Mächte oder von anderen herbeigeführte Umstände verantwortlich zu machen als die Verantwortung selbst zu übernehmen. Es ist leichter, sich als Opfer zu fühlen. So braucht man nicht bei sich zu suchen, und das manchmal sehr tief und mit größter Ehrlichkeit. Dennoch lautet die Wahrheit: Das Glück liegt in deiner Hand. Was müssen wir dafür tun? Lasst uns zuerst betrachten, was Glück im spirituell reifen Sinn bedeutet. Es bedeutet ganz einfach: Gott.

Viele Menschen versuchen Gott aufrichtig zu finden. Fragt man sie jedoch, was genau sie darunter verstehen oder wie sie sich die Suche vorstellen, fällt es ihnen schwer, eine Antwort zu geben. Dabei gibt es so etwas wie »Gott finden«. Es ist ein ganz konkreter Vorgang ohne schummrige, unrealistische oder illusionäre Aspekte. Gott finden heißt das wahre Selbst finden. Habt ihr euch bis zu einem gewissen Grad selbst gefunden, befindet ihr euch in einer relativen Harmonie. Ihr nehmt die Gesetze des Universums wahr und versteht sie. Ihr habt die Fähigkeit, Beziehungen einzugehen, zu lieben und euch zu freuen. Ihr seid wahrhaft selbstverantwortlich. Ihr besitzt die Integrität und den Mut, ihr selbst zu sein, sogar, wenn die Zustimmung anderer dazu fehlt. Das alles bedeutet, dass ihr Gott gefunden habt – wie auch immer ihr diesen Vorgang sonst bezeichnet. Man könnte es auch *Heimkehr aus der Selbstentfremdung* nennen.

Gott zu finden ist die einzige Art und Weise, das Glück zu finden. Es kann auf der Stelle gefunden werden. »Wie?« wollt ihr vielleicht wissen. Meine Freunde, immer wieder stellen sich die Leute Gott unerreichbar im Weltall vor. Das ist weit von der Wahrheit entfernt. Das gesamte Universum befindet sich in jedem Menschen. Daher besitzt jedes Lebewesen einen Teil Gottes in seinem Inneren. Die einzige Möglichkeit, diesen göttlichen Teil im Inneren zu erreichen, führt über den steilen, engen Weg der eigenen Entwicklung. Das Ziel ist Vollkommenheit. Die Grundlage dazu bildet die Selbsterkenntnis!

Euch zu erkennen ist in der Tat schwierig. Denn sich zu erkennen bedeutet, manch wenig schmeichelhaften Zug anzuschauen. Es ist eine lange, nie endende Suche: »Was bin ich? Was bedeuten meine Reaktionen – nicht nur meine Taten und Gedanken – eigentlich? Wird meine Handlungsweise von meinen Gefühlen gestützt, oder entsprechen meine Motivationen nicht dem, was ich gerne über mich glaube oder andere glauben machen würde? War ich mir selbst gegenüber ehrlich? Was sind meine Fehler?«

21

Wenn auch einige ihre Schwächen kennen, sind sich die meisten Menschen ihrer nicht bewusst. Das ist ein großes Hindernis sogar für diejenigen, die auf diesem Weg weiter gelangt sind. Was ihr nicht kennt, könnt ihr nicht überwinden. Jeder Fehler bildet eine Kette, die euch festhält. Indem ihr eine Unvollkommenheit nach der anderen ablegt, befreit ihr euch von diesen Ketten und kommt dem Glück näher. Glück ist für alle gedacht. Nur kann es unmöglich erlangt werden, ohne die Ursachen des Unglücks ausgeräumt zu haben. Das können eure Fehler sein sowie jede Tendenz, die ein geistiges Gesetz verletzt.

Den Fortschritt auf diesem Pfad könnt ihr an eurem Leben und euren Problemen ablesen. Wie glücklich seid ihr? Was fehlt euch im Leben? Das Maß des Unglücks oder der Unzufriedenheit zeigt, wie wenig ihr euer Potenzial ausgeschöpft habt.

Wer wirklich erfüllt ist, empfindet eine tiefe Zufriedenheit, Sicherheit und Erfüllung. Fehlen diese Merkmale, seid ihr nicht ganz auf dem rechten Weg oder habt die Befreiung noch nicht erlangt, die ihr nach Überwindung anfänglicher Schwierigkeiten auf diesem Pfad bestimmt erfahren werdet. Nur ihr kennt die Antwort und wisst, wo ihr steht. Niemand sonst kann oder braucht diese Frage für euch zu beantworten. Lasst euch auch von Problemen in eurem äußeren Leben nicht entmutigen. Die äußere Form des inneren Konflikts löst sich nicht so schnell auf.

Je mehr ihr die inneren Seelenströme in die richtigen Bahnen lenkt, desto sicherer verändern sich die entsprechenden äußeren Formen. Bis dieser Vorgang vollständig abgeschlossen ist, kann sich das äußere Problem nicht auflösen. Ungeduld erschwert dies nur. Seid ihr auf dem rechten Weg, werdet ihr die großartige Realität der Welt Gottes in eurem Alltag erfahren. Sie wird genauso wirklich sein wie eure menschliche Umgebung, wenn nicht gar wirklicher. Es handelt sich nicht mehr um eine Theorie. Ihr werdet in dieser Welt leben und die Wirkung spüren.

Ich ziehe mich jetzt zurück und sage einem jeden von euch: Keiner sollte sich je allein fühlen. Die Liebe Gottes ist mit euch allen. Folgt in Frieden diesem Weg. Er wird euch Glück bescheren.

22

2

Höheres Selbst, niederes Selbst und Maske

Gesegnet ist diese Stunde, in der es mir gewährt wird, zu euch zu sprechen, meine Freunde.

Ihr wisst alle, dass ihr nicht nur einen physischen, sondern auch verschiedene feinstoffliche Körper besitzt, von denen jeder etwas anderes darstellt. Eure Gedanken haben eine bestimmte geistige Form, die nicht nur durch Gedanken entsteht, sondern auch durch Gefühle. Ein Gefühl ist eigentlich ein noch nicht bewusster, »ungedachter Gedanke«. Obschon Gedanken andere Formen erzeugen als Gefühle, schaffen beide ganz bestimmte, feste Formen. Jeder feinstoffliche Körper hat, genau wie der physische Körper, eine Aura. Sie besteht aus seinen Schwingungen und Emanationen. Diese Formen existieren im Geist wirklich. Sie fluktuieren und verändern sich ständig, da im Geist alles in Bewegung ist.

Die Aura des physischen Körpers gibt Aufschluss über Krankheiten, Gesundheit sowie alle anderen Befindlichkeiten des körperlichen Seins. Die gefühlsmäßigen, intellektuellen oder spirituellen Reaktionen zeigen sich in der Aura des entsprechenden feinstofflichen Körpers.

Jedes Lebewesen hat ein höheres Selbst oder einen göttlichen Funken. Dieser ist der leuchtendste feinstoffliche Körper mit der höchsten Schwingung, denn je fortgeschrittener die spirituelle Entwicklung ist, desto höher die Schwingung. Das höhere Selbst hat sich allmählich mit Schichten dichterer Materie umgeben, zwar nicht so dicht wie der physische Körper, aber deutlich dichter als das höhere Selbst. Dadurch entstand das niedere Selbst.

Das Ziel der spirituellen Entwicklung besteht darin, das niedere Selbst auszuschalten, damit das höhere Selbst von allen äußeren Schichten befreit wird, die es sich angeeignet hat. Ihr werdet bei euch selbst oder anderen merken, dass bestimmte Teile des höheren Selbst bereits frei sind, andere sich jedoch noch im Verborgenen befinden. Dies hängt von der allgemeinen Entwicklung des Betreffenden ab. Das niedere Selbst besteht nicht nur aus den individuellen Fehlern und Schwächen, sondern auch aus Unwissen und Trägheit. Es hasst Veränderung und Selbstüberwindung. Es besitzt einen starken Willen, der sich äußerlich nicht immer zeigt, und will, dass die Dinge auf seine Weise geschehen, ohne dafür zu bezahlen. Es ist stolz, selbstsüchtig und sehr eitel. Diese Merkmale gehören gewöhnlich zum niederen Selbst, ungeachtet anderer Fehler des Betreffenden.

Wir können ohne weiteres erkennen, welche Gedankenformen vom höheren und welche vom niederen Selbst stammen. Wir können auch feststellen, welchen Neigungen, Wünschen und Bemühungen des höheren Selbst Neigungen des niederen Selbst beigemischt sind.

Werden Botschaften des höheren Selbst durch Motivationen des niederen Selbst gefärbt, entsteht eine Unordnung in der Seele, die ihren Träger emotional krank macht. Möchte beispielsweise jemand etwas Selbstsüchtiges, gesteht sich jedoch nicht ein, dass es selbstsüchtig ist, dann rechtfertigt er den selbstsüchtigen Wunsch und betrügt sich selbst. Diese häufig vorkommende Selbsttäuschung können wir deshalb sehen, weil die Formen des höheren Selbst einen völlig anderen Charakter haben als diejenigen des niederen Selbst.

Es gibt noch eine Schicht, deren Bedeutung der Mensch leider noch nicht genügend erkannt hat und die ich Maskenselbst nenne. Das Maskenselbst entsteht folgendermaßen: Wenn durch euer Nachgeben gegenüber dem niederen Selbst ein Konflikt mit eurer Umgebung entsteht, dann seid ihr vielleicht nicht bereit, den Preis für die Beseitigung des niederen Selbst zu bezahlen. Das würde vor allem bedeuten, dass ihr es genauso sehen müsstet, wie es wirklich ist, mit all seinen Beweggründen und Trieben. Ihr könnt nur etwas besiegen, dessen ihr euch voll und ganz bewusst seid. Das aber heißt den beschwerlichen spirituellen Pfad einschlagen. Viele Menschen wollen nicht so tiefschürfend nachdenken. Stattdessen reagieren sie gefühlsmäßig, ohne zu bedenken, inwiefern ihr niederes Selbst an ihrer Reaktion beteiligt sein könnte. Das Unterbewusstsein bietet der Welt ein anderes Selbstbild an, um bestimmte Schwierigkeiten oder Unannehmlichkeiten zu vermeiden. Also legen sich die Menschen eine weitere Schicht um das Selbst zu, die nichts mit der Realität zu tun hat, weder mit derjenigen des höheren Selbst noch mit der vorübergehenden Realität des niederen Selbst. Diese aufgesetzte Maske kann man unecht nennen; sie ist unwirklich.

Im genannten Beispiel weist das niedere Selbst jemanden an, einem selbstsüchtigen Wunsch rücksichtslos nachzugehen. Jeder Mensch weiß, dass andere ihn schneiden oder nicht mögen werden, wenn er diesem Wunsch nachkommt, und das will niemand. Statt die Selbstsucht durch eine langsame Entwicklung zu überwinden, verhält sich ein solcher Mensch, als wäre er bereits selbstlos. Trotzdem bleibt er selbstsüchtig und spürt dies auch. Seine Nachgiebigkeit der allgemeinen Meinung gegenüber und seine Großzügigkeit sind nur Heuchelei. Sie stimmen mit seinen echten Gefühlen überhaupt nicht überein. Anders ausgedrückt: Ein richtiges Tun wird durch die ungeläuterten inneren Gefühle nicht untermauert, und daher steht der Betreffende im Krieg mit sich selbst. Die richtige Handlung wird zur Zwangshandlung, statt einer freien Entscheidung zu entspringen. Diese aufgesetzte Güte bezahlt den Preis nicht im wahren Sinne. Der Betreffende gibt vielleicht etwas, aber er hasst den Gedanken. Er ist in seinem Innersten nicht nur ein überzeugter Egoist, sondern er verrät auch noch sein Wesen, verletzt seine Realität und lebt eine Lüge.

Ich will damit nicht sagen, dass es ratsam wäre, seiner niederen Natur nachzugeben. Man muss um Erleuchtung kämpfen und sich entwickeln, um seine Gefühle und Wünsche zu läutern. Erreicht man das nicht, sollte man sich wenigstens nicht selbst hinters Licht führen. Der Betreffende sollte sich die Diskrepanz zwischen Gefühlen und Handeln vor Augen halten. Dann kann sich kein Maskenselbst bilden.

Das Ende der Selbsttäuschung

Allerdings versucht ein solcher Mensch nur zu oft, an seine eigene Selbstlosigkeit zu glauben. Damit täuscht er sich über seine wahren Gefühle und Beweggründe hinweg. Nach einer Weile sinkt die böse Wurzel ins Unterbewusstsein, wo sie gärt und Formen hervorbringt, die sich nicht ausräumen lassen, weil sich der Betreffende ihrer nicht bewusst ist. Das Beispiel der Selbstsucht ist nur eine Möglichkeit. Es gibt andere Tendenzen, bei denen sich derselbe Prozess abspielt.

Ist ein Mensch gefühlskrank, wurde auf die eine oder andere Weise immer ein Maskenselbst erzeugt. Er merkt nicht, dass er eine Lüge lebt und hat eine Schicht aus Unwirklichkeit aufgebaut, die mit seinem wahren Wesen nichts zu tun hat. Damit ist er seiner wahren Persönlichkeit untreu geworden. Treu sein bedeutet nicht, dem niederen Selbst nachzugeben, sondern sich seiner bewusst zu sein. Täuscht euch nicht selbst, wenn ihr aus der Notwendigkeit handelt, euch zu schützen, statt aus erleuchteter Schau und innerer Überzeugung. Nehmt wahr, dass eure Gefühle immer noch ungeläutert sind. Dann startet ihr wenigstens auf einer guten Grundlage. Es ist leichter, euch selbst ins Auge zu sehen, wenn ihr merkt, dass unter den Schichten des niederen Selbst euer höheres Selbst liegt, die letztendliche und absolute Realität, die ihr bestimmt am Ende erreicht. Um sie zu erreichen, müsst ihr euch dem niederen Selbst – eurer vorübergehenden Realität – stellen, anstatt es zuzudecken, denn dies vergrößert den Abstand zwischen euch und der absoluten Realität eures eigenen höheren Selbst nur. Es gilt um jeden Preis das Maskenselbst niederzureißen. Das kann gelingen, wenn ihr euch die drei Selbst, um die es hier geht, bildlich vorstellt.

Sich anzulügen und nicht über die eigenen Gefühle und wahren Beweggründe nachzudenken, sondern ohne zu denken gefühlsmäßig zu reagieren, mag ab und zu angemessen erscheinen, ist es aber nicht. Um wirkliche Erfüllung zu finden und in Einklang mit Gott und damit dem eigenen inneren Selbst zu sein, muss der Betreffende ein für allemal die Antwort auf folgende Fragen finden: *Was ist das eigentliche Ich? Was ist mein höheres Selbst? Was ist mein niederes Selbst? Wo könnte eine Maske oder etwas Falsches sein?*

26

Es ist wichtig, das innere Auge so zu schulen, dass ihr euch und andere aus diesem Blickwinkel betrachtet. Je wacher ihr spirituell seid, desto leichter fällt euch dies. Wenn ihr Kontakt mit dem höheren Selbst aufnehmt und eure Intuition dank der spirituellen Entwicklung erwacht ist, werdet ihr einen deutlichen Unterschied zwischen Maske und höherem Selbst ausmachen. Ihr werdet die unangenehmen Äußerungen des Maskenselbst spüren, vor allem eures eigenen, wie gefällig die Maske auch immer erscheinen mag. Dann gilt es nur noch die unbewussten Persönlichkeitsschichten zu durchdringen, bis jeder innere Widerstand überwunden ist.

Wollt ihr diesen Pfad beschreiten und von eurer emotionalen Krankheit genesen, ist es wichtig, das alles zu verstehen. Ihr müsst euch dem niederen Selbst stellen, das in jedem Menschen steckt, im Wissen, dass das niedere Selbst nicht das letzte »Ich« oder das wahre Selbst ist. Das höhere Selbst, das die Vollkommenheit verkörpert und darauf wartet, sich aus den Schichten der Unvollkommenheit zu erheben, ist das wahre Selbst. Vielleicht habt ihr dazu Fragen, meine lieben Freunde?

FRAGE: Wie kann man etwas auflösen, was das niedere Selbst als körperliche Krankheit manifestiert hat?

ANTWORT: Ihr solltet nicht versuchen, die Folgen zuerst auszuräumen. Wenn euer niederes Selbst eine Krankheit produziert hat, muß die Krankheit erst einmal akzeptiert werden. Dann solltet ihr nach den Wurzeln oder nach dem Teil eures niederen Selbst suchen, der die Krankheit erzeugt hat. Dem niederen Selbst muss man begegnen und es durch und durch erforschen. Euer Ziel sollte Läuterung und Vervollkommnung um ihrer selbst willen sein. Ihr tut das für die Liebe Gottes in euch, und nicht um etwas Unbequemes zu vermeiden. Natürlich braucht es viel Überwindung und innere Stärke, um die Beweggründe genügend zu läutern, aber das ergibt die notwendige Basis. Dabei lernt ihr gleichzeitig vieles mehr, und die spirituelle Kraft nimmt zu, wenn ihr absolute Ehrlichkeit euch selbst gegenüber aufbringt. Sind eure Beweggrunde rein geworden, wird die Krankheit nicht mehr halb so wichtig sein wie der Zustand eurer Seele. In dem Maß, in dem das Ich und der damit zusammenhängende

Trost an Wichtigkeit verlieren, folgt ihr einem bedeutenden spirituellen Gesetz. Eure geistige Gesundheit wird langsam wiederhergestellt. Dieses Gesetz hat mit dem Aufgeben des Egoselbst zu tun, das Jesus lehrte. Nur so gewinnt ihr euer Leben. Begegnet also eurem niederen Selbst mutig, optimistisch und demütig. Habt ihr euer niederes Selbst entdeckt und alle Masken und Schichten entfernt, beginnt ihr, an den verschiedenen Aspekten des niederen Selbst zu arbeiten. Durch tägliche Selbstbeobachtung und Selbstprüfung stellt ihr immer wieder fest, wie weit eure inneren Neigungen noch von der Wunschvorstellung abweichen. Wenn ihr das tut und Meister über euer niederes Selbst werdet, lernt ihr wahre Ehrlichkeit euch selbst gegenüber, und eure Motivation zur Selbstentfaltung wird immer reiner. Die Sicht erweitert sich, Erleuchtung wird euch zuteil, und die Symptome und Probleme verschwinden allmählich. Ihr solltet also zuerst an die Wurzel des Problems denken und nicht an die Krankheit. Das bringt euch den einzigen dauerhaften Erfolg. Wollt ihr euch wirklich läutern und nicht nur von unangenehmen, vordergründigen Folgen befreien, wird euch Hilfe und Führung zuteil, um den Kampf mit eurem niederen Selbst aufzunehmen, denn das vermag niemand alleine zu tun.

Damit, meine Freunde, verlasse ich euch. Geht euren Weg in Frieden und wisst, dass Gott in euch ist.

3

Gefühle wirklich verändern

Ich habe einen Segen für euch alle, meine Freunde. Inzwischen werdet ihr eins begriffen haben: Die Notwendigkeit der Selbstentwicklung auf dieser Erdenebene, die genau zu diesem Zweck besteht. Ungeachtet dessen, wie schwierig das Leben zeitweilig auch sein mag, finden nur diejenigen, die diesen Zweck erfüllen, den Seelenfrieden. Ich habe versprochen, diesen Kurs so zu beginnen, dass ihr alle den Weg findet. Ihr werdet lernen, wo ihr beginnen sollt und was diese Arbeit beinhaltet. Über diese Lehren solltet ihr meditieren, bis das darin enthaltene Wissen aus dem oberflächlichen und intellektuellen Verständnis in die tieferen Schichten eures Wesens dringt. Erst dann wird es euch wirklich nützen.

Jeder weiß, wie wichtig es ist, anständig zu sein, keine Sünden zu begehen, zu lieben, zu glauben und gut zu anderen zu sein. Das genügt jedoch nicht. Das Wissen um etwas und die Fähigkeit, danach zu leben, sind zwei verschiedene Dinge. Vielleicht könnt ihr euch willentlich beherrschen, ein Verbrechen zu begehen, aber ihr könnt euer Gefühl nicht zwingen. Ihr verhaltet euch anderen gegenüber vielleicht liebenswürdig, doch bedeutet dies nicht zwangsläufig, die Liebenswürdigkeit zu empfinden. Genauso wenig könnt ihr euch dazu zwingen, Liebe in eurem Herzen zu verspüren oder wirklich an Gott zu glauben. Was mit Gefühlen zu tun hat, hängt weder unmittelbar von euren Handlungen noch den Gedanken ab. Um Gefühle zu ändern, ist ein langsamer Prozess der Selbstentfaltung und Selbsterkenntnis erforderlich.

Vielleicht wird euch klar, dass ihr nicht genügend daran glaubt, aber zu sagen: »Ich muss glauben« bringt euch keinen Schritt näher, ganz im Gegenteil. Oberflächlich könnt ihr euch vielleicht dazu überreden, doch wird euer Glaube oder eure Liebesfähigkeit dadurch nicht wahrhaftig. Im Pfad geht es aber gerade um die Veränderung der Gefühle.

Wie geht ihr nun vor, um eure innersten Gefühle zu verändern? Das ist hier die Frage. Zuerst, meine Freunde, könnt ihr nichts ändern, solange ihr nicht wisst, was eigentlich in euch steckt. Die größte Schwierigkeit auf diesem Weg besteht darin, dass sich die Menschen darüber täuschen, wer sie eigentlich sind. Ich meine damit nicht nur das Unterbewusstsein, um dessen Existenz ihr alle wisst. Zwischen dem Bewusstsein und dem Unterbewusstsein gibt es noch eine Schicht, die dem Bewusstsein viel näher liegt. Ihr nehmt diese Schicht immer noch nicht bewusst wahr, weil ihr euch ihrer nicht bewusst sein wollt. Ihr flieht sie, obschon ihre Symptome und Hinweise direkt vor eurer Nase liegen. Der Mensch glaubt fälschlicherweise, was er nicht wisse, existiere nicht. Vielleicht denkt ihr das nicht mit genau diesen Worten, aber es gibt solche Gefühle in euch, ohne dass ihr sie wirklich merkt. Auch wenn ihr euch von eurer inneren Realität abwendet, ist sie dennoch da. Sie gehört zur Realität eures Lebens und ist ein Stadium eurer Entwicklung. Es ist eure jetzige Realität.

Erinnert euch an meine Lesung über das höhere Selbst, das niedere Selbst und das Maskenselbst. Was ich eben angeführt habe, gehört zum Maskenselbst. Ihr alle wisst, dass es falsch ist, bestimmte Dinge zu denken oder zu empfinden. Gibt es solche Gefühle in eurem niederen Selbst, wendet ihr euch davon ab und glaubt, damit ausgeräumt zu haben, was ihr als falsch erkennt. Vermeidung oder Verleugnung ist jedoch der größte Fehler, den ein Mensch begehen kann, denn er verursacht weit mehr Schwierigkeiten, Probleme sowie innere und äußere Konflikte als alles, was euch bewusst ist.

Dem Leben ins Auge sehen

Ich habe verschiedene geistige Gesetze erwähnt, gegen welche der Mensch ständig verstößt. Was ich zuvor beschrieben habe, verstößt gegen eines dieser Gesetze: das Gesetz, sich dem Leben zu stellen. Sich der

30

Realität des Lebens zu stellen bedeutet, euch so, wie ihr seid, mit all euren Unvollkommenheiten, anzuschauen. Wenn ihr dies nicht tut, entwickelt ihr euch nie. Kein System, dessen Lehre diese Hürde zu umgehen sucht, führt zu wirklichem Erfolg, denn Abkürzungen verstoßen ebenfalls gegen ein geistiges Gesetz.

Unbewusst seid ihr alle an diesem schädlichen Vorgang beteiligt, wenngleich einige unter euch bereits ein gewisses Maß an Selbsterkenntnis erlangt haben. Es gibt niemanden, dem nicht wenigstens eine innere Neigung aufgegangen wäre, die er ins Bewusstsein gehoben hat. Dennoch entflieht euer Bewusstsein in anderen Bereichen der Notwendigkeit, sich den inneren Tatsachen zu stellen. Vielleicht kennt ihr eure Mängel sogar, aber ihr kennt bestimmt nicht alle Beweggründe. Ihr versteht nicht, weshalb ihr bestimmte Meinungen, Geschmacksrichtungen oder Eigenheiten habt. Sogar eure guten Eigenschaften werden möglicherweise von einem unbewussten Fehler oder einer falschen inneren Strömung beeinflusst. Tendenzen, über die ihr euch bisher hinweggetäuscht habt, müssen im Hinblick auf ihren Einfluss und ihre Verbindungen verstanden werden.

Nichts in der Menschenseele kommt gänzlich vom höheren oder niederen Selbst, weil sich alles ständig vermischt. Läuterung heißt diese verschiedenen Neigungen zu erkennen, zu verstehen, in bewusster Einsicht neu zu ordnen und damit die guten Neigungen von allen Masken der Selbsttäuschung und von durch Charakterschwächen verursachten Einflüssen zu befreien. Das höhere Selbst in euch sagt: »Ich will vollkommen sein. Ich weiß, dass dies Gottes Wille ist.« Doch das Unwissen des niederen Selbst macht euch glauben, Vollkommenheit sei dadurch zu erlangen, dass ihr euch von euren Unvollkommenheiten abwendet und ihnen einfach keine Beachtung schenkt. Das niedere Selbst möchte alles möglichst bequem haben. Es will zudem eine hohe Stellung einnehmen, doch ist es anders motiviert als das höhere Selbst. Euer höheres Selbst sucht um der Liebe Gottes willen und durch Einsicht und Erleuchtung voranzuschreiten. Es ist sich bewusst, dass ihr eure Mitmenschen erst dann wahrhaft zu lieben vermögt, wenn ihr vollkommen seid. Euer niederes Selbst aber will vollkommen sein, um mehr Ich-Befriedigung zu bekommen, aufgeblasen zu sein und bewundert zu werden. Das ist ein Beispiel dafür, dass sowohl das höhere wie das niedere Selbst dasselbe anstreben,

31

aber aus völlig verschiedenen Beweggründen. Es ist äußerst wichtig für die Läuterung eurer Persönlichkeit und um einer gesunden und harmonischen Seele willen, diese Beweggründe auseinander zu halten und ihre Stimme zu erkennen. Glaubt nicht, ich würde euch tadeln, und ihr solltet das selbst auch nicht tun, wenn ihr diese Neigungen in euch wahrnehmt. Ich stelle nur eine Tatsache fest. Eine Voraussetzung für den Pfad ist das Akzeptieren der Tatsache, dass es immer noch viele negative Neigungen in euch gibt. Nur dann könnt ihr weitergehen und die Unreinheit eurer Motivationen ändern.

Ihr müsst auch die Gründe erkennen, weshalb das niedere Selbst euch davon abhalten will, euch selbst unter die Lupe zu nehmen. Zum einen ist es unangenehm, euch als unvollkommen zu erkennen. Zum anderen ist es die Faulheit des niederen Selbst, das nie arbeiten will. Arbeit ist jedoch erforderlich, um euch dem zu stellen, was in euch ist. Den Pfad der Selbstentwicklung und Läuterung zu gehen heißt also, euch über diese Dinge klar zu werden, meine Freunde. Seht ihr das alles ein, werdet ihr euch nicht entmutigen lassen. Ihr könnt die Vollkommenheit nur erlangen, indem ihr durch eure Unvollkommenheiten hindurchgeht, statt einen Bogen darum zu machen.

Eine gründliche Selbsterforschung braucht Zeit

Diesen Pfad zu begehen bedeutet nicht, dass ihr euch stetig und sanft verbessert. Das wäre völlig unrealistisch. Dies ist ein langer Weg und die Zeiten der Prüfungen enden nicht so schnell, wie es euch lieb wäre. Viel Schaden entsteht, wenn man Menschen glauben macht, bestimmten Regeln metaphysischer Lehren zu folgen bedeute, dass ihre Schwierigkeiten allesamt verschwänden, oder wenn die Probleme eine Zeitlang aussetzten, sei dies ein Zeichen des Erfolgs. Die Annahme, dieser Weg der Läuterung würde eure Schwierigkeiten oder Probleme sofort verringern, ist unreif und kindisch. Bestimmt werden eure äußeren und inneren Probleme abnehmen und schließlich aufhören, aber erst nach langer Zeit, wenn ihr eure inneren Veranlagungen völlig verstanden und eure inneren Strömungen neu geordnet habt. Auf diese Weise löst ihr innere Bilder auf, die für eure Konflikte unmittelbar verantwortlich sind. Habt ihr einige Siege über euch selbst errungen, werdet ihr diese Tatsache begreifen, aber es

32

dauert lange und erfordert jahrelange Arbeit. Die Prüfungen werden mit der Zeit weniger schlimm und seltener, in eurer Seele wird es harmonischer, und ihr nehmt euch wirklich in die Hand, werdet euch dessen bewusst, wer ihr seid. Wenn ich sage, »bewusst, wer ihr seid«, dann meine ich, dass ihr euer niederes Selbst durch und durch kennt, was nicht heißt, dass ihr es bereits überwunden habt.

Denkt über folgende Tatsache nach: Es ist damit zu rechnen, dass ihr schockierende Seiten in euch findet. Geht ihnen entgegen, statt euch zu verstecken oder zu fliehen. Ihr habt noch einige Prüfungen zu erwarten, genauso, wie euch Prüfungen heimgesucht haben, bevor ihr mit dem Pfad begonnen habt. Der einzige Unterschied liegt darin, dass jemand nach einigen Erfolgen auf diesem Weg versteht, dass jede Prüfung und jede Leidenszeit eine bestimmte Lektion birgt, die es über das Selbst zu lernen gilt. Nach einer Weile treten die Prüfungen vielleicht in den Hintergrund, kehren aber in derselben oder einer ähnlichen Form wieder, bis die Lektion verinnerlicht ist. Wer die Botschaft der Not begriffen hat, erkennt, welch ein Segen das ist.

Der Preis für spirituelles Wachstum

Ein weiterer überdenkenswerter Gedanke ist der: Wenn ihr diesen Pfad betretet, müsst ihr ein weiteres spirituelles Gesetz befolgen, das besagt, dass alles seinen Preis hat. Wer das zu vermeiden versucht, bezahlt am Ende einen viel höheren Preis. Bei manchen Menschen ist es offensichtlicher, andere tun es subtiler und eher insgeheim. Bei manchen tritt es äußerlich nicht zu Tage. Aber genau betrachtet tut ihr es alle, besonders, wenn ihr euch diesem Pfad mit halboffenen Augen nähert. Bedenkt, dass es etwas kostet, aber der Preis lohnt sich! Wenn ihr eine schöne Villa kaufen wollt, ist es euch recht, einen angemessenen Preis zu zahlen. Ihr erwartet nicht, ein Schloss zum Preis einer Hütte zu bekommen. Auf der materiellen Ebene habt ihr nichts dagegen, aber auf der emotionalen, seelischen und geistigen Ebene möchtet ihr ständig ein Schloss zum Preis einer Hütte haben – oder gar umsonst.

Der Preis für diesen Entwicklungsweg ist zwar hoch, aber es gibt keine andere Möglichkeit auf Erden oder im Himmel, um Harmonie, Liebe, Glück und innere Sicherheit zu erlangen. Es kostet euch: kein Selbstmitleid, keine Selbsttäuschung, völlige Loslösung vom kleinen Ich, Zeit, Mühe, Geduld, Ausdauer und Mut. Was ihr dafür bekommt, ist es hundertmal wert. Doch erwartet den Lohn nicht, kaum dass ihr begonnen habt. Damit meine ich mindestens zwei Jahre Arbeit, vorausgesetzt, ihr tut sie nicht halbherzig. Symbolisch gesprochen: Ihr müsst den ganzen Preis bezahlen.

Ich weiß, dass ein Mensch, der sich gehen lässt, solche Worte nicht gerne hört. Doch gibt es keine einfache Methode und keine Zauberformel, dank der ihr das Glück erlangt, das ihr alle sucht. Ich kann euch die wertvollen Gaben des Himmels auf Erden nicht versprechen, wenn ihr nur bestimmte Gebetsübungen macht. Gäbe ich so etwas vor, wäret ihr zu Recht misstrauisch und würdet zweifeln, auch wenn ihr das fraglos lieber hörtet. Was ich euch anbiete, ist wirklich und wahr. Ihr alle könnt es selbst herausfinden, indem ihr meinem Rat folgt.

Denkt über das hier Gesagte nach. Bedenkt, was der Preis ist und was ihr zu erwarten habt. Dann trefft eure Entscheidung. Seid ihr bereit, diesen Weg zu gehen? Vielleicht meint ihr: »Ich bin zu müde.« Dann kann ich nur antworten, dass dies sehr kurzsichtig ist. Seid ihr müde oder schwach, dann erschöpfen sich eure inneren Kräfte, weil sie sich in falschen Bahnen abmühen und eure Kraft sich nicht organisch erneuert wie bei einer gut funktionierenden Seele. Wenn ihr nur beginnen würdet, ohne euch durch die ersten Kämpfe entmutigen zu lassen, würde es euch schließlich gelingen, diesen inneren Strom zu beleben. Dadurch würdet ihr eine großartige Lebenskraft und einen Funken in euch freisetzen, der euer Leben völlig verändert.

Ich kann euch nicht versprechen, dass eure Probleme allesamt verschwinden, denn sie sind vorerst ein notwendiger Teil eures Weges. Es sind Herausforderungen, aus denen ihr lernen könnt, wenn ihr mit einer reifen Haltung an sie herangeht. Doch euer Leben und eure Schwierigkeiten werden euch nicht mehr bedrücken, wenn ihr bestimmte Grundbedingungen erfüllt. Ich kann euch versprechen, dass eure Müdigkeit aufhört und ihr die Kraft haben werdet, euer Kreuz richtig zu tragen, weil ihr wisst, worum es geht.

Der Lebensaspekt, der euch am meisten schwächt, ist euer Unvermögen zu sehen, aus welchem Grund euch irgendetwas zustößt. Nur auf dem

34

Weg in euer Inneres werdet ihr den Grund herausfinden, und nur das wird euch die Kraft verleihen, die ihr braucht. Ihr werdet Geschmack am Leben finden, wie ihr es früher nie kanntet. Ich kann euch versprechen, dass ihr euch allmählich in jeder Faser lebendig fühlen werdet. In dem Maß, indem ihr euch selbst versteht und in eurer Seele Ordnung schafft, wird euch diese mitreißende Lebenskraft erfüllen. Ich sage euch also aufrichtig: Schiebt diese Arbeit nicht auf, es ist nie zu spät. Was ihr auf dieser Erde erreicht, hat einen ewigen Wert. Und wenn ich erreichen sage, meine ich damit, euer niederes Selbst zu meistern.

Drei Arten von Arbeit

Es gibt noch einen weiteren Gedanken für diese anfängliche Entscheidung, die ihr mit offenen Augen treffen solltet. Unterscheidet die zu eurer Läuterung erforderlichen drei Arbeiten. Die eine ist euer äußeres Verhalten, die Einsicht in eure Schwächen und Stärken sowie jeder oberflächlichen Begebenheit. Im nächsten Abschnitt – und die Abschnitte überschneiden sich häufig – befasst ihr euch mit der Schicht, die nicht direkt zu eurem Unterbewusstsein gehört, deren ihr euch jedoch nicht bewusst seid, weil ihr sie vorsätzlich flieht. Die dritte und ebenso wichtige Schicht ist euer Unterbewusstsein. Ihr werdet ständig von ihm beherrscht, ohne es zu wissen. Dabei ist es möglich, herauszufinden, was sich im Unterbewusstsein befindet, wenigstens bis zu einem gewissen Grad. Entdeckt die Beziehungen zu eurem bewussten Willen. Ihr werdet auch Neigungen in euch erkennen, die mit Gefühlen zusammenhängen und euren Wünschen nicht unmittelbar gehorchen. Die Gefühlswelt kann nur durch ein organisches Wachstum verändert werden.

Stellt ihr tief in eurem Inneren einen Mangel an Glauben oder Liebe fest, könnt ihr euch nicht zwingen, zu glauben oder zu lieben. Aber ihr könnt den Weg dorthin beginnen und schafft es vielleicht, den Mangel an Disziplin zu überwinden, der es euch so schwer macht, fleißig an diesem Weg zu arbeiten. Ihr arbeitet nicht direkt an eurem Mangel an Liebe oder Glauben, aber ihr lernt euch kennen und findet heraus, weshalb euch diese Eigenschaften fehlen. Versteht ihr das nach und nach, wird euch die Lebenskraft erfüllen und diese Gefühle erwecken. Mit den Jahren könnt ihr es als großartigen Erfolg betrachten. Die Veränderung

35

geschieht so selbstverständlich, dass sie euch am Anfang möglicherweise nicht einmal ganz bewusst wird.

Nehmt euch Zeit, diese Worte zu überdenken. Glaubt mir, meine Freunde, das alles ist weder so schwierig, wie es jetzt erscheinen mag, noch ist der Pfad ein Wunder, das Glück beschert, ohne eure ganze Ehrlichkeit, euren ganzen Willen und euren ganzen Einsatz zu fordern.

Ich möchte euch zu dieser Vorbereitungs- und Entscheidungsphase noch etwas sagen: Erwartet den Kampf in eurem Inneren. Es ist ein langer Kampf zwischen dem niederen und höheren Selbst, und euer bewusstes Ich-Selbst entscheidet, welche Seite gewinnt. Das niedere Selbst sagt: »Ich glaube nicht daran«, oder »es ist gar nicht nötig«, vielleicht auch »ich bin zu müde« oder »ich habe keine Zeit«. Verwendet diese Mitteilungen als Ausgangspunkt, um tiefer in eure Seele einzutauchen. Versucht zu erkennen, was in euch eigentlich spricht, wenn ihr diesen versteckten Ausflüchten und Vorwänden begegnet. Seid ihr auf diesen Kampf gefasst, könnt ihr durch Hinschauen und Zuhören einen ersten Sieg erringen. Ihr lernt, wie das Aufdecken eurer Masken und falschen Beweggründe vor sich geht. Das wird euch später zustatten kommen, wenn das niedere Selbst versucht, euren Weg mit anderen Mitteln zu blockieren. Schiebt die vordergründigen Entschuldigungen nicht einfach beiseite. Prüft sie und beschäftigt euch mit ihnen.

Viele haben Angst vor dem, was aus dem niederen Selbst auftauchen könnte. Es ist wichtig, diese vagen Gefühle deuten und in Gedanken übersetzen zu lernen. Die Angst lässt uns vor der Begegnung mit dem Selbst scheuen.

Es ist kindisch zu glauben, etwas existiere nicht, wenn ihr eine Begegnung damit vermeidet. Das niedere Selbst ist unreif und unwissend – sein Wesen besteht aus Fehlern und Verzerrungen. Schreckt nicht vor dem zurück, was in euch ist! *Das niedere Selbst bildet lediglich eine vorübergehende Schicht* und macht nicht eure ganze Persönlichkeit aus. Es ist jetzt da, damit wir uns mit ihm befassen, aber es ist nicht das, was ihr wirklich seid.

Euer höheres Selbst drückt sich bereits in guten Eigenschaften wie Großzügigkeit oder Güte aus. Doch sogar dort, wo es sich noch nicht ausdrücken kann, weil es tief unter dem niederen Selbst verborgen ist, weilt

36

es in strahlender Vollkommenheit. Wie könnt ihr es erreichen, wenn ihr nicht durch das niedere Selbst hindurchgeht? Erschreckt nicht, wenn ihr eurem niederen Selbst zum ersten Mal begegnet. Dieses Gebilde begleitet euch zeitweilig, aber es stellt nie dar, was ihr letztlich seid. Dass ihr über einige Facetten erschreckt, die ihr zuvor nicht vermutet hattet, ist ein Zeichen der Besserung. Ohne dieses schmerzvolle Stadium winkt euch später weder Sieg noch Erfolg. Das gehört zum Weg, meine Freunde. Ihr werdet eurer Angst realistisch begegnen und euch nicht wie vor einigen anderen Dingen verstecken.

Jetzt ziehe ich mich zurück. Gottes Segen allen meinen lieben Freunden. Frieden sei mit euch.

4

Die eigenen Fehler finden

Ich segne euch, meine lieben Freunde.

Das letzte Mal habe ich über die Schwierigkeiten auf diesem Weg und die Illusion gesprochen, ein paar Meditationen und Zauberformeln würden alle eure irdischen Probleme zum Verschwinden bringen.

Ein weiteres großes Missverständnis ist die Annahme, dem Pfad zu folgen heiße, euer sonstiges Leben zu vernachlässigen. Einige unter euch glauben, die Mühe für die spirituelle Entwicklung erfordere zu viel Zeit vom täglichen Kampf um den Lebensunterhalt. Sie fürchten, ihr Geldbeutel könnte leiden. Andere meinen, es bleibe ihnen nicht genügend Zeit, das Leben zu genießen. Ein solches Denken ist verkehrt, weil die spirituelle Entwicklung allgemein und der Pfad im Besonderen keine zusätzliche Aktivität in eurem Leben darstellt, die ihr den anderen hinzufügt und die Kraft, Zeit, Mühe und Eifer erfordert, die euch sonst für andere Pflichten und Freuden zur Verfügung stünden. Tatsächlich ist es genau umgekehrt, meine Freunde.

Der Pfad der Läuterung bildet die Basis eures Lebens. Er ist der Boden, auf dem ihr geht. Wenn ihr ihm folgt, lenkt ihr eure Lebensschienen einfach in andere Kanäle. Auch wenn eure Hauptprobleme nicht von einem Tag auf den anderen verschwinden, erwacht nach einiger Zeit ein neuer Lebensfunke, der euch mit bisher ungewohnter Kraft, Vitalität, einem Scharfsinn und nie gekanntem Lebensgenuss versorgt. Ihr werdet in eurem Beruf bessere Arbeit leisten; mehr Nutzen aus euren Mußestunden ziehen; größere Freude am Leben haben, während es jetzt für die meisten unter euch mehr oder weniger fade verläuft. Das sind Ergebnisse, die ich euch versprechen kann, wenn ihr auf die von mir gezeigte Weise geistig arbeitet. Sie werden erst nach gewisser Zeit und einigen inneren Siegen eintreten. Dann werdet ihr sogar aus eurem selbstsüchtigen Blickwinkel sehen, dass sich dieser Weg sehr wohl lohnt.

Auf diesem Pfad findet ihr allmählich heraus, wo ihr mit euren tieferen Gefühlen, Reaktionen und Gedanken, wenn nicht Taten, gegen manch geistiges Gesetz verstoßen habt. Diese Einsicht wird euch befähigen, die inneren Strömungen und Gefühlsreaktionen zu verändern, was automatisch eine Stärke und Lebenskraft freisetzt, die zuvor blockiert war. Ich verspreche euch kein Wunder, das als Lohn des Himmels gegeben wird, sondern zeige euch, dass dieser Pfad zwangsläufig funktioniert, weil er auf dem natürlichen Gesetz von Ursache und Wirkung beruht. Ich bitte euch also nicht, den Pfad als zusätzliche Betätigung in eurem Leben zu erwägen, als würdet ihr irgendwelche Stunden nehmen, die euch Zeit und Mühe kosten. Betrachtet diesen Pfad vielmehr als Basis eures Lebens. Er macht daraus ein wohl integriertes Ganzes. Könnt ihr eure inneren Probleme und Irrtümer lösen, bewältigt ihr am Ende auch eure äußeren Probleme.

Ebenso wird euch alles Gute im Leben – Glück, Freude, Lust – umso mehr geben, wenn eure Seele wieder gesund wird und eure inneren Reaktionen sich nach dem geistigen Gesetz richten. Erst dann seid ihr des Glückes fähig. Wie viele Menschen können glücklich sein? Sehr wenige, meine Freunde. Nur diejenigen, die sich vorbehaltlos dem Leben hingeben, ohne Furcht, Mitleid oder Angst vor Verletzungen, befolgen ein wichtiges geistiges Gesetz. Sie allein sind fähig, wirkliches Glück zu erleben.

Alles in eurem Leben schmeckt besser, ihr seid wacher und der Lebensfunke wird größer, wenn ihr den Weg der Selbsterkenntnis geht. Ihr alle könnt mit etwas Willenskraft, Entschlossenheit und guter Einteilung des Alltags durchschnittlich eine halbe Stunde jeden Tag für eure spirituelle Entwicklung aufwenden. Ihr nehmt euch Zeit für euren physischen Körper, ernährt ihn, lasst ihn ruhen und reinigt ihn. Dabei habt ihr nicht das Gefühl, dies gehe auf Kosten eurer anderen Pflichten oder Vergnügen. Ihr betrachtet es als selbstverständlich und offensichtlich zum Leben gehörend. Sollt ihr jedoch dasselbe für eure Seele tun, stellen sich Ängste, Zweifel und Fragen in den Weg. Ihr denkt über die spirituelle Entwicklung nicht vernünftig nach, weil ihr diese Zweifel nicht für sich selbst beurteilt. Sie werden euch von eurem eigenen niederen Selbst eingeflößt. Solange ihr nicht erkennt, wie dieses niedere Selbst arbeitet und sich äußert, werdet ihr es nicht meistern und euch hinter bequemen Ausflüchten verstecken.

Nicht nur gemeinhin als Fehler eingestufte Aspekte sind ein Hindernis für euch und schaden anderen direkt oder indirekt, sondern auch eure Ängste, die man gewöhnlich nicht als Fehler betrachtet. Diese Ängste richten bei euch wie im Leben anderer großen Schaden an. Sie verbergen zudem euer Licht der Liebe, des Verständnisses und der Wahrheit. Der Pfad besteht also nicht nur aus der Überwindung eurer Charakterschwächen. Eure Angst zu überwinden ist ebenso wichtig, denn solange ihr die Angst in eurem Herzen tragt, schadet ihr auch anderen.

Es gibt viele Arten, sich auf den Pfad zu begeben, und ich will euch einige grundlegende Richtlinien aufzeigen, anhand derer ihr euren eigenen Plan erstellen könnt.

Ihr wisst alle, dass Selbsterkenntnis äußerst wichtig ist. Wie erlangen wir sie? Der erste Schritt besteht darin, euer Selbst, alle euren guten und schlechten Eigenschaften so objektiv wie möglich zu überdenken. Stellt eine Liste auf, weil Aufschreiben bei der Konzentration und Zusammenfassung hilft. Geschriebenes führt manchmal zu einem neuen Verständnis und lässt die Selbstbetrachtung ein klein wenig distanzierter werden. Später, wenn ihr euch und eure unbewussten Neigungen besser kennen gelernt habt, könnt ihr bestimmte Dinge in Beziehung zueinander setzen, vorausgesetzt, ihr habt sie klar und präzise formuliert.

Das Gesetz der Gemeinschaft

Der nächste Schritt sieht vor, jemanden, der euch sehr gut kennt, um seine ehrliche Meinung über euch zu bitten. Ich weiß, das erfordert Mut. Betrachtet es als erste Bemühung, euren Stolz zu überwinden. Dadurch erringt ihr einen Sieg, der euch von einer der inneren Ketten befreit.

Es ist wichtig, euer Innerstes einem anderen Menschen zu öffnen. Dabei wird euch eine spirituelle Hilfe zuteil, die ihr alleine nicht bekommen

40

könntet. Das liegt am Gesetz der Gemeinschaft. Menschen, die immer alleine sind, egal, wie hart sie arbeiten, wie verständig sie lesen oder lernen, wie viel Ehrlichkeit sie sich selbst gegenüber aufbringen, sind in einer gewissen Leere gefangen, die einem vollständigen Verständnis und einer Selbstbeurteilung im Wege steht. Dieses Verständnis entfaltet sich automatisch, wenn ihr euch einer anderen Menschenseele öffnet. Bleibt ihr alleine, verletzt ihr unmerklich das Gesetz der Gemeinschaft.

Euch nicht zu isolieren erfordert ein gewisses Maß an Demut, das am Anfang nicht leicht aufzubringen ist, euch nach einiger Zeit jedoch zur zweiten Natur wird. Bald werdet ihr in der Lage sein, offen über eure Schwierigkeiten, Schwächen und Probleme zu sprechen und Kritik entgegenzunehmen, was die Seele ebenfalls nährt. Wer bereits versucht hat, sich zu öffnen, wird bestätigen, dass allein das Sprechen über ein Problem es weniger groß und beängstigend erscheinen lässt. Mindestens einem Menschen gegenüber so zu sein, wie ihr wirklich seid, mit so wenig Maske und Abwehr wie möglich, ist eine hilfreiche Arznei. Gleichzeitig ist es dem anderen gegenüber ein Akt der Liebe. Ihr helft ihm mehr, indem ihr eure menschlichen Schwächen zeigt, als wenn ihr euch ihm überlegen gebt. Euer Partner wird das Gleiche erwidern. Wenn ihr mit einem Freund oder einer Freundin zusammenarbeitet, werdet ihr sehen, wie hilfreich und fruchtbar das ist. Dabei werdet ihr viel über Mitmenschlichkeit, Demut und unvoreingenommenes Verständnis lernen.

Sprecht Menschen an, die euch wirklich sehr gut kennen. Was immer sie glauben mögen, sie werden euch um eurer aufrichtigen Bemühung willen achten, euch zu bessern, eure Fehler kennen zu lernen und ihnen zuzuhören. Ihr könnt ihnen erklären, dass vier Augen meistens mehr sehen als zwei, dass ihr euch bessern möchtet und dass sie euch weder verletzen noch ärgern, wenn sie etwas sagen, das vielleicht ungerecht erscheint.

Wenn eure Freunde oder Familienmitglieder dann eure Fehler aufzählen, denkt in aller Ruhe darüber nach. Vielleicht sagt jemand etwas, das euch zuerst völlig unzutreffend erscheint. Es kommt auch vor, dass etwas Wahres euch noch mehr verletzt. Sogar wenn ihr davon überzeugt seid, dass die Kritik ungerecht ist, seht sie euch dennoch genau an. Vielleicht steckt ein Körnchen Wahrheit darin. Der andere versteht vielleicht

41

weder ganz, was euch bewegt, noch kennt er die komplizierten Mechanismen und Abläufe der Seele. Vielleicht wählt er nicht die richtigen Worte. Aber ein Körnchen Wahrheit im Gesagten öffnet euch möglicherweise eine neue Tür zu eurem Verständnis. Vielleicht ist der Aspekt auch nicht ganz neu. Meist muss derselbe Fehler immer wieder aus einem anderen Winkel betrachtet werden, um seine Auswirkungen auf die Umwelt zu begreifen. Nehmt ihr alle erkannten Fehler in eure tägliche Meditation auf und ist euer Wunsch aufrichtig, habt ihr den bestmöglichen Anfang gemacht.

Geht ihr mit unangenehmen Dingen um, lasst euch die Beobachtung eurer inneren Reaktionen zur Gewohnheit werden. Das ist äußerst wichtig. Ich habe diesen Vortrag mit der Aussage begonnen, das niedere Selbst widersetze sich ständig eurem Bemühen. Ihr habt nun eine gute Gelegenheit, euer unverhülltes niederes Selbst dabei zu beobachten, wie es sich auswirkt und reagiert. Betrachtet es, wie ihr einem anderen Menschen zusehen würdet. Schafft ein wenig Distanz zwischen eurer Selbstbeobachtung und der Reaktion eures niederen Selbst, eures Ich, eurer Verletzung und eurer Eitelkeit, die sich regt, wenn ihr es mit der unangenehmen Seite eurer Persönlichkeit zu tun bekommt. Erkennt und versteht ihr eure Reaktionen, gebt diesen vielleicht ab und an etwas nach und nehmt ihr euch nicht todernst, so steigt ihr eine weitere Sprosse die Leiter hinauf. Aber dieses Gewahrsein stellt sich nicht von einem Tag zum nächsten ein. Es erfordert ständige Arbeit, und erst wenn ihr einige Zeit täglich eine halbe Stunde aufwendet, werdet ihr Fortschritte machen. Ihr werdet den Unterschied zwischen dem wahren Ich und eurem verletzten kleinen Ich deutlich spüren und ihm seinen Willen in Maßen zugestehen, ohne darin zu tief verhaftet zu sein. Habt ihr das erreicht, öffnet sich die Tür zu einem größeren Verständnis eurer selbst.

Beginnt also mit der Bestandsaufnahme eurer Fehler. Habt ihr euer Bestes gegeben und auch jemanden gefragt, der euch wirklich gut kennt, dann vergleicht dessen Beobachtungen mit euren eigenen Feststellungen. Diese Arbeit ist für alle ein sehr guter Einstieg, und ich versichere euch, sie ist nicht umsonst. Wenn ihr jeden Tag an eurer Selbstbeobachtung arbeitet und über einige relevante Dinge nachdenkt, die ich euch hier sage, wird sich der Erfolg bestimmt einstellen, lange bevor sich konkrete

Resultate in eurem Leben zeigen. Ihr werdet häufig eine tiefe Zufriedenheit und Frieden verspüren.

Drei Hauptfehler

Die drei Hauptfehler des menschlichen Charakters, aus denen eure diversen Unzulänglichkeiten stammen, sind *Eigensinn, Stolz* und *Angst*. Es ist sehr wichtig, das zu begreifen. Vielleicht haltet ihr Angst nicht für einen Fehler, aber ich sage euch, sie ist es. Ein fehlerloser Mensch hat keine Angst. Ihr wisst, dass das Gegenteil von Angst die Liebe ist. Doch diese Kenntnis reicht nicht aus, um zu verstehen, weshalb Angst einen Fehler darstellt.

Die drei Hauptfehler sind miteinander verbunden. Ihr könnt kaum einen oder zwei ohne den dritten haben. Allerdings ist es möglich, dass einer oder zwei unbewusst sind, während der dritte sogar euch ins Auge springt. Es ist demnach überaus wichtig, dass ihr eine tägliche Rückschau notiert und eure Reaktionen auf alles überprüft, was ihr im Lauf des Tages auch an scheinbar unwichtigen Begebenheiten erlebt habt. Versucht ihr eine unangenehme innere Reaktion genau zu formulieren, werdet ihr zum Schluss kommen, dass meistens ein Angstelement mitschwingt – Angst, dass andere nicht tun, was ihr möchtet, oder nicht so reagieren, wie ihr es gerne hättet. Anders ausgedrückt: Bei ausgeprägtem Eigensinn ist automatisch die Angst da, dem eigenen Willen werde nicht entsprochen oder euer Stolz werde verletzt. Ohne Stolz hättet ihr nicht die Angst, dass er verletzt werden könnte. Ohne Eigensinn bräuchtet ihr nicht zu fürchten, dass ihm nicht entsprochen wird.

Überprüft ihr eure verschiedenen Eindrücke und Reaktionen während des Tages, seht ihr, woher das Element der Angst stammt, ob und in welchem Maße es mit Eigensinn und Stolz zusammenhängt. Beobachtet also eure inneren Reaktionen. Strebt nicht eine sofortige Änderung an. Gefühle kann man nicht durch einen einfachen Willensakt austauschen, aber sie entwickeln sich, wenn ihr sie beobachten lernt.

Die Tagesrückschau

Die Tagesrückschau ist ein sehr wirksames Werkzeug. Ihr braucht in eurer Selbstentwicklung nicht weit fortgeschritten zu sein, um sie auszuüben.

43

Jeder kann es. Ihr braucht nur den Tag zu betrachten und an alle Begebenheiten zu denken, die euch irgendwie aus dem Gleichgewicht gebracht haben. Auch wenn ihr sie nicht versteht, schreibt die Begebenheit und eure entsprechenden Gefühle einfach auf. Habt ihr das eine Weile getan, schält sich ein Muster heraus. Vielleicht gibt es euch noch immer keinen Hinweis, was an eurer Veranlagung nicht stimmt, aber ihr werdet zumindest einige Wiederholungen erkennen. Diese weisen darauf hin, dass es etwas in euch geben muss, das die Disharmonie auslöst. Eine ständige Wiederholung unglücklicher Ereignisse oder Gefühle ist ein Hinweis auf eure Seele. Solche Wiederholungen und Reaktionen können sich auf zwei oder drei Arten unterscheiden. Aber es existiert ein grundlegendes Problem, das zu erkennen ihr lernen könnt.

Ihr braucht nicht mehr als zehn bis fünfzehn Minuten täglich, und es ist nicht nötig, alles aufzuschreiben, was euer Harmonieempfinden im Lauf des Tages gestört hat. Haltet einfach regelmäßig die Schlüsselworte fest. Dann gelingt es euch, das Unbewusste bewusst zu machen und eure inneren Neigungen zu entdecken. Nach einer Weile erkennt ihr Muster in eurem Leben, derer ihr euch sonst nicht bewusst würdet. Das ist alles, was ihr im Moment zu tun braucht. Es ist kein Kunststück. Lest nach einer Weile alle Aufzeichnungen durch und holt euch die Begebenheiten mit euren Reaktionen ins Gedächtnis zurück. Fragt euch: »Wo liegen die Punkte, an denen ich von einem göttlichen Gesetz abweiche?« Denkt an die verschiedenen Fehler, die ihr bereits entdeckt habt.

Vergleicht die Muster mit eurer Fehlerliste und bringt sie in einen Zusammenhang. Was empfindet ihr dabei, worauf sind eure Wünsche eigentlich ausgerichtet, und stehen diese Strömungen im Einklang mit dem göttlichen Gesetz? Plötzlich befindet ihr euch mitten auf dem Pfad. Ohne diese Übung wäre es äußerst schwierig, wenn nicht unmöglich, die Selbsterkenntnis zu erlangen, welche die Essenz dieses Pfades ist und ohne die ihr die Göttlichkeit in euch nicht erreicht. Es braucht wenig Zeit. Um euretwillen bitte ich euch: Tut es.

Mit einem besonderen Segen für einen jeden von euch ziehe ich mich zurück, meine Lieben. Die Liebe Gottes berührt euch alle. Seid in Frieden, seid in Gott.

44

5

Bilder

Gesegnet ist diese Stunde. Seid gesegnet, meine lieben Freunde. Jede Persönlichkeit sammelt im Laufe eines Lebens, gewöhnlich in der frühesten Kindheit und häufig im Säuglingsalter, bestimmte Eindrücke. Diese Erfahrungen basieren auf Schlussfolgerungen, die allermeistens falsch sind. Man sieht und erlebt etwas Unglückliches, eine unvermeidliche Härte des Lebens, und verallgemeinert ein solches Ereignis zu einem Glaubenssatz. Diese Reaktionen sind nicht durchdacht, sondern eher Gefühl und Lebenshaltung. Sie besitzen eine gewisse Logik, doch ist diese sehr beschränkt und irrig. Im Laufe der Jahre sinken solche Schlussfolgerungen und Haltungen immer tiefer ins Unterbewusstsein und formen das Leben des betreffenden Menschen.

Diese Schlussfolgerungen nennen wir Bilder. Es wäre auch vorstellbar, dass ein positives, gesundes Bild in die Seele eingeprägt werden könnte. Das trifft nur bis zu einem gewissen Grad zu; wo kein falsches Bild erzeugt wurde, sind die Gedanken und Gefühle in ständiger Bewegung. Sie sind dynamisch und entspannt, kurzum flexibel. Da das gesamte Universum von göttlichen Kräften und Energieströmungen durchdrungen ist, *fließen* die Gedanken, Gefühle und Haltungen, die nicht an ein Bild gebunden sind, in Einklang mit diesen göttlichen Kräften. Sie passen sich spontan dem jeweiligen Bedürfnis an und verändern sich nach der Erfordernis des

Augenblicks. Gedanken- und Gefühlsformen hingegen, die auf Bildern beruhen, sind *statisch* und gestaut. Sie geben nicht nach und verändern sich im Einklang mit dem jeweiligen Umstand. Daher erzeugen sie Unordnung. Die reinen Strömungen, die die menschliche Seele durchfließen, werden gestört und verzerrt. Ein Kurzschluss entsteht. So sehen *wir* es. Ihr aber spürt und nehmt es als Unglück wahr, als Angst und Verwirrung über zahlreiche unerklärliche Ereignisse eures Lebens. Ihr merkt, dass ihr nicht ändern könnt, was ihr verändern wollt, oder dass bestimmte Dinge sich in eurem Leben regelmäßig wiederholen. Das sind nur zwei Beispiele; es gibt viel mehr.

Die falschen Schlussfolgerungen, die ein Bild erzeugen, werden unwissentlich und mit unzureichenden Kenntnissen gezogen. Deshalb können sie nicht im Bewusstsein bleiben. Die Persönlichkeit wird erwachsen, und das neue intellektuelle Wissen widerspricht dem alten emotionalen »Wissen«. Daher verdrängt der Betreffende das emotionale Wissen, bis es aus dem Bewusstsein verschwunden ist. Je mehr emotionales Wissen verborgen wird, desto größer seine Macht. Meist wisst ihr nicht, warum ihr einen solchen Eindruck mit dem daraus gezogenen falschen Schluss beibehalten habt. Euer Verstand ist erwachsen geworden und hat sich aufgrund des Gelernten, eurer Umgebung und Lebenserfahrung entwickelt. Solange eure Bilder jedoch lebendig sind, habt ihr euch auf einer tiefer liegenden Gefühlsebene nicht verändert.

Irgendwann habt ihr in eurer Kindheit einen Schock erlebt. Ihr stellt euch dabei vielleicht ein plötzliches Ereignis mit einer äußerst starken, unerwarteten Wirkung vor, so etwas wie einen Unfall. Ein Schock kann sich jedoch, besonders bei einem Kind, auch als langsame Entdeckung einstellen, dass sich die Dinge anders verhalten, als es den eigenen lieb gewonnenen Erwartungen entspricht. Ein Kind lebt beispielsweise mit der Vorstellung, die Eltern seien vollkommen und allmächtig. Dämmert es dem Kind, dass dem nicht so ist, bedeutet dies einen Schock, auch wenn sich die Einsicht erst nach einer Reihe von Ereignissen einstellt. Findet ein Kind heraus, dass seine Vorstellungen über die Eltern oder die Welt allgemein nicht stimmen, wird es verunsichert. Es bekommt Angst. Das Kind mag die Entdeckung nicht und möchte diese unangenehme Erkenntnis einerseits ins Unterbewusstsein abschieben, weil es Schuld

46

empfindet, andererseits will es diese »Bedrohung« abwehren. Ihr alle wisst, dass Schock lähmt. Körper, Nerven und Verstand werden so stark blockiert, dass ihr vorübergehend das Erinnerungsvermögen verliert oder andere Symptome zeigt. Das Kind erlebt also einen Schock, weil die Eltern, die Welt und das Leben nicht so sind, wie das Kind dachte. Auch wenn der auslösende Eindruck objektiv gesehen zutrifft, ist die für das Kind mögliche Schlussfolgerung unweigerlich falsch. Kinder neigen zu Verallgemeinerungen und projizieren ihre Erfahrung auf alle Alternativen. Die Eltern sind das Universum eines Kindes. Was das Kind im Schock schlussfolgert, wird daher auf die anderen und das gesamte Leben übertragen. Diese Verallgemeinerung ist eine falsche Schlussfolgerung, ausgelöst durch das Bild.

Das Bild entstand, als die Ordnung der Welt und Vorstellungen des Kindes zerstört wurden. Tatsache bleibt, dass nicht alle dieselben Unzulänglichkeiten haben wie die Eltern. Nicht alle Lebensumstände gleichen denen, die das Kind in seiner Umgebung vorfand. Zudem ist der Abwehrmechanismus, den das Kind mit seinem eingeschränkten Weltverständnis anwendet, *als solcher* falsch. Umso mehr, wenn er auf andere Menschen und Situationen übertragen wird. So aber, meine Freunde, entstehen Bilder. Nur erinnert ihr euch nicht so ohne weiteres, weil ihr glaubtet, den Vorgang wegen seiner mangelnden rationalen Logik verbergen zu müssen. Außerdem schämtet ihr euch, dass eure Eltern nicht so waren, wie ihr es erwartet hattet.

Mit kindlichem Verstand nahmt ihr an, euer Fall sei einmalig. Alle anderen besäßen vollkommene Eltern, ein vollkommenes Zuhause und nur ihr erlebtet diesen schockierenden Umstand. Dies galt es sogar vor euch selbst zu verbergen und natürlich vor euren Eltern oder anderen nahe stehenden Menschen. Die Scham entstand aus der irrigen Meinung, ihr wärt ein Einzelfall. Daher musste der gedankliche und emotionale Vorgang versteckt werden. Bleiben solche Abläufe verborgen, kann ein Teil eurer Persönlichkeit nicht wachsen. Versteckt man eine Pflanze mit abgeschnittenen Wurzeln im Boden, kann sie nicht gedeihen. Dasselbe trifft auf jede emotionale Strömung oder Neigung zu. Daher solltet ihr euch nicht wundern, dass die Schlussfolgerungen eurer Bilder überhaupt nicht mit eurer erwachsenen Intelligenz übereinstimmen.

47

Ein Säugling oder Kleinkind kennt nur die primitivsten Gefühle. Es kennt Liebe und Lust, wenn es bekommt, was es will. Es ist mit Hass, Groll und Schmerz erfüllt, wenn es die nicht bekommt. So einfach ist das. Erst viel später lernt es, die Dinge abzuwägen, anstatt dem Schmerz- oder Lustprinzip zu folgen. Solange euer Bild besteht, haltet ihr am kindlichen Vorgehen fest, weil ihr geistig Kind geblieben seid, egal, wie sich eure übrige Persönlichkeit entwickelt hat. Ihr vermögt auf Verstandesebene reife Urteile abzugeben, und wo keine Bildströmungen eure Wahrnehmung trüben, kann sie das sogar emotional. Befällt jedoch ein langsamer oder plötzlicher Schock die Seele, wird die Erfahrung nicht bewusst assimiliert. Ihr bleibt in diesem Bereich geistig ein Kind und im selben Zustand, der die Bildschlussfolgerungen erzeugt und ins Unterbewusstsein versenkt hat. Dieser unreife Teil folgert emotional und unbewusst immer noch wie das einstige Kind, und er tut dies so lange, bis das Bild ins Bewusstsein gebracht wird.

Stellt euch beispielsweise ein Mädchen vor, das als Baby weint, wenn es die Aufmerksamkeit der Mutter auf sich lenken will. Die Mutter aber glaubt, das Kind werde »verwöhnt«, wenn sie jedesmal zu ihm geht, wenn es weint. Das Kind lernt also, dass die Mutter nicht kommt, wenn es weint, sondern zu anderen Zeiten, die offenbar nicht mit dem Weinen des Kindes zusammenhängen. Daraus wird die Schlussfolgerung gezogen: »Wenn ich meine Bedürfnisse erfüllt haben möchte, darf ich nicht zeigen, dass ich welche habe.« Bei dieser Mutter mag es tatsächlich strategisch richtig sein, seine Bedürfnisse nicht zu zeigen. Wächst das kleine Mädchen jedoch zur Frau heran, führt eine solche Strategie eher zum gegenteiligen Ergebnis. Da niemand weiß, dass diese Frau etwas Bestimmtes braucht, gibt ihr auch niemand, was sie braucht. Da das eigene »Bild« jedoch vor langer Zeit in ihr Unterbewusstsein gesunken ist, geht sie durch das Leben und versteht nicht, weshalb sie keine Erfüllung findet. Sie weiß nicht, dass ihr Verhalten dazu führt, dass das Leben sie in ihrem irrigen Glauben bestärkt.

Habe ich ein Bild?

Wie könnt ihr feststellen, ob ein solches Bild in euch schlummert? Ein Hinweis darauf wäre das Unvermögen, trotz aller Bemühungen

48

bestimmte Fehler zu überwinden. Weshalb lieben Menschen manche ihrer Fehler? Einfach deswegen, weil bestimmte Fehler als Schutzvorrichtung vor Schmerz dienen. Jemand weiß beispielsweise, dass er faul ist. Möglicherweise ist ihm dabei nicht klar, dass sein Widerstreben, aufzustehen und in die Welt hinauszugehen, ein falsch gesehener Schutz gegen Verletzungen ist. »Wenn ich im Bett bleibe, kann mir niemand etwas antun«, lautet wahrscheinlich seine unbewusste Überlegung. Solch einer Haltung liegt ein Bild zugrunde.

Ein weiteres sicheres Zeichen, dass wir es mit einem Bild zu tun haben, ist die Wiederholung bestimmter Ereignisse. Ein Bild erzeugt stets irgendein Verhaltens- oder Reaktionsmuster. Zudem zieht es Ereignismuster an, die einem anscheinend widerfahren, ohne dass man etwas zu ihrem Entstehen beiträgt. Bewusst wünscht sich der Betreffende wahrscheinlich das genaue Gegenteil. Der bewusste Wunsch ist aber schwächer, weil das Unbewusste *immer* stärker ist. Das Unterbewusstsein merkt nicht, dass es den bewussten Wunsch vereitelt. Der Preis für einen derartigen Pseudoschutz liegt gerade darin, den legitimen Wunsch zu vereiteln. Meine Freunde, das zu verstehen ist sehr wichtig. Ebenso wichtig ist es, zu begreifen, dass äußere Ereignisse – bestimmte Situationen und Menschen – von einem Menschen aufgrund solcher Bilder magisch angezogen werden. Die einzige Abhilfe besteht darin, herauszufinden, wie das Bild ausschaut, unter welchen Voraussetzungen es gebildet wurde und welche falschen Schlussfolgerungen daraus gezogen wurden.

Meist erkennt ihr die Wiederholungen und Muster in eurem Leben nicht, meine Freunde. Ihr übergeht das Offensichtliche einfach. Ihr seid die Annahme gewohnt, bestimmte Ereignisse seien Zufälle, irgendein Schicksal prüfe euch mutwillig oder Menschen in eurer Umgebung seien für euer wiederholtes Missgeschick verantwortlich. Deshalb achtet ihr mehr auf die geringen Unterschiede als auf den Grundtenor der Ereignisse und bemerkt deren gemeinsamen Nenner nicht, der auf euer Bild zurückzuführen ist.

Die Psychologen decken diese Muster und falschen Schlussfolgerungen auf. Meistens wissen sie aber nicht, dass solche Bilder selten im jetzigen Leben begonnen haben. Oft existieren diese Bilder schon lange und werden von einem Leben in das nächste mitgebracht. Deswegen rufen bestimmte Ereignisse bei einem Menschen, der vom betreffenden Konflikt frei ist, kein Bild hervor, tragen jedoch bei jemandem, der dieses Bild in sein Leben mitgebracht hat, zum Erzeugen eines Bildes bei.

Bei Bildern aus früheren Leben wird der Betreffende in einer Umgebung wiedergeboren, die Reaktionen auf diese Bilder hervorruft, etwa durch Entsprechungen bei den Eltern oder anderen Menschen in der Umgebung des heranwachsenden Kindes. Nur so taucht das bestehende Bild auf. Erst als Problem wird ihm Aufmerksamkeit geschenkt, anstatt dass der Betreffende ihm den Rücken kehrt. Wird das Bild ignoriert, geraten die Umstände des nächsten Lebens viel schwieriger, bis der Konflikt so groß ist, dass äußere Faktoren nicht mehr dafür verantwortlich gemacht werden können. Dann wendet sich der Betreffende nach innen.

Die einzige Lösung ist das Bewusstmachen der Bilder. Ich werde euch Hinweise geben, wie ihr damit beginnen könnt, aber ihr werdet dies nicht alleine durchführen können. Ihr braucht Hilfe. Wollt ihr ernstlich die Bilder in eurer Seele aufspüren und auflösen, wird euch weitere Führung und Hilfe zuteil. Ihr werdet zum richtigen Menschen geführt, mit dem ihr zusammenarbeiten könnt. Dazu braucht ihr unter anderem Demut, die für eure spirituelle Entwicklung grundlegend ist. Wer sich ständig wehrt, mit anderen zusammenzuarbeiten, dem fehlt es an Demut.

Wie man Bilder sucht

Ihr findet eure eigenen Bilder nicht, indem ihr an beliebigen Symptomen arbeitet, sondern indem ihr mit den Symptomen arbeitet. Symptome können das Unvermögen sein, bestimmte Fehler und Haltungen zu überwinden, ein Mangel an Kontrolle über bestimmte Geschehnisse, die euch regelmäßig widerfahren und ein Muster bilden, oder Ängste und Widerstand bei bestimmten Anlässen. Je mehr ihr versucht, die Symptome auszumerzen, ohne deren Wurzeln und Ursprung verstanden zu haben, desto mehr erschöpft ihr euch in nutzlosen Bemühungen. Die Symptome sind lediglich ein Teil des Preises, den ihr für eure falschen Schlussfolgerungen bezahlt.

Blickt auf euer Leben zurück und deckt alle Probleme auf. Ihr müsst euch die Mühe machen, alles schwarz auf weiß festzuhalten. Wenn ihr nur darüber nachdenkt, fehlt euch die für den Vergleich notwendige

50

Übersicht. Aufschreiben ist äußerst wichtig. Es ist sicherlich nicht zuviel verlangt. Nehmt euch Zeit, auch wenn es einige Monate dauert. Es ist besser, langsam vorzugehen, als überhaupt nicht damit anzufangen. Wenn ihr alle großen und kleinen Schwierigkeiten betrachtet, auch die unsinnigsten und unbedeutendsten, dann *haltet Ausschau nach dem gemeinsamen Nenner*. In den meisten Fällen findet ihr einen gemeinsamen Nenner, manchmal sogar mehrere. Es ist möglich, dass eine Schwierigkeit unabhängig vom inneren Bild öfter im Leben vorkommt. Sie geht auf Ursache und Wirkung zurück wie alles im Universum, aber sie hängt nicht unbedingt mit eurem Bild zusammen. Geht sorgfältig vor, meine Freunde. Legt ein Ereignis nicht voreilig beiseite, nur weil es auf den ersten Blick nicht mit eurem Bild zusammenhängt. Das ist eher unwahrscheinlich. Vermutlich hängen alle unangenehmen Erfahrungen, wenn auch nur entfernt, mit eurem Bild zusammen.

Manchmal ist es nicht einfach, den gemeinsamen Nenner zu entdecken. Erst nachdem ihr eure Bilder wohl überlegt und verstanden habt, könnt ihr überhaupt beurteilen, welche Erfahrungen etwas damit zu tun haben. Bis dahin müsst ihr jedes Urteil aufschieben. Durch Meditation, ernsthafte Selbsterforschung und indem ihr auf eure vergangenen und jetzigen Gefühlsreaktionen achtet sowie mit Hilfe des Gebets werdet ihr nach langer, beschwerlicher Suche den gemeinsamen Nenner finden. Seid nicht leichtfertig, wenn er nichts damit zu tun zu haben scheint. Forscht weiter, vielleicht erwartet euch eine Überraschung. Ereignisse, die anscheinend am wenigsten miteinander zu tun haben, weisen plötzlich einen gemeinsamen Nenner auf. Dies ist der erste Hinweis. Um das Bild selbst und sämtliche zu seiner Entstehung führenden Fäden aufzudecken, müsst ihr euer Unterbewusstsein noch gründlicher erforschen.

Das Auflösen von Bildern

Lasst euch nicht von eurem inneren Widerstand entmutigen. Dieser Widerstand ist genauso falsch, unwissend und kurzsichtig wie das Bild selbst. Die gleiche Kraft, die euren Widerstand auslöst, hat einst das Bild erzeugt. Sie hat euch Elend gebracht und widersetzt sich euren bewussten Wünschen. Ihr verliert euer rechtmäßiges Gut oder erlangt nie das, wozu ihr ein Anrecht habt. Seid also klug genug, dies zu durchschauen und

51

euren Widerstand als das zu beurteilen, was er ist. Lasst euch nicht von ihm beherrschen. Wie könnt ihr ein entwickelter und spiritueller Mensch sein, wenn euch eure unbewussten Kräfte und jene unlogischen, falschen und unwissenden Schlussfolgerungen, die ein so schmerzliches Bild in euch erzeugten, noch immer beherrschen? Das Bild ist der einzige Faktor in eurem Leben, der für jegliches Unglücklichsein verantwortlich ist. Nur ihr selbst seid dafür verantwortlich. Ihr habt jetzt die Mittel, die Ursache für euer Unglücklichsein auszumerzen. Bitte sagt nicht: »Wie kann ich dafür verantwortlich gemacht werden, dass andere mich immer wieder auf diese Art behandeln?« Euer Bild zieht diese Geschehnisse genauso an, wie auf die Nacht unweigerlich der Tag folgt. Es ist wie ein Magnet, ein chemisches Gesetz oder das Gesetz der Schwerkraft. Die Bestandteile deiner Reaktionen, die das Bild erzeugen, beeinflussen die allgemeinen Strömungen, die wiederum in euren persönlichen Lebensbereich fließen, so dass bestimmte Wirkungen zwangsläufig auf die Ursache folgen, die ihr in Bewegung gesetzt habt.

Besitzt ihr nicht den Mut, in euer Unterbewusstsein einzutauchen und euch eurem Bild zu stellen, es aufzulösen und dadurch einen neuen Menschen aus euch zu machen, werdet ihr in diesem Leben nie frei. Ihr werdet stets in Ketten liegen. Der Preis für die Freiheit ist Mut und Demut, euch dem zu stellen, was im Inneren ist. Habt ihr alle nötigen Schritte getan, beschert der Sieg der Freiheit eine solche Freude, dass nichts euer Glück trüben kann, ganz gleich, was außerhalb von euch geschehen mag. Zudem solltet ihr wissen, dass die Bilder, die ihr in diesem Leben nicht auflöst, euch in einem künftigen Leben wieder begegnen. Fasst das nicht als Drohung auf. Es ist nur eine logische Folge. Wie kann etwas Bedrohliches euch von euren eigenen Ketten befreien? Je rascher ihr eure Bilder aus freien Stücken findet, desto leichter geht eure Befreiung vonstatten.

Bilder aufzuspüren, zu verstehen und aufzulösen ist ein langer Prozess. Auch wenn ihr ein Bild verstanden habt, braucht es Zeit, Mühe und Geduld, emotionale Strömungen und Reaktionen neu auszurichten. Vielleicht lehnt ihr euch gegen das Unglück auf. Wenn ihr aber erkennt, dass nicht Gott oder das Schicksal, sondern ihr selbst der Grund dafür seid, wendet sich eure Auflehnung möglicherweise gegen euch selbst, und ihr verliert die Geduld mit euch. Herrschen solche Strömungen vor, gelingt es euch niemals, euer Bild zu finden und aufzulösen. Ihr müsst geistig entspannt sein, und diesen Zustand erreicht ihr nur, wenn ihr versteht, wie lange die Suche dauern wird, und dies akzeptiert.

Wenn ihr nach Bildern sucht, dann geht nicht moralisierend an euer Unterbewusstsein heran. Es sträubt sich sofort, kämpft gegen euch und macht es eurem bereitwilligen Bewusstsein umso schwerer, sich mit ihm zu einigen. Denkt zuerst über eure Verletzungen, Konflikte und Probleme nach. Betrachtet eure falschen inneren Einstellungen als Unwissen und Irrtum. Genau das sind Fehler eigentlich! Denkt zuerst über eure Eigenheiten, Vorurteile und emotionale Zurückhaltung in bestimmten Lebensbereichen nach. Überprüft, wie ihr gefühlsmäßig auf bestimmte Dinge reagiert und wie sich diese Reaktionen als Muster durch euer Leben ziehen und wiederholen. Betrachtet zuerst eure Enttäuschungen, die anscheinend nichts mit euren Handlungen oder Reaktionen zu tun haben. Erkennt ihr jedoch ein regelmäßig auftretendes Muster, dann werdet ihr den Zusammenhang mit eurer inneren Haltung zu sehen vermögen, der eurem Bewusstsein bislang entgangen ist.

Mit tiefem Gebet, Tiefenmeditation oder tiefem Nachdenken meine ich Folgendes: Ihr nehmt alles, was ihr über diese unterdrückten oder versteckten Reaktionen herausgefunden habt und denkt über ihre Tragweite, Bedeutung und Wirkung auf euch und andere nach. Vergleicht sie mit den euch jetzt bekannten spirituellen Gesetzen. Denkt sowohl vom spirituellen wie praktischen Blickwinkel darüber nach. Arbeitet mit diesem neuen Wissen, indem ihr es nachempfindet und noch einmal durchlebt. Dann bewegt es noch einmal so objektiv wie möglich. Verlagert euer Denken auf eine tiefere Ebene und wendet es auf das Gefundene an. Legt das neue Verständnis nicht einfach beiseite, sonst rutscht ihr leicht in das alte Muster zurück. Ihr könnt euch selber täuschen und glauben, jetzt sei nichts mehr erforderlich, nur weil ihr ein bedeutsames Wissen über eure Seele erlangt habt. Ihr könnt etwas theoretisch wissen und dennoch auf dieselbe alte Weise reagieren. Es reicht nicht, eine verborgene Neigung und Reaktion innerlich zu verstehen und es dabei bewenden zu lassen. *Die Arbeit beginnt nach dieser Einsicht.* Das ist Tiefenmeditation auf der tief liegenden Gefühlsebene, die ihr entdeckt habt. Vernachlässigt ihr diese Meditation, dann behaltet ihr das Gefundene zwar, aber mit der

53

Zeit tritt es in den Hintergrund, wird zu bloßem theoretischen Wissen in eurem Gehirn, und ihr reagiert wie zuvor. In dem Fall ist es euch nicht gelungen, eure irrigen Gefühlsreaktionen und falschen Schlussfolgerungen mit eurem intellektuellen Wissen zu verbinden. Gefühle sind stärkere Gewohnheiten als äußere Neigungen. Zudem sind sie so schwer fassbar, dass die alten Muster trotz eurer Bemühungen einfach weiter wirken, ohne dass ihr euch dessen bewusst seid. Ihr seid es gewohnt, unbequemes Wissen in euer Unterbewusstsein abzuschieben, und diese Gewohnheit lässt sich nicht von einem Tag auf den nächsten ablegen. Dazu sind viel Training, Konzentration und Bemühung erforderlich. Neue Gewohnheitsmuster müssen entwickelt werden, bis ihr die Zeichen der verborgenen Neigungen erkennt, die es bewusst zu machen gilt. Ihr habt einen besonderen Spürsinn dafür zu entwickeln, und das braucht selbstverständlich Zeit.

Die Scham

Alles, was mit falschen inneren Bildern zusammenhängt, erzeugt im Betreffenden akute Scham. Dabei ist die jeweilige Haltung oder Schlussfolgerung rein objektiv gesehen nicht einmal etwas, dessen man sich zu schämen hätte. Habt ihr aber den Mut aufgebracht, sie ans Licht zu holen, erlebt ihr selbst, wie Verlegenheit und Schamgefühl völlig verschwinden. Aber solange ihr noch damit ringt, empfindet ihr große Scham. Vielleicht habt ihr einen viel beschämenderen Fehler, den ihr akzeptiert habt, weil ihr ihn vor langer Zeit aufdecktet. Ihr habt euch mit ihm abgefunden und schämt euch deswegen nicht mehr. Unter Umständen könnt ihr ihn sogar offen mit anderen besprechen. Doch selbst ein geringerer Fehler löst akute Scham in euch aus, solange ihr euch nicht damit auseinander setzt.

Angenommen, ihr stellt fest, dass ein Elternteil euch stark beeinflusst hat und ihr von diesem abhängig wart. Das ist an sich nichts, dessen man sich schämen müsste. Wenn ihr euch dieser Neigung jedoch bisher nicht bewusst wart, habt ihr nicht gewusst, wie sehr und inwiefern ihr beeinflusst wurdet und wie ihr immer noch von ähnlichen Gefühlen abhängig seid. Erst wenn euch diese Einsicht dämmert, bringt es euch plötzlich in Verlegenheit. Meine Freunde, das ist eine typische Bildreaktion. Seid ihr darauf vorbereitet, wird es euch leichter fallen. Ihr werdet nicht glauben, ihr wäret allein in der Welt oder der Einzige, der solche Gefühle hegt. Genau das sagen euch eure Gefühle und deswegen schämt ihr euch. Diese Überzeugung ist ein Zeichen des Getrenntseins, das ihr für euch mit allen falschen Abwehrmechanismen aufgebaut habt und unter denen ihr in solchen Momenten leidet. Erkennt ihr aber, dass jeder ähnliche Reaktionen durchmacht und sie ein zu erwartendes Symptom sind, dann könnt ihr euren irrigen Gefühlseindrücken entgegenwirken, indem ihr ihnen keine Beachtung schenkt. Das befreit euch von der Mauer, die euch in Dunkelheit, Einsamkeit, Schuld und falscher Scham einschließt. Nur so könnt ihr euch als freier Mensch mit hoch erhobenem Kopf entfalten, anstatt von falschen Eindrücken beherrscht und unterdrückt zu sein. Es braucht nur einen Augenblick Mut, um das zu durchschreiten, was so peinlich erscheint, und euch so zu betrachten, wie ihr seid. Dann entdeckt ihr, dass ihr in einer Schattenwelt der Ängste und der Scham gelebt habt, die der Wirklichkeit völlig entbehrt.

Meist schämt ihr euch nicht, weil ihr plötzlich etwas besonders Böses oder Hässliches entdeckt habt. O nein. Ihr schämt euch wahrscheinlich wegen Lächerlichkeiten. Versteht bitte, dass die Überlegungen, die euch jetzt vor Scham erröten lassen, damals beim Erzeugen des Bildes mit euch völlig übereinstimmten. Es ist nur im Verhältnis lächerlich. Als heutiger Mensch könnt ihr euch nicht mit der Tatsache abfinden, dass eine so »lächerliche« Reaktion immer noch in euch steckt. Ihr erkennt eine Schlussfolgerung aus früherer Zeit, die bis jetzt wirkte, und geratet nun in Verlegenheit, weil sie zu eurem Geist gehörte – zwar einem »unteren« Geist, aber immer noch dem euren – und eure Reaktion bestimmte. Ihr könnt das sicher leichter akzeptieren, wenn ihr bedenkt, dass ihr in dieser Hinsicht ein Kind geblieben seid und die damalige Überlegung im Dunkel eures Unterbewusstseins gelassen habt. Ihr werdet feststellen, dass es niemanden gibt, der keine Bilder hat und sich bei allen ähnliche Unstimmigkeiten finden lassen. Würdet ihr euch beispielsweise mit einem Kind im Alter von vier bis zehn Jahren unterhalten, würde euch eine solche Reaktion überhaupt nicht erstaunen.

Bevor ihr etwas ändern könnt, müsst ihr verstehen, was euch das Leiden verschafft. Erst dann könnt ihr eure Gefühle behutsam umerziehen, eure

Bilder auflösen und neue, schöpferische Formen in eurer Seele schaffen, die dem göttlichen Gesetz entsprechen.

Meine Lieben, ich verabschiede mich nun mit einem besonderen Segen an einen jeden von euch. Es ist der Segen des Mutes, den ihr alle so dringend braucht. Seid in Frieden. Seid in Gott.

6

Der Teufelskreis unreifer Liebe

Ich grüße euch, meine liebsten Freunde. Gott segne diese Zusammenkunft. Gott segne euch alle.

Ich will nun einen Teufelskreis besprechen, der im zwischenmenschlichen Bereich häufig vorkommt. Bis zu einem gewissen Grad ist er in jeder Menschenseele wirksam. Der Teufelskreis befindet sich im Unterbewusstsein, auch wenn einige Teile bewusst sind. Geht dem Kreis nach, bis ihr ihn ganz aufgedeckt habt, denn sonst könnt ihr ihn nicht auflösen. Meine Worte richten sich weniger an euer Bewusstsein und euren Verstand als an eure Gefühlsebene, wo dieser Teufelskreis zu finden ist.

Wendet meine Worte an, um die Teile aufzuspüren, die euch noch nicht bewusst sind. Vielleicht ist einigen unter euch kein einziger Abschnitt bewusst. In diesem Fall werden euch meine Worte anleiten, wenigstens etwas davon bewusst zu machen. Das ist nicht so schwierig, weil viele eurer Symptome darauf hindeuten, dass ein Teufelskreis in euch wirkt. Es liegt an euch, euch diese Strömungen bei eurer Arbeit auf dem Pfad der Selbstfindung und Selbstentfaltung bewusst zu machen. Dies schenkt euch Freiheit und den Sieg.

Die meisten meiner Freunde wissen, dass in jeder Persönlichkeit eine unlogische Weise zu denken, zu fühlen und zu reagieren steckt, auch wenn ihr bewusst eine bessere Logik kennt. Alles im Unterbewusstsein ist primitiv, unwissend und meistens unlogisch, obschon es einer beschränkten eigenen Logik folgt.

Der Teufelskreis beginnt in der Kindheit, wo alle Bilder erzeugt werden. Das Kind ist hilflos. Es braucht Sorge. Es kann nicht auf seinen eigenen Füßen stehen. Es kann keine reifen Entscheidungen treffen. Es kann nicht von schwachen und eigensüchtigen Motivationen frei sein. Daher ist das Kind einer selbstlosen Liebe unfähig. Der Erwachsene wächst in eine solche Liebe hinein, vorausgesetzt, die Gesamtpersönlichkeit reift harmonisch heran und es bleiben keine kindlichen Reaktionen im Unterbewusstsein verborgen. Sonst wächst nur ein Teil der Persönlichkeit, während ein anderer Teil – und ein sehr wichtiger dazu – unreif bleibt. Es gibt nur wenige Erwachsene, die gefühlsmäßig ebenso reif sind wie verstandesmäßig.

Die kindliche Sehnsucht

Das Kind kommt mit einer unvollkommenen Umgebung in Berührung, die seine inneren Probleme ans Tageslicht bringen. Es sehnt sich in seiner Unwissenheit nach ausschließlicher Liebe, die unmöglich ist. Die Liebe, die es will, ist eine selbstsüchtige Liebe. Es ist nicht bereit, die Liebe mit anderen, mit Brüdern, Schwestern oder dem anderen Elternteil zu teilen. Meistens ist das Kind unbewusst auf beide Eltern eifersüchtig. Lieben die Eltern einander jedoch nicht, leidet das Kind noch mehr. Der erste Konflikt entsteht aus diesen entgegengesetzten Wünschen. Einerseits will das Kind die ausschließliche Liebe beider Eltern. Andererseits leidet es, wenn die Eltern einander nicht lieben. Da die Liebesfähigkeit aller Eltern unvollkommen ist, versteht das Kind nicht, dass die meisten Eltern trotz dieser Unvollkommenheit fähig sind, mehr als einen Menschen zu lieben. Das Kind fühlt sich ausgeschlossen und abgelehnt, wenn die Eltern auch andere lieben. Die ausschließliche Liebe bekommt das Kind nicht. Dies gilt als zusätzlicher »Beweis«, dass das Kind nicht genügend geliebt wird.

Diese Frustration führt zu Hass, Groll, Feindseligkeit und Aggression. Das ist der zweite Teil des Teufelskreises. Das unerfüllbare Liebesbedürfnis erzeugt Hass und Feindseligkeit ausgerechnet denjenigen Menschen gegenüber, die am meisten geliebt werden. Dies ist der zweite Konflikt des heranwachsenden Menschen. Er könnte nicht entstehen, wenn das Kind

58

jemanden hasste, den es nicht gleichzeitig liebte, oder ihn auf seine eigene Weise liebte und sich nicht danach sehnte, wiedergeliebt zu werden. Die Tatsache aber, dass gerade der geliebte Mensch auch gehasst wird, führt in der Menschenseele zu einem starken Konflikt. Es versteht sich von selbst, dass sich das Kind dieser negativen Gefühle schämt und diese Auseinandersetzung ins Unterbewusstsein versenkt, wo sie schwärt. Der Hass erzeugt Schuld, weil das Kind früh lernt, dass Hassen schlecht, falsch und sündig ist. Die im Unterbewusstsein weiterlebende Schuld verursacht bei der erwachsenen Persönlichkeit zahlreiche Konflikte. Die Menschen sind sich der Wurzeln dieser Konflikte nicht bewusst, ehe sie nicht herauszufinden beschließen, was sich in ihrem Unterbewusstsein verbirgt.

Die Angst vor Strafe und Glück

Die Schuld erzeugt eine unvermeidliche Reaktion. Das Unbewusste des Kindes sagt: »Ich verdiene Strafe.« Also entsteht in der Seele eine fast völlig unbewusste Angst vor Strafe. Sie äußerst sich jedoch in Symptomen, die zu Kettenreaktionen führen.

Aus der Angst vor Strafe entsteht eine weitere Reaktion, und zwar folgende: Jedesmal, wenn ihr glücklich seid und Lust empfindet, habt ihr das Gefühl, es nicht zu verdienen, obwohl es eine natürliche Sehnsucht ist. Die Schuld, die geliebtesten Menschen zu hassen, überzeugt das Kind davon, dass es Gutes, Freudiges oder Lustvolles nicht verdient. Das Kind hat das Gefühl, dass unvermeidlich eine größere Strafe wartet, sollte es je glücklich werden. Daher vermeidet es Glück unbewusst und versucht auf diese Weise zu büßen und eine noch größere Strafe zu vermeiden. Dies erzeugt Situationen und Muster, die alles zu zerstören scheinen, was im Leben am heißesten ersehnt wird.

Die Angst vor Glück bringt allerlei ungesunde Reaktionen, Symptome, Bestrebungen und Gefühlsmanipulationen beim Menschen hervor bis hin zu Handlungen, die aussehen, als geschähen sie ungewollt. Damit entsteht ein weiterer Konflikt. Einerseits sehnt sich die Persönlichkeit nach Glück und Erfüllung, andererseits verhindert die Angst vor Glück dies. Der Wunsch nach Glück kann nie ausgemerzt werden. Das Schuldgefühl wird jedoch umso größer, je stärker der Wunsch nach Glück ist.

59

Die Angst vor Strafe und die Angst, das Glück nicht zu verdienen, erzeugen eine weitere komplizierte Reaktion. Das Unterbewusstsein denkt: »Ich habe Angst, von anderen bestraft zu werden, obwohl ich weiß, dass ich das verdiene. Es ist schlimmer, von anderen bestraft zu werden, denn dann bin ich ihnen ausgeliefert, egal, ob es Menschen, das Schicksal, Gott oder das Leben selbst ist. Wenn ich mich selbst bestrafe, kann ich vielleicht die Beschämung und Erniedrigung durch äußere Kräfte vermeiden.« Diese Grundkonflikte von Liebe und Hass, von Schuld und Angst vor Strafe finden in jedem Menschen statt. Bis zu einem gewissen Grad ist auch der zwanghafte Wunsch nach Selbstbestrafung aufgrund falscher, unwissender Schlussfolgerungen bei jedem Menschen vorhanden.

Die Persönlichkeit straft sich auf verschiedene Arten also selbst. Es kann durch seelisch hervorgerufene Krankheit geschehen, durch verschiedentliche Missgeschicke, Misserfolge oder Probleme in irgendeinem Lebensbereich. In jedem Fall hängt der betreffende Bereich vom Bild ab, welches das Kind für sich schafft und sein Leben lang in sich trägt, bis es aufgespürt und schließlich aufgelöst wird. Haben wir beispielsweise ein Bild von Beruf und Karriere, wird es durch den inneren Wunsch nach Selbstbestrafung verstärkt. Schwierigkeiten in diesem Bereich zeigen sich immer wieder im Leben des Betreffenden. Hängt das Bild mit Liebe und Eheleben zusammen, ereignet sich dasselbe Muster dort.

Gelingt es euch nicht, einen bewussten und legitimen Wunsch zu erfüllen, dann betrachtet euer Leben. Ihr werdet das Muster finden, das die Erfüllung dieses bewussten Wunsches ständig vereitelte, als hätte es nichts mit euch zu tun – als habe ein ungnädiges Schicksal euch befallen. Ihr könnt sicher sein, dass nicht nur ein Bild und eine falsche Schlussfolgerung in euch stecken, sondern auch das Bedürfnis nach Selbstbestrafung.

Eine weitere Kettenreaktion in diesem Teufelskreis löst die Spaltung der Persönlichkeit in seine Wunschströmungen aus. Die ursprüngliche Spaltung zwischen Liebe und Hass, die den Teufelskreis in Gang setzte, erzeugt weitere Spaltungen. Das Bedürfnis nach Selbstbestrafung streitet mit dem Wunsch, nicht bestraft zu werden. Ein Teil der Seele hofft: »Vielleicht kann ich meine große Schuld, zu hassen, anders büßen.« Diese

60

eingebildete Buße führt zu einer Art Handel, indem man einen so hohen Maßstab setzt, dass es unmöglich ist, ihm zu entsprechen. Die kleine innere Stimme argumentiert: »Wenn ich so vollkommen bin und weder Fehler noch Schwächen habe, wenn ich in allem, was ich unternehme, die Beste bin, dann kann ich meinen früheren Hass und Groll wieder gutmachen.« Diese kleine Stimme ist im Unterbewusstsein nicht gestorben, sondern heute noch lebendig.

Zwei Gewissen

Ihr überwindet etwas erst, wenn ihr ihm Luft macht. Deswegen seid ihr immer noch vom alten Hass erfüllt. Deshalb habt ihr auch ständig Schuldgefühle. Wäre es wirklich vergangen, verspürtet ihr kein akutes Schuldgefühl, selbst wenn die Schuld unbewusst ist. Ihr glaubt, ihr könntet der Strafe entgehen, wenn ihr vollkommen seid. So schafft ihr euch ein zweites Gewissen. Eigentlich gibt es nur ein Gewissen: das höhere Selbst, das ewig und unzerstörbar ist. Es ist der göttliche Funke eines jeden Menschen. Verwechselt dieses Gewissen nicht mit dem zweiten Gewissen, das künstlich aus dem Zwang entstanden ist, für eine angenommene Sünde oder einen wirklichen Mangel zu büßen. Weder für eingebildete Sünden noch für echte Mängel kann dieses künstliche und überaus fordernde Gewissen büßen. In Wirklichkeit braucht niemand bestraft zu werden. Wie ihr alle inzwischen wisst, werden wirkliche Mängel auf ganz andere, viel konstruktivere Art behoben. Wenn ihr zwischen diesen beiden Gewissen unterscheiden könnt, habt ihr einen großen Schritt getan.

Das zwanghafte zweite Gewissen stellt Forderungen, die unmöglich zu erfüllen sind. Was geschieht, wenn ihr diese Ziele nicht erreicht? Unvermeidlich entstehen Gefühle der Unzulänglichkeit und Minderwertigkeit. Da ihr nicht wisst, dass die Messlatte eures zwanghaften Gewissens irrational und unerfüllbar ist, und ihr hinter eurer Trennwand glaubt, anderen gelänge es, nur euch nicht, seid ihr völlig isoliert und beschämt. Ihr bleibt mit eurem Schuldgeheimnis allein, und zwar nicht nur mit dem, dass ihr hasst, sondern auch mit dem, dass ihr es nicht schafft, gut und rein zu sein.

61

Das zweite Gewissen wird durch Schwäche und Angst motiviert. Es ist zu stolz, sich einzugestehen, dass ihr einfach noch nicht vollkommen sein könnt. Es ist auch zu stolz, zuzulassen, dass ihr euch so annehmt, wie ihr jetzt seid. Daher stellen sich zwangsläufig Minderwertigkeitsgefühle ein, weil ihr diesem hohen Maßstab nicht genügt. Alle Minderwertigkeitsgefühle lassen sich auf diesen gemeinsamen Nenner reduzieren. Solange diese Tatsache nicht empfunden und erlebt wird, könnt ihr euch nicht davon befreien. Ihr müsst den gesamten Teufelskreis aufdecken und sehen, wie es ihm an Vernunft mangelt. Ihr müsst die Gefühle durchleben, die euch zu seiner Erzeugung anspornten. Erst dann könnt ihr die Kettenreaktion Punkt für Punkt auflösen und neue Vorstellungen in eurem Gefühlsselbst bilden.

Egal, mit welchen Rationalisierungen ihr eure Minderwertigkeitsgefühle erklärt, sie sind nie die eigentliche Ursache. Andere haben vielleicht tatsächlich hier oder dort mehr Erfolg. Doch nur deswegen würdet ihr euch nie minderwertig fühlen. Ohne eure künstlich gesteckten Ziele hättet ihr nicht das Bedürfnis, in jedem Lebensbereich besser oder mindestens so gut wie die anderen zu sein. Ihr könntet entspannt akzeptieren, dass andere in bestimmten Lebensbereichen besser sind oder mehr Erfolg haben, während eure Vorzüge anderen abgehen. Ihr müsstet nicht ebenso intelligent, erfolgreich oder schön sein wie andere. Das ist nie der wahre Grund für eure Unzulänglichkeits- und Minderwertigkeitsgefühle. Die brillantesten, erfolgreichsten, schönsten Menschen haben manchmal schlimmere Minderwertigkeitsgefühle als andere, die weniger brillant, erfolgreich oder schön sind.

Ständige Unzulänglichkeit und Minderwertigkeit

Die Unzulänglichkeit und Minderwertigkeit dienen dazu, den Teufelskreis noch fester zu schließen. Eure unbewusste Stimme meldet sich: »Ich habe versagt. Ich weiß, dass ich minderwertig bin, aber bekäme ich eine Riesenmenge Liebe, Achtung und Bewunderung von anderen, fühlte es sich vielleicht wie die Befriedigung an, nach der ich mich ursprünglich sehnte und die ich nicht bekam. Das hat mich zum Hass und in diesen Teufelskreis gezwungen. Bewunderung und Achtung von anderen würden

62

mir beweisen, dass ich recht hatte, denn ich kann heute bekommen, was mir meine Eltern versagt haben. Es würde mir zudem zeigen, dass ich nicht so unwürdig bin, wie ich vermute, wenn ich dem Maßstab meines zwanghaften Gewissens nicht entspreche.«

Solche Sätze werden natürlich nie bewusst formuliert. Dennoch argumentieren die Gefühle unter der Oberfläche genauso. Damit schließt sich der Kreis, und das Bedürfnis, geliebt zu werden, wird noch zwanghafter, als es ursprünglich war. Die verschiedenen Abschnitte der Kettenreaktion verstärken das Bedürfnis immens. Zudem besteht der Verdacht, dass der Hass gerechtfertigt war – das war er auch, aber in einem anderen Sinn. Die Persönlichkeit empfindet unbewusst, dass das Kind Recht hatte. Damit verlangt ihr nun noch verkrampfter nach Liebe. Da dieses Bedürfnis jedoch unerfüllbar ist, verschlimmern sich alle folgenden Stationen des Teufelskreises und erzeugen ständig mehr Probleme und Konflikte. Erst wenn ihr gesund und reif nach Liebe sucht, und *erst, wenn ihr bereit seid, im selben Maß zu lieben wie geliebt zu werden, wird euch Liebe zuteil.*

Denkt daran, dass die Persönlichkeit, in welcher der Teufelskreis herrscht, dieses Risiko nie eingehen kann, solange sie sich nach unreifer, kindlicher Liebe sehnt. Solange sie nichts wagt, weiß sie auch nicht, was es heißt, auf reife Art zu lieben. Vom Kind erwartet man nicht, dass es dieses Risiko eingeht; vom Erwachsenen schon. Das innere Kind hat nur das unreife Verlangen nach Liebe und will auch von Menschen, die es keineswegs zu lieben beabsichtigt, geliebt, umsorgt und bewundert werden. Bei Erwachsenen ist das Verhältnis zwischen Bereitschaft zu geben und zwanghaftem Bedürfnis zu bekommen oft unausgeglichen. Dieser unfaire Plan kann nicht funktionieren, weil das göttliche Gesetz stets gerecht ist. Ihr bekommt nie mehr, als ihr investiert. Wenn ihr großzügig seid, bekommt ihr vielleicht die Liebe nicht unverzüglich aus der Quelle zurück, in die ihr investiert habt, aber am Ende kehrt sie in einem wohltuenden Kreis zu euch zurück. Was ihr gebt, erhaltet ihr wieder, vorausgesetzt, es geschieht nicht mit der Motivation, etwas zu beweisen. Stammen die Beweggründe für eure beschränkte Liebe unbewusst aus diesem Teufelskreis, werdet ihr nie geliebt. Ihr sucht nach einem Mittel, das keine Heilung für eure Krankheit bringt. Deshalb kann euer Liebeshunger nie gestillt werden. Er ist wie ein Fass ohne Boden. Damit schließt sich der Kreis.

Die Auflösung des Teufelskreises

Eure Arbeit auf dem Pfad besteht darin, den Teufelskreis in euch zu finden und zu erleben, wo, wie und in Bezug zu wem er wirkt. Das alles müsst ihr nachempfinden, bevor ihr es wirklich auflösen könnt. Versteht ihr den Teufelskreis nur rein intellektuell, hilft euch dieses Wissen nicht. Spürt ihr den Teufelskreis bei eurer Arbeit auf, könnt ihr ihn durchbrechen, wenn ihr erkannt habt, wo die falschen Voraussetzungen liegen. Ihr werdet anerkennen müssen, dass ihr als Kind zu Recht bestimmte Gefühle, Haltungen, Bedürfnisse und Unfähigkeiten hattet, die jetzt überholt sind. Ihr müsst auch lernen, euren negativen Gefühlen gegenüber nachsichtig zu sein. Ihr müsst sie verstehen und herausfinden, wo eure emotionalen Neigungen, Forderungen und Wünsche von eurem bewussten Wissen abweichen. Ihr wisst vielleicht sehr wohl und predigt es möglicherweise sogar, dass ihr lieben und euch nicht so sehr um das Bekommen kümmern sollt. Aber bei euch allen weichen die Gefühle immer noch von diesem intellektuellen Wissen ab. Diese Diskrepanz muss euch voll und ganz zu Bewusstsein kommen, bevor Hoffnung besteht, den Teufelskreis zu durchbrechen. Erst durch wirkliches Begreifen entwickeln sich die Gefühle allmählich. Erwartet nicht, dass sie sich in dem Augenblick verändern, in dem ihr erkennt, wie unbegründet sie sind. Stellt ihr euch diesen Gefühlen – dem Unwissen, der Selbstsucht und mangelnden Reife – ohne Scham und wendet euer bewusstes Wissen auf sie an, entdeckt ihr, wenn ihr emotional in alte Gewohnheiten zurückfallt. Das Unterbewusstsein offenbart euch mit der Zeit immer mehr falsche Schlussfolgerungen. Jede neue Einsicht hilft euch, den Teufelskreis aufzubrechen. So werdet ihr frei und unabhängig.

Die Menschenseele enthält alle Weisheit und Wahrheit, die sie braucht. Doch die falschen Schlussfolgerungen überdecken sie. Indem ihr sie Punkt für Punkt bewusst macht, entfaltet ihr schließlich eure innere Stimme der Weisheit, die euch dem göttlichen Gewissen und eurem eigenen Plan zufolge lenkt. Werden die göttlichen Gesetze verletzt, achtet

64

euer göttliches Gewissen unerbittlich darauf, dass die Ordnung und das Gleichgewicht in eurem Leben wiederhergestellt werden. Ihr geratet in Situationen, die wie eine Strafe anmuten; dabei sind sie das Heilmittel, das euch auf den rechten Weg zurückbringt. Das Gleichgewicht muss immer dort wiederhergestellt werden, wo ihr abgewichen seid. Durch eure Schwierigkeiten gelangt ihr an den Punkt, wo ihr eure innere Richtung ändert. Ihr verändert euch nicht unbedingt in eurer äußeren und bewussten Handlungsweise, aber hinsichtlich eurer unbewussten kindlichen.

Meine lieben Freunde, arbeitet also den Teufelskreis durch und erlebt, wie er sich in eurem Leben auswirkt.

Hat jemand eine Frage?

FRAGE: Was geschieht, wenn ein Kind seinem Hass und seiner Feindseligkeit offen Luft macht? Hat es dann noch Schuldgefühle?

ANTWORT: Bei Kindern kommen solche Äußerungen häufig vor. Wenn ein Kind einen so genannten Wutanfall hat, macht es solchen Gefühlen sehr wohl Luft. Das Kind wird danach gescholten und lernt, wie »schlecht« es ist. Das verstärkt die Notwendigkeit, die eigentliche Bedeutung seiner Wutausbrüche zu verbergen. Auch wird der Hass später meistens unterdrückt. Der Erwachsene hat ungeachtet seines Alters innerlich immer noch dieselben Wutausbrüche, die erst aufhören, wenn der Teufelskreis bewusst gemacht wird. Manche Menschen bekommen eine Krankheit, die eine Form von kindlichem Wutausbruch darstellt, oder machen ihren Mitmenschen einfach das Leben schwer. Infolge ihres Unglücklichseins bedrängen sie ständig andere, weil sie ihren Willen und ihr zwanghaft kindliches Bedürfnis durchsetzen wollen, um die utopische vollkommene Liebe und Fürsorge zu bekommen, die ein Kind beansprucht. Das geschieht in unterschiedlichem Maß. Manchmal ist es offensichtlich, manchmal subtil und versteckt. Menschen mit einem solchen Verhalten sagen etwa: »Ich bin unglücklich, wisst ihr. Ihr müsst euch um mich sorgen. Ihr müsst mich lieben.« Das ist ein Wutausbruch ohne die äußeren Begleitumstände des Kindes. Auch wenn die Feindseligkeit in der Kindheit offen ausbricht, bedeutet dies nicht, dass sie später nicht unterdrückt werden kann.

65

Seid gesegnet, meine Freunde, die ihr diese Worte lest. Nehmt diesen Segen, um euren Mut und eure Willenskraft auf dem Pfad der Selbstfindung zu stärken. Es ist die einzig mögliche Befreiung von euren zwanghaft hohen Maßstäben, die euch Schuldgefühle beibringen und euch glauben machen, ihr verdientet nicht, was Gott für euch möchte: Glück, Licht und Liebe. Seid in Frieden, meine lieben Freunde. Seid in Gott.

7

Die zwanghafte Wiederholung von Kindheitsverletzungen

Seid gegrüßt, meine liebsten Freunde! Gott segne euch alle. Möge der göttliche Segen helfen, euch die Worte vom heutigen Abend anzueignen.

Wir haben bereits über die Angst zu lieben gesprochen. Ihr erinnert euch, wie das Kind ausschließlich und grenzenlos geliebt zu werden verlangt. Der Wunsch des Kindes nach Liebe ist unrealistisch.

Der Mangel an reifer Liebe

Weil Kinder so selten genügend reife Liebe und Wärme erhalten, hungern sie ihr ganzes weiteres Leben danach, bis dieser schmerzende Mangel erkannt und angemessen verarbeitet wird. Geschieht dies nicht, werden sie als Erwachsene weiterhin unbewusst nach dem verlangen, was ihnen in ihrer Kindheit gefehlt hat. Das wird sie unfähig machen, auf reife Weise zu lieben. Ihr könnt beobachten, wie dieser Umstand sich von Generation zu Generation fortsetzt.

Das Heilmittel kann nicht durch den Wunsch gefunden werden, dass alles anders sei und die Menschen lernten, reife Liebe zu praktizieren. Es befindet sich einzig und allein in euch. Hättet ihr von euren Eltern echte Liebe bekommen, gäbe es dieses Problem, das euch nicht wirklich und gänzlich bewusst ist, nicht. Der Mangel an reifer Liebe braucht euch

67

jedoch weder zu beunruhigen noch Schwierigkeiten im Leben zu bereiten, wenn ihr euch seiner bewusst werdet, ihn seht und eure unbewussten Wünsche, eure Trauer, eure Gedanken und Vorstellungen an der Realität der jeweiligen Situation ausrichtet. In der Folge werdet ihr nicht nur glücklicher, sondern könnt auch anderen reife Liebe geben – euren Kindern, wenn ihr welche habt, oder anderen Menschen in eurer Umgebung –, so dass eine heilsame Kettenreaktion in Gang gesetzt wird. Solch realistische Selbstkorrektur steht zu eurem gegenwärtigen Verhalten, das wir jetzt betrachten wollen, in scharfem Gegensatz.

Alle Menschen, auch die wenigen, die mit der Erforschung des eigenen Unterbewussten und ihrer Gefühle schon begonnen haben, übersehen für gewöhnlich die starke Verbindung zwischen der kindlichen Sehnsucht und den Schwierigkeiten und Problemen des Erwachsenen, weil nur wenige erfahren – nicht nur theoretisch erkennen –, wie bedeutsam dieser Zusammenhang ist. Völlige Bewusstheit darüber ist von wesentlicher Bedeutung.

Es mag Ausnahmefälle geben, wo ein Elternteil reife Liebe in genügendem Maße zu bieten hat. Selbst dann hat sie der andere wahrscheinlich nicht. Da reife Liebe auf dieser Erde nur bis zu einem gewissen Grade vorhanden ist, wird das Kind sogar unter den Unzulänglichkeiten des liebenden Elternteils leiden.

Weit häufiger sind jedoch beide Elternteile emotional unreif und können dem Kind nicht die Liebe geben, nach der es sich sehnt, oder wenn, dann nur unzureichend. In der Kindheit ist dieses Bedürfnis selten bewusst. Kinder haben keine Möglichkeit, ihre Bedürfnisse gedanklich zu fassen. Sie können, was sie haben, nicht mit dem, was andere haben, vergleichen. Sie wissen nicht, dass es auch etwas anderes geben kann. Sie glauben, die Dinge seien so, wie sie sein müssen. In extremen Fällen fühlen sie sich besonders allein und glauben, ihr Schicksal sei einzigartig. Beide Einstellungen stimmen nicht mit der Wahrheit überein. Das wirkliche Empfinden ist dabei nicht bewusst und kann deshalb weder richtig eingeschätzt noch aufgegeben werden. Kinder wachsen auf, ohne je zu verstehen, warum sie unglücklich sind, oder ohne überhaupt zu wissen, dass sie es sind. Viele schauen auf ihre Kindheit zurück in der

Überzeugung, alle Liebe, die sie wollten, bekommen zu haben, einfach weil sie tatsächlich etwas Liebe bekommen haben.

Es gibt Eltern, die große Liebesbezeugungen verteilen. Es mag sein, dass sie ihren Kindern gegenüber zu nachgiebig sind. Solches Verhätscheln und Verwöhnen kann eine Überkompensation und eine Art Entschuldigung für eine tief empfundene Unfähigkeit zu reifer Liebe sein. Kinder spüren die Wahrheit sehr genau. Sie denken vielleicht nicht bewusst darüber nach, aber spüren deutlich den Unterschied zwischen reifer, echter Liebe und der unreifen, demonstrativen Form, die stattdessen geboten wird.

Angemessene Führung und Sicherheit liegen in der Verantwortung der Eltern und erfordern deren Autorität. Es gibt Eltern, die es niemals wagen, zu strafen oder gesunde Autorität auszuüben. Dieses Versagen ist auf Schuldgefühle zurückzuführen, weil echte, gebende, warme, ermutigende Liebe ihrer eigenen unreifen Persönlichkeit fehlt. Andere Eltern mögen zu streng, zu genau sein. Sie üben eine dominierende Autorität aus, tyrannisieren das Kind und erlauben ihm nicht, seine Persönlichkeit zu entfalten. Beide Typen sind als Eltern unzulänglich, und ihre falschen Verhaltensweisen, die das Kind aufnimmt, werden Leid und Unerfülltheit bewirken.

Bei Kindern strenger Eltern treten der Groll und die Rebellion offen zutage und sind leicht aufzuspüren. Im anderen Falle ist die Rebellion genauso stark, aber versteckt und daher schwerer zu finden. Wenn ihr einen Elternteil hattet, der euch mit Zuneigung oder Pseudozuneigung überhäufte, ihm jedoch echte Wärme fehlte, oder einen, der gewissenhaft alles richtig machte, aber auch ihm echte Wärme fehlte, wusstet ihr es als Kind unbewusst und habt es ihm verübelt. Wahrscheinlich wart ihr dessen überhaupt nicht gewahr, weil ihr als Kind das Fehlende nicht benennen konntet. Äußerlich hattet ihr alles, was ihr wolltet und brauchtet. Wie hättet ihr mit eurem kindlichen Verstand die feine Grenze zwischen echter und scheinbarer Zuneigung ziehen können? Die Tatsache, dass euch etwas störte, ohne dass ihr imstande gewesen wärt, es vernünftig zu erklären, ließ euch Schuld und Unbehagen fühlen. Deshalb habt ihr es soweit wie möglich verdrängt.

Die Heilung der Kindheitsverletzungen

Solange die Verletzungen, Enttäuschungen und unerfüllten Bedürfnisse eurer Kindheit unbewusst bleiben, könnt ihr sie nicht bewältigen. Sosehr ihr auch eure Eltern liebt, euer unbewusster Groll hindert euch daran, ihnen für diesen Schmerz zu vergeben. Ihr könnt nur vergeben und loslassen, wenn ihr den tief versteckten Schmerz und Groll erkennt. Als Erwachsene werdet ihr einsehen, dass eure Eltern auch nur Menschen sind. Sie waren nicht fehlerlos und vollkommen, wie das Kind es glaubte und wünschte, doch brauchen sie nicht abgelehnt zu werden, nur weil sie ihre eigenen Konflikte und Fehler hatten. Ihr müsst das Licht der bewussten Vernunft auf diese Empfindungen, von denen ihr nie so recht etwas wissen wolltet, scheinen lassen.

Solange ihr euch des Konfliktes zwischen eurem Verlangen nach vollkommener Liebe von euren Eltern und eurem Groll gegen sie nicht bewusst seid, müsst ihr versuchen, die Situation in späteren Jahren zu korrigieren. Dieses Bestreben kann sich in verschiedenen Bereichen eures Lebens zeigen. Ihr begegnet immer wieder Problemen und sich wiederholenden Mustern, die ihren Ursprung in eurem Versuch haben, die Kindheitssituation wiederherzustellen, um sie so zu berichtigen. Dieser unbewusste Zwang ist ein mächtiger Faktor, bleibt aber vor eurem bewussten Verstehen tief verborgen!

Der häufigste Versuch, den Zustand zu heilen, geschieht durch die Wahl eurer Liebespartner. Unbewusst versteht ihr es, mit dem Partner Anteile jenes Elternteils auszuwählen, dem es an Zuneigung und echter und reiner Liebe besonders fehlte. Aber ihr sucht in eurem Partner auch Anteile des Teils, der euren Forderungen näher kam. So wichtig die Präsenz beider Elternanteile in euren Partnern scheinen mag, bedeutsamer und schwieriger ist es, die Aspekte des Elternteils aufzudecken, der euch besonders enttäuscht und verletzt hat. Auf subtile, nicht immer leicht zu entdeckende Weise sucht ihr also eure Eltern in Ehepartnern, Freundschaften oder anderen Beziehungen. In eurem Unterbewusstsein finden folgende Reaktionen statt: Da das Kind in euch die Vergangenheit nicht loslassen und damit nicht bewältigen, vergeben, verstehen und akzeptieren kann, erzeugt ebendieses Kind immer ähnliche Umstände, um am

70

Ende doch zu gewinnen und letztlich die Situation zu meistern, statt ihr zu unterliegen.

Der Trugschluss

Dieser gesamte Vorgang ist höchst destruktiv. Zuerst einmal täuscht ihr euch, wenn ihr glaubt, eine Niederlage erlitten zu haben. Ihr täuscht euch auch, wenn ihr glaubt, ihr könntet jetzt siegen, und meint, der Mangel an Liebe, so traurig er für euch als Kind gewesen sein mag, sei in der Tat die Tragödie, als die ihn euer Unterbewusstsein noch immer empfindet. Die einzige Tragödie liegt in der Tatsache, dass ihr euer zukünftiges Glück behindert, indem ihr diese bestimmte Situation immer wieder reproduziert und dann versucht, sie zu meistern. Freunde, dieser Prozess ist zutiefst unbewusst. Natürlich liegt euch nichts ferner, wenn ihr euch auf eure bewussten Ziele und Wünsche konzentriert. Viel Schürfarbeit ist notwendig, die Emotionen aufzudecken, die euch ständig in Situationen bringen, deren geheimes Ziel es ist, die Wunden eurer Kindheit zu heilen.

Bei dem Versuch, die Kindheitssituation wiederherzustellen, wählt ihr unbewusst einen Partner mit Zügen, die denen des Elternteils ähneln. Jedoch vereiteln gerade sie, die reife Liebe zu bekommen, nach der ihr euch verzehrt. Ihr glaubt, ein stärkerer, zwingenderer Wille würde den Eltern-Partner dazu bringen, sie euch zu geben, wobei auf diese Weise Liebe nicht entstehen kann. Nur wenn ihr von der ewigen Wiederholung frei seid, werdet ihr nicht mehr nach der Liebe dieses Elternteils schreien. Die Suche nach einem Partner oder einer anderen Beziehung wird durch das Ziel bestimmt sein, dort die Reife zu finden, die ihr wirklich braucht und wollt. Indem ihr nicht fordert, wie ein Kind geliebt zu werden, werdet ihr gleichfalls zu lieben bereit sein. Das Kind in euch hält dies für unmöglich, ganz gleich, wie sehr ihr durch Entwicklung und Fortschritte dazu fähig wärt. Dieser verborgene Konflikt überschattet eure wachsende Seele.

Die Aufdeckung dieses Konfliktes zeigt, wie ein Partner in bestimmten unreifen Aspekten euren Eltern ähnelt. Da ihr jetzt wisst, dass es kaum eine wirklich reife Person gibt, werden diese Unzulänglichkeiten eures Partners nicht mehr so tragisch sein wie zu der Zeit, als ihr noch auf

71

der Suche nach den Eltern wart, die ihr natürlich nie finden konntet. Bereits mit der Unreife und Unfähigkeit, die in euch herrschen, könnt ihr eine reifere Beziehung aufbauen, frei von dem kindlichen Zwang, die Vergangenheit wieder aufleben zu lassen und zu berichtigen.

Ihr wisst nicht, wie sehr euer Unterbewusstsein von dem Prozess in Anspruch genommen ist, das Spiel gleichsam neu zu inszenieren, in der Hoffnung, »dieses Mal wird es anders sein«. Das ist es nie! Mit der Zeit wiegen die Enttäuschungen schwerer, und eure Seele wird immer mutloser.

Für diejenigen meiner Freunde, die bisher noch nicht in die Tiefe ihrer Seele vorgedrungen sind, mag das widersinnig und künstlich klingen. Dennoch werden jene, die inzwischen die Kräfte ihrer verborgenen Neigungen, Zwänge und Bilder sehen können, dies nicht nur bereitwillig glauben, sondern bald die Wahrheit dieser Worte in ihrem eigenen Leben erfahren. Ihr wisst bereits aus anderen Entdeckungen, wie machtvoll die Tätigkeit eures Unterbewusstseins ist und wie schlau es seine zerstörerischen und unlogischen Wege verfolgt.

Wenn ihr eure Probleme und Unerfülltheit aus diesem Blickwinkel betrachtet und dem gewohnten Prozess folgt, eure Gefühle zum Vorschein kommen zu lassen, werdet ihr verstärkt Einsichten gewinnen. Zudem ist es unerlässlich, das Verlangen und die Verletzung des weinenden Kindes wieder zu erfahren, obwohl ihr auch ein glückliches Kind wart. Euer Glück war vielleicht gerechtfertigt und ohne jegliche Selbsttäuschung. Denn es ist durchaus möglich, glücklich und unglücklich zugleich zu sein. Ihr mögt euch jetzt der glücklichen Seiten eurer Kindheit voll bewusst sein, doch was euch tief verletzt hat und dieses unbestimmte Etwas, nach dem ihr euch so gesehnt habt, dessen wart ihr euch nicht bewusst. Ihr nahmt die Situation als gegeben und wusstet nicht, was fehlte, oder dass überhaupt etwas fehlte. Dieses grundlegende Unglücklichsein muss nun bewusst gemacht werden, wenn ihr inneres Wachstum anstrebt. Ihr müsst den akuten Schmerz, den ihr einmal erlitten, aber verdrängt habt, neu erfahren. Ihr müsst euch diesen Schmerz im Bewusstsein des inzwischen gewonnenen Verständnisses anschauen. Nur so werdet ihr den Wirklichkeitsgehalt eurer gegenwärtigen Probleme erfassen und sie in ihrem wahren Lichte betrachten können.

Das Wiedererfahren der Kindheitsverletzungen

Wie stellt man es an, die alten Verletzungen wieder zu erfahren? Es gibt nur eine Möglichkeit, meine Freunde. Nehmt ein aktuelles Problem und entkleidet es aller überlagernden Reaktionsschichten. Die erste, greifbarste Reaktion ist die Rationalisierung, der »Beweis«, dass andere oder die Situation schuld waren, nicht eure inneren Konflikte, die euch veranlassten, eine falsche Haltung gegenüber dem Problem einzunehmen. Die nächste Schicht bildet wahrscheinlich Ärger, Groll, Angst, Frustration. Unter diesen Reaktionen werdet ihr den Kummer des Ungeliebtseins finden. Wenn ihr in eurer jetzigen Lage den Schmerz, nicht geliebt zu werden, zulasst und erfahrt, wird es euch helfen, das Kindheitsleid wachzurufen. Während ihr der gegenwärtigen Verletzung gewahr seid, versucht die Situation mit euren Eltern zu überdenken. Was gaben sie euch? Was habt ihr wirklich für sie empfunden? Es wird euch bewusst werden, dass euch in vielerlei Hinsicht etwas fehlte, was ihr nie zuvor richtig erkanntet – was ihr nie sehen wolltet. Ihr werdet herausfinden, dass euch dies als Kind verletzt hat, ihr es aber auf bewusster Ebene vergessen habt. Es ist jedoch keineswegs vergessen. Der Schmerz eures gegenwärtigen Problems ist ebenderselbe. Betrachtet erneut eure jetzige Verletzung und vergleicht sie mit der in eurer Kindheit. Ihr werdet erkennen, dass es ein und dieselbe ist. Später werdet ihr sehen können, wie ihr mit eurem Wunsch, die Verletzung aus der Kindheit zu berichtigen, die jetzige heraufbeschworen habt. Doch zuerst sollt ihr nur die Ähnlichkeit des Schmerzes fühlen. Das erfordert beträchtliche Anstrengung, denn der jetzige wie der vergangene Schmerz wird durch viele Gefühle verdeckt. Bevor es euch gelingt, den empfundenen Schmerz herauszukristallisieren, bleibt euch ein weitergehendes Verständnis auf diesem Gebiet verwehrt.

Sobald ihr das Leid von früher und jetzt in Übereinstimmung bringen könnt und erkennt, dass es ein und dasselbe ist, fällt der nächste Schritt viel leichter. Indem ihr in euren verschiedenen Schwierigkeiten die sich wiederholenden Muster wahrnehmt, lernt ihr die Ähnlichkeiten zwischen euren Eltern und den Menschen, die euch Verletzungen zufügen, erkennen. Eure gefühlsmäßige Wahrnehmung wird euch voranbringen, diesen Hauptkonflikt zu lösen. Eine rein intellektuelle Betrachtung wird zu keinem Erfolg führen. Die Ähnlichkeit des alten und des gegenwärtigen

Schmerzes zu spüren wird euch allmählich die Wahl eurer jetzigen Situation verstehen lassen. Tief im Innern war es unmöglich, eine »Niederlage« zuzugeben.

Viele Menschen haben kein Bewusstsein von Leid, weder von dem vergangenen noch von dem gegenwärtigen. Sie verdrängen es auf eine Weise, dass ihre Probleme nicht als »Leid« erscheinen. Für sie ist der erste Schritt das Bewusstwerden, dass dieses Leid vorhanden ist und unendlich viel mehr schmerzt, solange sie sich seiner nicht bewusst geworden sind. Viele fürchten sich vor diesem Leid und hoffen, dass es durch Ignorieren zum Verschwinden gebracht werden kann. Sie wählen diese Methode der Erleichterung nur, weil ihnen ihre Konflikte zu groß geworden sind. Wie viel angenehmer ist es für die, die diesen Pfad in der Überzeugung wählen, dass ein verborgener Konflikt auf die Dauer genauso viel Schaden anrichtet wie ein offener. Sie werden sich nicht fürchten, das echte Gefühl aufzudecken, und sogar während der akuten Schmerzen spüren, dass sie sich in gesunde Wachstumsschmerzen verwandeln, frei von Bitterkeit, Spannung, Angst und Enttäuschung.

Es gibt auch Menschen, die den Schmerz auf negative Weise aushalten und erwarten, dass er von außen geheilt wird. Auf gewisse Weise sind solche Menschen der Lösung näher, weil es für sie leicht zu erkennen sein wird, wie der kindliche Prozess noch immer abläuft. Das Äußere ist der verletzende Elternteil oder beide Elternteile, die sie auf andere Menschen projizieren. Sie müssen ihr Leid lediglich anders nicht erst finden, sondern lediglich anders herangehen.

Die Realität der Gegenwart

Erst wenn ihr all diese Emotionen erfahren und Gegenwart und Vergangenheit in Übereinstimmung gebracht habt, werdet ihr ein Bewusstsein davon erlangen, wie ihr versucht habt, die Situation richtigzustellen. Darüber hinaus werdet ihr die Unsinnigkeit des Wunsches, den Kindheitsschmerz neu zu erschaffen, erkennen. All euer Handeln, all eure Reaktionen werdet ihr mit dieser neuen Einsicht prüfen und dann eure Eltern freigeben. Ihr werdet eure Kindheit wahrhaft hinter euch lassen und ein neues inneres Verhaltensmuster beginnen, das für euch und andere viel konstruktiver und lohnender sein wird. Ihr werdet nicht länger die

Situation, die ihr als Kind nicht bewältigen konntet, zu meistern versuchen. Ihr werdet nicht mehr das Bedürfnis nach der Liebe haben, die ihr als Kind brauchtet. Ihr werdet diese Liebe suchen, indem ihr sie gebt, statt sie zu erwarten. Es muss jedoch immer betont werden, dass viele Menschen nicht wissen, dass sie Liebe erwarten. Da die kindliche, unbewusste Erwartung zu oft enttäuscht wurde, brachten sie sich dazu, die Sehnsucht nach Liebe aufzugeben. Selbstverständlich ist dies weder richtig noch gesund, da es das falsche Extrem darstellt.

Um fruchtbar zu sein und wirkliche Erfolge zu erzielen, muss dieses Wissen über ein rein intellektuelles Verständnis hinausgehen. Ihr müsst euch gestatten, den Schmerz jetziger Unerfülltheiten sowie derartigen Schmerz aus eurer Kindheit zu empfinden. Vergleicht die beiden, bis sie wie zwei Projektionen ineinander übergehen und eins werden. Die Einsicht in das hier Beschriebene wird euch zu weiteren Schritten befähigen, die vor euch liegen.

Die Arbeit an diesem inneren Konflikt ist für euch alle äußerst wichtig, damit ihr eine neue Einstellung und weitere Klärung bei eurer Selbstsuche gewinnt. Zuerst vermittelt euch das Gesagte vielleicht nur einen flüchtigen Einblick. Es sollte aber eine Hilfe sein, euch besser kennen zu lernen und euer Leben mit einer realistischeren, reiferen Einstellung einzuschätzen.

Gibt es in Verbindung mit dieser Lesung noch irgendwelche Fragen?

FRAGE: Es ist für mich schwer verständlich, dass man dauernd ein Liebesobjekt auswählt, das genau dieselben negativen Züge wie der eine oder andere Elternteil besitzt. Trägt die gewählte Person tatsächlich diese Züge oder ist es eine Projektion?

ANTWORT: Es kann beides sein und keines von beiden. Meist ist es eine Mischung. Gewisse Züge werden unbewusst gesucht, gefunden und sind tatsächlich ähnlich. Doch die bestehenden Ähnlichkeiten werden von dem, der die Wiederholung vornimmt, verstärkt. Die Eigenschaften sind nicht nur projiziert, sondern zu einem gewissen Grade latent vorhanden, ohne sich zu manifestieren. Sie werden durch das Verhalten desjenigen, der das unerkannte innere Problem hat, ermutigt und gefördert. Er oder sie ruft sie im anderen wach, indem er die Reaktion provoziert, die der seines Vaters oder seiner Mutter ähnelt. Die Provokation, die ganz und gar unbewusst ist, stellt dabei einen sehr starken Faktor dar.

Die menschliche Persönlichkeit besteht aus vielen Aspekten. Darunter können vielleicht drei oder vier tatsächlich den Zügen des Elternteils ähneln. Am hervorstechendsten wäre eine ähnliche Unreife und Unfähigkeit zu lieben. Das allein ist ausreichend, um im Wesentlichen die alte Situation wiederherzustellen.

Derselbe Mensch würde auf andere nicht so reagieren wie auf dich. Du provozierst ständig, um Situationen herbeizuführen und richtig zu stellen, die denen deiner Kindheit ähneln. Deine Angst, deine Selbstbestrafung, deine Enttäuschung, dein Ärger, deine Feindseligkeit, deine Weigerung, Liebe und Zuneigung zu schenken, all diese Züge deines inneren Kindes provozieren den anderen immer wieder und fördern eine Reaktion seines schwachen, unreifen Teils. Ein reiferer Mensch jedoch ruft in anderen das hervor, was reif und ganz ist.

FRAGE: Wie kann ich unterscheiden, ob mich jemand provoziert oder ich ihn?

ANTWORT: Du brauchst nicht herauszufinden, wer damit begonnen hat, denn es handelt sich um eine Kettenreaktion, einen Teufelskreis. Es ist nützlich, die eigene Provokation zu erkennen, vielleicht als Reaktion auf eine offene oder versteckte Provokation seitens des anderen. Wenn du den echten Grund prüfst, warum du überhaupt verletzt und provoziert wurdest, wirst du dieser Lesung entsprechend deine Verletzung nicht länger als verheerend betrachten. Du wirst anders reagieren, und die Verletzung wird sich automatisch verringern. Deshalb wirst du nicht länger das Bedürfnis verspüren, den anderen zu provozieren. Sobald das Bedürfnis geringer wird, die Kindheitssituation wiederherzustellen, wirst du andere weniger verletzen, so dass sie dich nicht provozieren müssen. Wenn sie es tun, wirst du verstehen, dass sie aus denselben kindischen, blinden Bedürfnissen reagieren wie du. Du schreibst den Provokationen andere Beweggründe zu als den deinen, selbst wenn du einsiehst, dass du mit der Provokation angefangen hast. Verstehst du den wahren Ursprung deines eigenen Schmerzes und erlangst dadurch eine andere Sicht, wirst du auf dieselbe Weise inneren Abstand von den Reaktionen des anderen gewinnen. Du wirst bei dir und dem anderen die gleichen Reaktionen finden. Solange der kindliche Konflikt in dir ungelöst bleibt, scheint der Unterschied ungeheuer, nimmst du aber die Wirklichkeit wahr, wirst du aus diesem Teufelskreis ausbrechen.

Wenn du solch ein Wechselspiel wirklich wahrnimmst, wird es das Gefühl der Isolation und Schuld erleichtern, mit dem ihr alle beladen seid. Du schwankst ständig zwischen deiner Schuld und der Klage über die Ungerechtigkeit, die dir widerfährt. Das Kind in dir fühlt sich völlig anders als die anderen. Es lebt in einer schädlichen Illusion! Löst du diesen Konflikt, wird sich deine Bewusstheit für andere steigern. Bisher weißt du nichts über die Realität der anderen. Einerseits beschuldigst du sie und fühlst dich von ihnen verletzt, weil du dich selbst nicht verstehst und daher auch die anderen nicht. Andererseits weigerst du dich, dir bewusst zu werden, wenn du verletzt bist. Das scheint paradox, ist es jedoch nicht. Erlebst du für dich die Wechselwirkung, wirst du sehen, dass das wahr ist. Während du manchmal dazu neigst, eine Verletzung zu übertreiben, lässt du in anderen Fällen die Erkenntnis nicht zu, dass sie überhaupt stattfand, weil es nicht in dein Bild passte, das du dir von der Situation gemacht hast. Scheint die Situation dagegen angenehm, übersiehst du alle Wunden und lässt es zu, dass sie im Untergrund wie Geschwüre eitern und unbewusste Feindseligkeit hervorrufen. Diese Reaktion behindert deine intuitiven Fähigkeiten, zumindest in dieser Hinsicht.

Die ständigen, eurem Bewusstsein verborgenen Provokationen, die zwischen den Menschen existieren, sind eine Realität, die ihr deutlich wahrnehmen werdet. Dies wird eine befreiende Wirkung auf euch und eure Umgebung haben. Ihr nehmt sie jedoch nicht wahr, wenn ihr die besprochenen Muster in euch nicht versteht.

Geht euren Weg, meine Liebsten. Möge der Segen euch umhüllen und eure Körper, eure Seele und euren Geist durchdringen, auf dass ihr eure Seele öffnet und euer wahres Selbst werdet. Seid gesegnet, meine Freunde, lebt in Frieden, lebt in Gott.

77

8

Das idealisierte Selbstbild[9]

Seid gegrüßt! Gott segne euch alle.

Heute Abend möchte ich über das Maskenselbst oder das idealisierte Selbstbild sprechen.

Für den Säugling ist der Schmerz seit der Geburt ein Teil der menschlichen Erfahrung. Obwohl schmerzhaften Erfahrungen angenehme folgen, ist das Wissen um den Schmerz und die Angst vor ihm immer gegenwärtig. Die Angst vor Schmerz erzeugt ein Grundproblem. Um Unglück, Leid und sogar Tod zu verhindern, glauben die Menschen sich ein idealisiertes Selbstbild schaffen zu müssen.

Das idealisierte Selbstbild gilt als Mittel, Unglücklichsein zu vermeiden. Da Unglücklichsein dem Kind die Sicherheit nimmt, schwindet das Selbstvertrauen. Dabei kann man das Unglücklichsein nicht objektiv messen. Womit der eine umzugehen vermag, ohne es als drastisches Unglück zu erleben, empfindet jemand mit anderem Temperament und Charakter als trostlosen Jammer.

Unglücklichsein und mangelnder Glaube hängen in jedem Fall zusammen. Durch die Schaffung eines idealisierten Selbst gibt man vor, etwas zu sein, was man nicht ist, und hofft dadurch, Glück, Sicherheit und Selbstvertrauen wiederherzustellen.

[9] Lesung 83, a.a.O. S. 35 ff.

78

In Wirklichkeit beruht gesundes, echtes Selbstvertrauen auf innerem Frieden. Nur er gibt Sicherheit, gesunde Unabhängigkeit und erlaubt durch die Entwicklung der eigenen Talente, die Führung eines konstruktiven Lebens und das Eingehen fruchtbarer menschlicher Beziehungen ein Höchstmaß an Glück. Da das vom idealisierten Selbst aufgebaute Selbstvertrauen künstlich ist, kann das Ergebnis keinesfalls den Erwartungen entsprechen. Was sich als Folge ergibt, ist genau das Gegenteil und damit sehr frustrierend, weil Ursache und Wirkung nicht erkennbar sind.

Ihr müsst die Bedeutung, Wirkung, die Schäden sowie die Verbindung zwischen eurem Unglück und dem idealisierten Selbstbild erfassen und genau sehen, auf welche Weise es sich in eurem Falle auswirkt. Das herauszufinden erfordert viel Arbeit und alle bisherigen Bemühungen. Nur durch die Auflösung des idealisierten Selbst findet ihr euer wahres Selbst, Selbstachtung und innere Gelassenheit und könnt ein erfülltes Leben führen.

Früher habe ich auch den Begriff Maskenselbst verwendet. Das Maskenselbst und das idealisierte Selbstbild sind eigentlich dasselbe. Das idealisierte Selbst maskiert das wahre Selbst. Es gibt vor, etwas zu sein, was ihr nicht seid.

Die Angst vor Schmerz und Strafe

Ungeachtet eurer jeweiligen Verhältnisse wurdet ihr als Kind mit Ermahnungen gedrängt, heilig und vollkommen zu sein. Wart ihr das nicht, wurdet ihr oft auf die eine oder andere Weise bestraft. Die vielleicht schlimmste Bestrafung bestand darin, dass eure Eltern euch ihre Zuneigung entzogen und böse waren. Das vermittelte euch den Eindruck, nicht mehr geliebt zu werden. Kein Wunder also, dass sich »Schlechtsein« mit Strafe und Unglücklichsein verband und »Gutsein« mit Belohnung und Glücklichsein. »Gut« und »vollkommen« zu sein wurde für euch zu einer Frage von Leben und Tod. Dennoch wusstet ihr, dass ihr nicht so gut und vollkommen wart, wie die Welt es von euch erwartete. Diese Tatsache musste verborgen werden und wurde zu einem schuldbeladenen Geheimnis. Ihr glaubtet, der Aufbau eines falschen Selbst würde euch Schutz und Mittel sein, um zu erhalten, wonach ihr euch verzweifelt sehntet – Leben,

Glück, Sicherheit, Selbstvertrauen. Das Bewusstsein für diese Fassade begann zu schwinden, aber ihr bleibt von dem Schuldgefühl durchdrungen, etwas vorzutäuschen, was ihr nicht seid. Ihr strengt euch mehr und mehr an, dieses falsche, idealisierte Selbst zu werden, und seid überzeugt, eines Tages dieses Ziel zu erreichen. Bei dem Versuch, euch in etwas hineinzuzwängen, was ihr nicht seid, könnt ihr niemals echte Fortschritte machen, euch läutern und wachsen. Indem ihr ein unechtes Selbst auf einer falschen Grundlage errichtet, habt ihr euer echtes Selbst draußen gelassen. Mehr noch, ihr versteckt es auf verzweifelte Weise.

Die Maske des idealisierten Selbst

Das idealisierte Selbstbild kann viele Formen annehmen. Es entspricht nicht immer den Normen allgemein anerkannter Vollkommenheit. Oft setzt es hohe moralische Maßstäbe und macht es damit umso schwerer, seine Gültigkeit in Frage zu stellen. »Ist es denn nicht richtig, immer bescheiden, liebevoll, verständnisvoll, niemals ärgerlich zu sein, keine Fehler zu haben und Vollkommenheit zu suchen? Wird das nicht von uns erwartet?« Solche Überlegungen erschweren die Aufdeckung der zwanghaften Haltung, die vorhandene Unzulänglichkeiten wie Stolz und Mangel an Demut leugnet. Sie verhindern, dass ihr euch so, wie ihr jetzt seid, annehmt. Das schließt die Verstellung und die Scham ein, die Furcht vor Bloßstellung, die Heimlichtuerei, Spannungen, Entstellungen, Schuld und Angst. Einige Fortschritte werden nötig sein, bevor ihr den Unterschied zwischen dem echten Wunsch, Schritt für Schritt Wachstum herbeizuführen, und den Vortäuschungen, die euch das idealisierte Selbst diktiert, erfahrt. Ihr werdet die tiefe Furcht entdecken, eure Welt sei am Ende, wenn ihr diesen Maßstäben nicht gerecht werdet. Ihr werdet viele andere Aspekte und Unterschiede zwischen dem echten und dem unechten Selbst spüren und erkennen. Und ihr werdet auch der Ansprüche eures individuellen idealisierten Selbst gewahr werden.

Es gibt auch Teile des idealisierten Selbst, abhängig von der Persönlichkeit, den Lebensbedingungen und Einflüssen in der Kindheit, die keineswegs als ethisch oder moralisch gut eingeschätzt werden können. Aggressive, feindselige, stolze, allzu ehrgeizige Neigungen werden verherrlicht. Solche Neigungen existieren hinter allen idealisierten Selbstbildern.

80

Da sie den hohen moralischen Normen des idealisierten Selbstbildes deutlich widersprechen, erzeugen sie zusätzlich die Angst, dass der Schwindel aufgedeckt werden könnte. Wer solche negativen Neigungen in dem Glauben verherrlicht, sie bewiesen Stärke und Unabhängigkeit, Überlegenheit und Zurückhaltung, der wäre beschämt durch die Art von Gutsein, die das idealisierte Selbst eines anderen als Fassade benutzt, und würde dies als Schwäche, Verwundbarkeit und Abhängigkeit im ungesunden Sinne bewerten. Dieser Mensch übersähe völlig, dass nichts so verletzlich macht wie Stolz.

In den meisten Fällen findet ihr eine Mischung aus beidem: übergenaue moralische Normen, denen man unmöglich entsprechen kann, und der Stolz, unverletzlich, unantastbar und überlegen zu sein. Dass diese sich einander ausschließenden Ansprüche gleichzeitig bestehen, stellt eine besondere Erschwernis für die Psyche dar. Selbstverständlich fehlt ein klares Bewusstsein für diesen Widerspruch, bis unsere Arbeit weiter fortgeschritten ist.

Betrachten wir jetzt einige der allgemeinen Auswirkungen und Begleiterscheinungen des idealisierten Selbstbildes. Da seine Maßstäbe und Forderungen unmöglich zu verwirklichen sind und ihr dennoch nie aufgebt, ihnen gerecht zu werden, kultiviert ihr eine Tyrannei der schlimmsten Art. Ihr erkennt nicht die Unmöglichkeit, so vollkommen zu sein, wie euer idealisiertes Selbst es fordert, und hört nicht auf, euch selber zu geißeln, zu kasteien und als völlige Versager zu fühlen, wenn es klar wird, dass ihr den Forderungen nicht entsprechen könnt. Ein Gefühl tiefster Wertlosigkeit überkommt euch, wenn ihr diesen absurden Forderungen gegenüber versagt, und ihr stürzt euch ins tiefste Elend. Dieses Elend kann manchmal bewusst sein, meistens aber ist es das nicht. Und selbst wenn es bewusst ist, erkennt ihr seine volle Bedeutung nicht. Wenn ihr versucht, eure Reaktionen auf das eigene »Versagen« zu verstecken, benutzt ihr Kunstgriffe. Dabei wird die Schuld für das »Versagen« auf die Umgebung, auf andere oder das Leben allgemein projiziert. Je mehr ihr versucht, euch mit eurem idealisierten Selbst zu identifizieren, desto härter ist die Desillusionierung, wenn ihr in eine Lage geratet, in der diese Maskerade nicht mehr aufrechterhalten werden kann. Manch eine persönliche Krise beruht auf diesem Dilemma. Die äußeren Schwierigkeiten werden über die objektive Bedrängnis hinaus zu einer zusätzlichen Gefahr. Ihre Existenz ist der Beweis, dass ihr nicht euer idealisiertes Selbstbild seid, und das raubt euch euer falsches Selbstvertrauen, das ihr mit der Schaffung des idealisierten Selbst aufzubauen suchtet.

Es gibt andere Persönlichkeitstypen, die genau wissen, dass sie sich mit dem idealisierten Selbst nicht identifizieren können. Doch sie verzweifeln, weil sie glauben, sie müssten imstande sein, ihm gerecht zu werden. Ihr gesamtes Leben ist von einem Gefühl des Versagens durchdrungen, während der vorher beschriebene Typ dieses Versagen auf bewussteren Ebenen nur erfährt, wenn innere und äußere Bedingungen zusammentreffen, um das Phantom des idealisierten Selbst als das zu zeigen, was es wirklich ist: eine Illusion, eine Vortäuschung, eine Unehrlichkeit. »Ich weiß, ich bin nicht vollkommen, gebe aber vor, es zu sein.« Diese Unehrlichkeit ist schwer zu erkennen, wenn sie durch Gewissenhaftigkeit, achtbare Normen und Ziele und den Wunsch, gut zu sein, rationalisiert wird.

Die Selbstannahme

Der echte Wunsch, sich zu bessern, führt dazu, sich so anzunehmen, wie man jetzt ist. Wenn die Annahme das Hauptmotiv für Vollkommenheit bildet, stürzt euch die Entdeckung, wie wenig ihr euren Idealen entsprecht, nicht in Depression, Angst oder Schuld, sondern wird euch eher stärken. Ihr werdet es dann nicht nötig haben, das »Schlechte« an eurem Verhalten zu übertreiben, auch werdet ihr euch dagegen nicht mit der Entschuldigung verteidigen, dass es der Fehler anderer, des Lebens oder des Schicksals sei. Ihr werdet euch in dieser Hinsicht mit objektiven Augen sehen, und dies wird euch frei machen. Ihr werdet die volle Verantwortung für das fehlerhafte Verhalten übernehmen und bereit sein, die Konsequenzen zu tragen. Agiert ihr aber euer idealisiertes Selbst aus, werdet ihr nichts mehr als das fürchten, denn die Verantwortung für eure Fehler zu übernehmen ist gleichbedeutend mit der Aussage: »Ich bin nicht mein idealisiertes Selbst.«

82

Der innere Tyrann

Gefühle des Versagens, der Frustration und des Getriebenseins wie auch Schuld und Scham sind die stärksten Anzeichen für das Auftreten des idealisierten Selbst. Dies sind die bewusst erfahrenen Empfindungen, in tieferen Schichten verbergen sich andere.

Das idealisierte Selbst wurde erschaffen, um Selbstvertrauen zu erlangen und damit letztlich Glück und höchste Freude. Je ausgeprägter es auftritt, umso mehr schwindet das echte Selbstvertrauen. Da ihr seinen Normen nicht gerecht werden könnt, haltet ihr noch weniger von euch, als ihr es ursprünglich tatet. Offensichtlich könnt ihr also echtes Selbstvertrauen nur aufbauen, wenn ihr den Überbau beseitigt, diesen gnadenlosen Tyrannen, euer idealisiertes Selbst.

Ihr könntet Selbstvertrauen haben, wenn ihr wirklich das idealisierte Selbst wärt und seinen Maßstäben entsprechen könntet. Da das unmöglich ist und ihr tiefinnerlich sehr wohl wisst, dass ihr nicht seid, was ihr glaubt sein zu müssen, errichtet ihr mit diesem »Überselbst« eine zusätzliche Unsicherheit und erweitert den Teufelskreis. Die ursprüngliche Unsicherheit, die angeblich durch die Errichtung des idealisierten Selbst weggezaubert wurde, wächst lawinenartig. Je unsicherer ihr euch fühlt, je strenger die Forderungen eures idealisierten Selbst werden, desto weniger werdet ihr ihnen gerecht und desto unsicherer werdet ihr. Es ist äußerst wichtig zu sehen, wie dieser Teufelskreis funktioniert. Das kann nur geschehen, wenn ihr euch der subtilen, unaufrichtigen Formen, in denen sich das idealisierte Selbstbild zeigt, völlig bewusst werdet. Fragt euch, welche Ursachen und Wirkungen damit verbunden sind.

Die Entfremdung vom wahren Selbst

Ein weiteres Ergebnis dieses Problems ist die ständig steigende Entfremdung vom wahren Selbst. Das idealisierte Selbst ist eine Lüge. Es ist eine rigide, künstlich errichtete Imitation eines lebendigen Menschen. Mit wie vielen Zügen eures wahren Wesens ihr es auch ausschmückt, es bleibt ein künstliches Gebilde. Je mehr ihr es mit eurer Persönlichkeit, euren Energien, Gedankenprozessen, Vorstellungen, Ideen und Idealen ausstattet, desto mehr Kraft entzieht ihr eurem Wesenskern, der allein dem

Wachstum zugänglich ist. Diese Mitte eures Seins ist das wahre Selbst, der einzige Teil von euch, der leben, wachsen und sein kann. Er allein leitet euch angemessen und bringt eure Fähigkeiten zum Tragen. Er ist flexibel und intuitiv. Nur seine Empfindungen sind echt und wertvoll, auch wenn sie für den Augenblick noch nicht völlig mit Wahrheit und Wirklichkeit übereinstimmen, noch nicht vollkommen und rein sind. Doch die Empfindungen des wahren Selbst wirken in Vollkommenheit auf das Wesen, das ihr jetzt seid. Je mehr ihr diesem Wesenskern entzieht und euren selbst geschaffenen Roboter damit ausstattet, desto stärker entfremdet ihr euch dem wahren Selbst, schwächt es und lasst es verarmen.

Im Laufe der Pfadarbeit seid ihr gelegentlich auf die verwirrende und oft beängstigende Frage gestoßen: »Wer bin ich wirklich?« Das ist die Folge des Zwiespalts und des Kampfes zwischen dem wahren und dem falschen Selbst. Nur durch Lösung dieser höchst lebenswichtigen und inhaltsschweren Frage wird euer Wesenskern antworten und in seiner vollen Kraft mit eurer Intuition wirksam werden. Ihr werdet spontan handeln können, frei von allen Zwängen, und euren Gefühlen trauen, weil sie die Gelegenheit haben werden, zu reifen und zu wachsen. Gefühle werden für euch ebenso zuverlässig sein wie euer Urteilsvermögen und Intellekt.

Bevor ihr das Selbst findet, sind viele Hürden zu überwinden. Es wird euch wie ein Kampf auf Leben und Tod erscheinen. Ihr glaubt noch immer, ihr bräuchtet euer idealisiertes Selbst, um zu leben und glücklich zu sein. Sobald ihr versteht, dass dem nicht so ist, werdet ihr imstande sein, die Pseudoverteidigung aufzugeben, die die Aufrechterhaltung und Kultivierung des idealisierten Selbst notwendig erscheinen lässt. Wenn ihr erst einmal versteht, dass das idealisierte Selbst euch nicht nur Glück, Freude und Sicherheit geben, sondern darüber hinaus auch noch eure speziellen Lebensprobleme lösen sollte, werdet ihr die falsche Schlussfolgerung dieser Theorie erkennen. Sobald ihr noch einen Schritt weitergeht und seht, welchen Schaden das idealisierte Selbst eurem Leben zugefügt hat, werdet ihr diese Bürde ablegen. Keine Überzeugung, keine Theorie oder Worte werden euch dazu bringen, das Bild aller Bilder aufzugeben, wohl aber die Erkenntnis, welche Probleme es lösen sollte und welchen Schaden es angerichtet hat und noch immer anrichtet.

Selbstverständlich müsst ihr auch im Einzelnen feststellen, welches die Forderungen und Normen eures idealisierten Selbst sind, und deren Unvernunft und Unmöglichkeit erkennen. Empfindet ihr akute Angst und Niedergeschlagenheit, dann zieht in Betracht, dass euer idealisiertes Selbst sich durch eure eigenen Begrenzungen, andere oder das Leben selbst herausgefordert und bedroht fühlt. Erkennt die Selbstverachtung, die der Angst oder Depression zugrunde liegt. Wenn ihr euch zwanghaft über andere aufregt, kann dies die Veräußerlichung eures Ärgers sein, den Normen eures falschen Selbst nicht gerecht zu werden. Erlaubt diesem Selbst nicht, für akute Depressionen oder Angst äußere Probleme als Entschuldigung zu benutzen. Betrachtet die Frage aus diesem neuen Blickwinkel. Eure individuelle, persönliche Arbeit wird euch helfen, aber es ist fast unmöglich, das allein zu tun. Nur nach grundlegenden Fortschrittten werdet ihr erkennen, dass viele äußere Probleme direkt oder indirekt Folge dieses Zwiespaltes zwischen euren Fähigkeiten und den Normen eures idealisierten Selbst sind.

Durch die Pfadarbeit werdet ihr dahin kommen, das Wesen eures idealisierten Selbst genau zu verstehen: seine Forderungen, seine Bedingungen an das Selbst und an andere zur Aufrechterhaltung der Illusion. Sobald euch klar ist, dass das, was ihr als lobenswert betrachtet habt, eigentlich Stolz und Verstellung sind, habt ihr eine wesentliche Einsicht erlangt, die euch befähigt, den Einfluss des idealisierten Selbst zu schwächen. Nur dann erkennt ihr, welche ungeheure Selbstbestrafung ihr euch auferlegt. Das zwangsläufige Versagen macht euch so ungeduldig und irritiert euch derart, dass eure Gefühle sich lawinenartig zu Wut und Zorn auf euch selbst steigern können. Diese projiziert ihr dann oft auf andere, weil der Selbsthass zu unerträglich ist, es sei denn, man sieht diesen Prozess im Ganzen, im Licht. Doch selbst wenn der Hass auf andere abgeladen wird, bleibt die Wirkung auf das Selbst erhalten und kann Krankheit, Unfälle, Verlust und andere Misserfolge verursachen.

Die Aufgabe des idealisierten Selbst

Mit dem ersten Schritt zur Aufgabe des idealisierten Selbst werdet ihr ein Gefühl der Befreiung erleben wie nie zuvor. Ihr werdet wirklich neu geboren sein. Euer wahres Selbst wird sich zeigen, und ihr werdet in ihm

85

ruhen, gegründet in euch selber. Nicht nur in den Randzonen, die von der Diktatur eures idealisierten Selbst frei gewesen sein mögen, werdet ihr wirklich wachsen, sondern in jedem Teil eures Wesens. Dies wird eure Reaktionen auf das Leben, auf Ereignisse, euch selbst und andere verändern. Euer neues Verhalten wird neue Wirkungen zeitigen. Das Überwinden eures idealisierten Selbst bedeutet die Überwindung eines wichtigen Aspektes der Dualität zwischen Leben und Tod.

Gegenwärtig seid ihr euch nicht einmal des Drucks, der von eurem idealisierten Selbst ausgeht, bewusst, der Scham, der Demütigung und Bloßstellung, die ihr fürchtet und manchmal auch fühlt, der Anspannung und Anstrengung, des Zwangs. Ahnt ihr gelegentlich solche Empfindungen, bringt ihr sie nicht mit den absurden Forderungen des idealisierten Selbst in Verbindung. Nur die klare Einsicht in die oft widersprüchlichen Anforderungen wird es euch ermöglichen, sie aufzugeben. In den so gewonnenen Anfängen eines inneren Friedens werdet ihr frei mit dem Leben umgehen können. Ihr braucht nicht länger mehr verzweifelt an eurem idealisierten Selbst festzuhalten. Die bloße Aktivität des krampfhaften Festhaltens erzeugt ein alles durchdringendes Klima des Klammerns. Manchmal wird dies im äußerlichen Verhalten ausgelebt, aber meistens ist es eine innere Qualität oder Einstellung. Bei Fortschritten in dieser neuen Arbeitsphase werdet ihr die innere Enge spüren und allmählich den grundlegenden Schaden erkennen, den sie verursacht. Sie verhindert das Loslassen vieler Verhaltensweisen und erschwert Veränderungen, die dem Leben erlauben würden, Freude und einen tatkräftigen Geist hervorzubringen. Ihr kapselt euch in euch selbst ein und stellt euch dadurch gegen das Leben in einem seiner grundlegendsten Aspekte.

Worte sind unzureichend. Ihr müsst spüren, was ich meine. Wenn ihr euer idealisiertes Selbst durch volles Verständnis seiner Funktion, seiner Ursachen und Wirkungen geschwächt habt, werdet ihr es überblicken. Dann werdet ihr die große Freiheit gewinnen und euch dem Leben anvertrauen, weil ihr nichts mehr vor euch oder anderen zu verstecken habt. Ihr werdet fähig sein, euch auf gesunde Weise an das Leben zu verschwenden wie die Natur selbst. Dadurch allein werdet ihr die Schönheit des Lebens erkennen.

Ihr könnt an diesen so wichtigen Teil eurer Arbeit nicht mit einem allgemein gültigen Konzept herangehen. Eure unbedeutendsten alltäglichen Reaktionen werden die notwendigen Ergebnisse liefern. Setzt eure Selbstsuche unter diesem neuen Gesichtspunkt fort, und werdet nicht ungeduldig, wenn dies Zeit und entspannte Bemühung kostet.

Das Heimkommen

Der Unterschied zwischen wahrem und idealisiertem Selbst liegt oft nicht in der Quantität, sondern in der Qualität. Ihre urspünglichen Motivationen sind verschieden. Sobald ihr die Forderungen und Widersprüche, die Aufeinanderfolge von Ursache und Wirkung erkennt, werdet ihr auch die Unterschiede in der Motivation wahrnehmen.

Ein weiterer wichtiger Punkt bildet das Zeitelement. Das idealisierte Selbst will seinen Forderungen entsprechend sofort vollkommen sein. Das wahre Selbst weiß, dass dies nicht möglich ist, und leidet nicht darunter.

Natürlich seid ihr nicht vollkommen. Euer gegenwärtiges Selbst ist eine Zusammensetzung von allem, was ihr in diesem Augenblick seid. Es gibt eine grundlegende Selbstbezogenheit. Gebt ihr diese zu, könnt ihr damit umgehen. Ihr könnt lernen, sie zu verstehen, und sie mit jeder neuen Einsicht mindern. Dann werdet ihr die Wahrheit erfahren, dass ihr, je egozentrischer ihr seid, umso weniger Selbstvertrauen besitzt. Das idealisierte Selbst glaubt genau das Gegenteil. Die Motivation für seine Ansprüche auf Vollkommenheit rührt allein aus egozentrischen Gründen, und ebendiese Selbstbezogenheit macht Selbstvertrauen unmöglich.

Die große Freiheit des Heimkommens, meine Freunde, besteht im Rückweg zu eurem wahren Selbst. Der Ausdruck »Heimkehr« wurde in der spirituellen Literatur und in den spirituellen Lehren häufig benutzt, aber ebenso oft missverstanden. Oft wurde Heimkommen als die Rückkehr in die geistige Welt nach dem physischen Tode interpretiert. Aber es bedeutet viel mehr. Ihr könnt viele Tode sterben, ein Erdenleben nach dem anderen, doch solange ihr nicht euer wahres Selbst gefunden habt, könnt ihr nicht heimkommen. Ihr seid verloren und bleibt verloren, bis ihr den Weg zum Kern eures Wesens gefunden habt. Andererseits könnt ihr den Weg nach Hause hier und jetzt beginnen, während ihr noch im Körper lebt. Bringt ihr den Mut auf, euer wahres Selbst zu werden, auch wenn es geringer als das idealisierte zu sein scheint, werdet ihr sehen, dass es weit mehr ist. Dann werdet ihr den Frieden haben, in euch selbst zu Hause zu sein, und Sicherheit finden. Ihr werdet als vollständige Menschen funktionieren. Ihr werdet die eiserne Peitsche des Zuchtmeisters, dem zu gehorchen unmöglich ist, zerbrochen haben und echten Frieden und echte Sicherheit erkennen. Ihr werdet ein für allemal aufhören, mit falschen Mitteln danach zu suchen.

Meine Liebsten, möge jeder von euch unsere Liebe, unsere Kraft und unseren Segen empfangen. Lebt in Frieden, lebt in Gott!

9

Liebe, Macht und Gelassenheit

Ich begrüße euch, meine liebsten Freunde. Gott segne einen jeden von euch. Gesegnet sei diese Stunde.

Ich möchte über drei göttliche Haupteigenschaften sprechen, über Liebe, Macht und Gelassenheit, und wie sich ihre verzerrten Formen äußern. Beim gesunden Menschen arbeiten diese drei Prinzipien in vollkommenem Einklang nebeneinander und wechseln sich je nach Situation ab. Sie ergänzen und verstärken einander. Zwischen ihnen ist Flexibilität gewährleistet, so dass keine dieser drei Eigenschaften einander je widersprechen oder stören.

Bei der verzerrten Persönlichkeit jedoch schließen sie sich gegenseitig aus. Es entsteht ein Konflikt, weil der Betreffende unbewusst eine dieser Eigenschaften zur Lösung seiner Lebensprobleme auserwählt.

Unterwürfigkeit, Aggressivität und Rückzug sind die verzerrten Haltungen der Liebe, Macht und Gelassenheit. Ich möchte nun im Einzelnen besprechen, wie sie in der Psyche wirken und eine scheinbare Lösung bieten, wie die dominante Haltung dogmatische, starre Maßstäbe erzeugt, die im idealisierten Selbstbild aufgenommen werden.

Als Kind erfährt der Mensch sowohl wirkliche wie eingebildete Enttäuschungen, Hilflosigkeit und Zurückweisungen. Diese Gefühle erzeugen Unsicherheit und einen Mangel an Selbstvertrauen, die er, leider meist auf die falsche Weise, zu überwinden sucht. Um die nicht nur in der Kindheit, sondern auch später im Leben infolge des Einsatzes falscher Lösungen entstandenen Schwierigkeiten zu meistern, verfängt er sich zusehends in einem Teufelskreis. Da er sich nicht bewusst ist, dass gerade die »Lösung«, zu der er greift, weitere Probleme und Enttäuschungen herbeiführt, versucht er noch angestrengter, das durchzuziehen, was er für die Lösung hält. Je weniger dies gelingt, desto mehr zweifelt er an sich selbst. Je größer der Selbstzweifel, umso mehr verheddert er sich in der falschen Lösung.

Liebe und Unterwürfigkeit

Eine Pseudolösung ist Liebe. Das Gefühl formuliert: »Würde ich nur geliebt, wäre alles in Ordnung.« Die Liebe soll dabei alle Probleme lösen. Das ist natürlich nicht der Fall, besonders wenn man bedenkt, wie diese Liebe aussieht. Tatsache ist, dass ein gestörter Mensch, der zu einer solchen Lösung greift, Liebe kaum zu empfinden vermag. Um Liebe zu bekommen, entwickelt er verschiedene Persönlichkeitsmuster in seinem inneren und äußeren Verhalten, die ihn schwächer und hilfloser erscheinen lassen, als er tatsächlich ist. Er nimmt sich immer mehr zurück, um Liebe und Schutz zu erlangen, die offenbar das Einzige sind, das ihn vor Vernichtung bewahrt. Dazu fügt er sich echten oder eingebildeten Forderungen anderer und verkauft nahezu seine Seele, um Zustimmung, Sympathie, Hilfe und Liebe zu bekommen. Unbewusst glaubt ein solcher Mensch, Selbstbehauptung sowie eigene Wünsche und Bedürfnisse kämen dem Verlust des eigentlichen Lebenswertes gleich, wie ein Kind umsorgt zu werden. Dieser Mensch beruft sich auf eine Unvollkommenheit, Hilflosigkeit und Unterwürfigkeit, die nicht echt sind. Er verwendet vorgetäuschte Schwächen als Mittel, um endlich doch zu gewinnen und das Leben zu meistern.

Um die Unaufrichtigkeit zu tarnen, werden solche Neigungen in das idealisierte Selbstbild eingebaut. Die Betreffenden glauben dann tatsächlich, diese Neigungen seien Zeichen ihrer Güte, Heiligkeit und Selbstlosigkeit. »Opfern« sie, um endlich einen starken, liebevollen Beschützer zu haben, sind sie auf ihre selbstlose Opferfähigkeit stolz. Mit ihrer »Bescheidenheit« erheben sie nie Anspruch auf Wissen, Leistung und Stärke, sondern hoffen, dass andere sich ihnen gegenüber liebevoll und

90

schützend verhalten. Diese Pseudolösung bietet viele Seiten. Bei eurer Arbeit müssen sie sorgfältig aufgespürt werden. Es ist nicht leicht, solche Haltungen zu finden, weil sie eingefleischt sind und scheinbar zum »liebevollen« Wesen des Betreffenden gehören. Zudem lassen sie sich häufig durch echte Bedürfnisse kaschieren. Und schließlich werden sie durch die gegenteiligen Neigungen anderer Pseudolösungen vereitelt, die sich ebenfalls in der Seele befinden. Umgekehrt entdecken diejenigen, die andere Pseudolösungen verwenden, unterwürfige Seiten in ihrer Psyche. Eine Pseudolösung beherrscht den Menschen im unterschiedlichen Maß, ebenso wie die anderen »Lösungen« verschieden stark vertreten sind, die dieser entgegenwirken.

Für denjenigen, bei dem Unterwürfigkeit der Hauptzug ist, wird es etwas schwieriger sein, den Stolz aufzudecken, der in jeder dieser Haltungen vorherrscht. Bei den anderen liegt der Stolz mehr an der Oberfläche. Sie sind etwa stolz auf ihre Aggressivität oder ihren Zynismus. Haben sie ihn jedoch entdeckt, lässt er sich nicht mehr durch »Liebe«, »Bescheidenheit« oder eine andere »heilige« Haltung überdecken. Der unterwürfige Typ jedoch muss sich kritisch betrachten, um herauszufinden, wie er seine Neigung idealisiert. Er bewundert wohl die Aggression anderer und beneidet sie darum, verachtet sie jedoch gleichzeitig und fühlt sich in Bezug auf die »spirituelle Entwicklung« oder »moralischen Maßstäbe« überlegen. Er sagt vielleicht auch wehmütig: »Könnte ich auch so sein, käme ich im Leben viel weiter.« Dadurch wird jedoch die »Güte« betont, die ihn davon abhält, das zu bekommen, was »weniger Gute« erlangen. Der Stolz des Märtyrertums erschwert es, das aufzudecken, was sich unter der Oberfläche befindet. Nur eine aufrichtige Einsicht in das wahre Wesen solcher Motivationen offenbart die zugrunde liegende Selbstsucht und Egozentrik. Stolz, Scheinheiligkeit und Vorspiegelung stecken in jedem, wenn sie in das idealisierte Selbstbild aufgenommen wurden. Dem Unterwürfigen fällt es schwerer, den Stolz aufzudecken, dem aggressiven Typ fällt es schwerer, die Verstellung aufzuspüren, denn er gaukelt »Ehrlichkeit« vor, während er rücksichtslos, zynisch und auf seinen eigenen Vorteil aus ist.

Das Bedürfnis nach schützender Liebe besitzt eine gewisse Gültigkeit für das Kind. Es ist jedoch nicht mehr angemessen, wenn es bis ins

91

Erwachsenenalter aufrechterhalten wird. In dieser Suche nach Liebe steckt: »Ich muss geliebt werden, damit ich an meinen eigenen Wert glaube. Dann bin ich vielleicht zu Gegenliebe bereit.« Letztlich ist es ein selbstsüchtiger, einseitiger Wunsch mit insgesamt schwerwiegenden Folgen.

Das Bedürfnis nach einer solchen Liebe und Abhängigkeit macht euch hilflos. Ihr fördert nicht die Fähigkeit, auf eigenen Füßen zu stehen, sondern setzt eure Seelenstärke ein, um einem Ideal eurer selbst nachzuleben und andere zu zwingen, euren Bedürfnissen zu entsprechen. Anders ausgedrückt: Ihr fügt euch, damit andere sich euch fügen. Ihr ordnet euch unter, um zu beherrschen, auch wenn sich dies stets in einer Hilflosigkeit äußert.

Kein Wunder, dass sich jemand, der in dieser Haltung gefangen ist, von seinem wahren Selbst entfremdet. Das wahre Selbst muss geleugnet werden, denn es scheint sich dreist und aggressiv zu behaupten. Das ist um jeden Preis zu vermeiden. Doch die Demütigung, die der Betreffende durch eine solche Selbstverleugnung erleidet, führt zu Selbstverachtung und Abneigung sich selbst gegenüber. Das schmerzt und entspricht nicht dem idealisierten Selbstbild, dem zufolge die oberste Tugend Zurückhaltung ist. Daher muss dies auf andere projiziert werden. Doch auch Verachtung und Groll anderen gegenüber widersprechen den Maßstäben des idealisierten Selbst und müssen verborgen werden. Dieses doppelte Verbergen hat ernst zu nehmende Auswirkungen auf die Persönlichkeit, die sich manchmal in allerlei physischen Symptomen äußern.

Ärger, Wut, Scham, Frustration, Selbstverachtung und Selbsthass gibt es aus zwei Gründen. Erstens entstehen sie aus der Verleugnung des eigenen wahren Selbst und der Demütigung, nicht das sein zu können, was man in Wirklichkeit ist. Man glaubt, die Welt würde Selbstverwirklichung verhindern und die eigene »Güte« ausnutzen. Das ist reine Projektion. Zweitens gibt es sie, weil man den Geboten des eigenen idealisierten Selbst unmöglich gerecht wird. Diesen Vorgaben zufolge darf man nie grollen, verachten, Abneigung empfinden, tadeln, etwas an anderen aussetzen und so weiter. Infolgedessen ist man nicht so »gut«, wie man sein sollte.

Das ist das kurz umrissene Bild eines Menschen, der »Liebe« mit all ihren Unterteilungen – Mitgefühl, Verständnis, Vergebung, Verbindung,

Kommunikation, Brüderlichkeit und Opfer – als starre, einseitige Lösung gewählt hat. Es entstellt die göttliche Eigenschaft der Liebe. Der Typ des idealisierten Selbstbilds besitzt entsprechende Maßstäbe und Gebote: sich stets im Hintergrund halten, sich nie behaupten, immer nachgeben, nie etwas an anderen aussetzen, alle lieben, die eigenen Werte und Leistungen nie anerkennen. Oberflächlich sieht es tatsächlich sehr heilig aus, aber, meine Freunde, es ist nur eine Karikatur der wahren Liebe, des wahren Verstehens, der wahren Vergebung und des wahren Mitgefühls. Das Gift dieser zugrunde liegenden Motivation verzerrt und zerstört das, was echt sein könnte.

Macht und Aggressivität

Zur zweiten Kategorie gehört der Machthungrige. Er glaubt, Macht und Unabhängigkeit von anderen löse alle Probleme. Auch dieser Typ kann zahlreiche Variationen und Unterteilungen aufweisen. Das aufwachsende Kind glaubt, die einzige Möglichkeit, sicher zu sein, liege darin, so stark und unverletzlich, unabhängig und gefühllos zu werden, dass nichts und niemand es berühren könne. Der nächste Schritt besteht darin, alle menschlichen Gefühle zu unterdrücken. Wenn sie dennoch an die Oberfläche dringen, schämt sich das Kind jeglichen Gefühls und betrachtet es immer als Schwäche. Liebe und Güte werden als Heuchelei betrachtet, nicht nur in der verzerrten Form des unterwürfigen Typs, sondern auch in ihrer echten, gesunden Erscheinung. Wärme, Zuneigung, Kommunikation, Selbstlosigkeit sind verachtenswert, und jedesmal, wenn ein solcher Impuls zu vermuten ist, schämt sich der aggressive Typ genauso, wie sich der Unterwürfige seines Grolls oder des unter der Oberfläche schwelenden Selbstbehauptungswunsches schämt.

Machthunger und Aggressivität äußern sich auf vielerlei Arten in mannigfaltigen Lebensbereichen. Sie konzentrieren sich auf Leistung, wenn ein machthungriger Mensch versucht, besser als alle anderen zu sein. Jede Konkurrenz wird als Kränkung der erhabenen Stellung, die man für diese Privatlösung braucht, empfunden. Oder sie zeigen sich in Beziehungen zu anderen als weniger deutlich abgegrenzte Haltung. Der Machttyp ist genauso unehrlich und heuchlerisch, wenn er künstlich eine Härte kultiviert, wie der hilflose Unterwürfige. Auch er sucht menschliche Wärme und Zuneigung, ohne die er sich isoliert fühlt. Wie die anderen Typen gibt er nicht zu, darunter zu leiden. Sein spezielles idealisiertes Selbstbild diktiert ihm Maßstäbe einer gottgleichen Vollkommenheit in Bezug auf Unabhängigkeit und Macht. Der Betreffende glaubt an vollkommene Selbstgenügsamkeit und empfindet kein Bedürfnis nach irgendjemand anderem. Liebe, Freundschaft oder Hilfe werden nicht als wichtig erachtet. Der Stolz ist bei diesem Selbstbild offensichtlich. Weniger leicht jedoch ist die Unehrlichkeit aufzuspüren, weil sich dieser Typ hinter dem Argument versteckt, wie heuchlerisch die Tugendlämmer sind.

Da dieses idealisierte Selbstbild eine Macht und Unabhängigkeit von menschlichen Gefühlen erfordert, wie sie kein Mensch aufzubringen vermag, wird ständig aufgezeigt, dass der Betreffende seinem idealen Selbst nicht zu entsprechen vermag. Dieses »Versagen« stürzt ihn immer wieder in Depression und Selbstverachtung, die auf andere projiziert werden müssen, um den Schmerz der Selbstgeißelung nicht wahrzunehmen. Die Unfähigkeit, dem idealisierten Selbstbild zu entsprechen, wirkt sich immer so aus. Werden die idealisierten Selbstbilder analysiert, enthalten sie immer Allmachtsansprüche. Solche emotionalen Reaktionen sind jedoch so subtil, flüchtig und zudem durch rationales Wissen verdeckt, dass man sich diese Gefühle sorgfältig ansehen muss, um sie überhaupt wahrzunehmen. Nur eure Arbeit kann zu Tage fördern, inwiefern diese Haltungen in euch wirken. Sie sind natürlich leichter aufzudecken, wenn ein Typ vorherrscht. In den meisten Fällen sind die Haltungen eher verborgen und befinden sich in ständigem Konflikt mit den Haltungen der anderen Typen.

Ein weiteres Symptom des aggressiven Typs, der Macht als Lösung ansieht, ist die Ansicht: »Wie schlecht die Welt und die Menschen doch sind.« Sucht jemand nach Beweisen für diese negative Sicht, so findet er Bestätigung zur Genüge und ist stolz darauf, dabei »objektiv« zu sein. In diesem Fall diktiert das idealisierte Selbstbild, dass Liebe verboten ist. Lieben oder manchmal sein eigenes wahres Wesen zu zeigen verletzt das idealisierte Selbstbild schwer und wird von ausgeprägter Scham begleitet. Umgekehrt ist der unterwürfige Typ stolz darauf, alle Menschen zu lieben und als gut zu betrachten. Diese Sicht ist erforderlich, um eine

94

unterwürfige Haltung beizubehalten. Eigentlich schert sich jemand dieses Typs gar nicht darum, ob andere gut oder schlecht sind, solange sie ihn lieben, schätzen, ihm zustimmen und ihn schützen. Davon hängt jede Beurteilung anderer ab, ganz gleich, wie gut sie sich »erklären« lässt. Da jeder Tugenden wie Fehler hat, kann ein Aspekt davon je nach Haltung des Betrachters hervorgehoben werden.

Der Machthungrige darf niemals versagen. Im Gegensatz zum unterwürfigen Typ, der Versagen verherrlicht, weil es die eigene Hilflosigkeit beweist und andere zwingt, ihm Liebe und Schutz zu geben, ist der Machthungrige stolz darauf, nie zu scheitern. Bei manchen Pseudolösungen ist ein Scheitern zulässig, weil Unterwürfigkeit in ganz bestimmten Bereichen vorherrscht. Genauso wendet der Unterwürfige auch Machtlösungen an. Beide »Lösungen« sind gleichermaßen starr, unrealistisch und unerreichbar. Sie verursachen ständig Schmerz und Desillusionierung des Selbst und haben einen zunehmenden Mangel an Selbstachtung zur Folge.

Ich habe vorhin erwähnt, dass es sich immer um eine Mischung aller drei »Lösungen« handelt, wobei die eine oder andere manchmal hervortritt. Deswegen wird der Betreffende sogar den Geboten der gewählten Lösung nicht gerecht. Wäre es möglich, nie zu scheitern, alle zu lieben oder völlig unabhängig von anderen zu sein, würde dies jedoch verhindert, wenn die Gebote des idealisierten Selbstbildes verlangen, gleichzeitig alle zu lieben, von allen geliebt zu werden und sie zu besiegen. Um dieses Ziel zu erreichen, muss man aggressiv und rücksichtslos sein. Das idealisierte Selbstbild verlangt manchmal, dass ein Mensch einerseits selbstlos sei, um Liebe zu bekommen, andererseits aber auch selbstsüchtig, um Macht zu erlangen. Dazu kommt noch die Forderung, unnahbar und jeder menschlichen Regung gegenüber völlig gleichgültig zu sein. Könnt ihr euch vorstellen, welchen Konflikt das in der Seele erzeugt? Wie zerrissen sie sein muss? Alles, was ihr Träger tut, ist falsch und erzeugt Schuld, Scham, Unzulänglichkeit und daher Frustration und Selbstverachtung.

Gelassenheit und Rückzug

Sehen wir uns nun die dritte göttliche Eigenschaft – Gelassenheit – als Lösung an. Ursprünglich war der Mensch derart zwischen den ersten beiden Aspekten zerrissen, dass er einen Ausweg finden musste, um sich aus

95

den inneren Problemen und damit vom Leben zurückzuziehen. Durch falsche Gelassenheit ist diese Seele immer noch zerrissen, nur ist sie sich dessen nicht mehr bewusst. Die Fassade falscher Gelassenheit ist so stark, dass der Betreffende überzeugt ist, wahre Gelassenheit erlangt zu haben, solange es die Lebensumstände zulassen. Wenn hingegen die Stürme des Lebens über ihn hinwegfegen, bricht der unter der Oberfläche schwelende heftige Konflik durch und es zeigt sich, wie falsch die Gelassenheit war.

Der zurückgezogene Typ und der Machthungrige haben scheinbar etwas gemeinsam: Sie wahren Distanz zu ihren Gefühlen, schließen sich niemandem an und besitzen einen starken Unabhängigkeitsdrang. Die Gebote ihres idealisierten Selbstbildes unterscheiden sich jedoch stark voneinander, trotz ähnlicher emotionaler Motivation: Angst, verletzt und enttäuscht zu werden oder von anderen abhängig und deshalb unsicher zu sein. Der Machthungrige genießt Feindseligkeit und aggressiven Kampfgeist, der Zurückgezogene jedoch ist sich solcher Gefühle überhaupt nicht bewusst. Sie erschrecken ihn, wenn sie zum Vorschein kommen, weil dadurch die Gebote der Rückzugslösung verletzt werden. Diese Gebote lauten: »Du sollst alle Menschen wohlwollend und distanziert betrachten, ihre Schwächen und Stärken kennen, dich jedoch davon weder stören noch berühren lassen.« Das wäre in der Tat Gelassenheit. Weil kein Mensch jedoch je so gelassen ist, sind solche Gebote unrealistisch und unerreichbar. Sie enthalten Stolz und Heuchelei, da die Distanziertheit in ihrer Gerechtigkeit und Objektivität göttlich erscheint. In Wirklichkeit ist die eigene Ansicht wohl genauso von den Meinungen anderer beeinflusst wie bei dem unterwürfigen Typ. Doch weil der Stolz verbietet, zuzugeben, dass sich ein Erhabener von menschlichen Schwächen berühren lässt, versucht er, sich über alles zu erheben. Das ist nicht möglich, denn auch dieser Typ ist von anderen abhängig. Da die gelassene Unabhängigkeit nicht eintritt, solange wir es mit einem menschlichen Wesen zu tun haben, kann er den Maßstäben und Geboten des idealisierten Selbstbildes nicht entsprechen. Er verachtet sich genauso, fühlt sich genauso schuldig und ist genauso frustriert wie die anderen beiden Typen, wenn sie ihre jeweiligen Maßstäbe nicht erreichen.

96

Diese drei Haupttypen habe ich hier nur allgemein umrissen. Es erübrigt sich zu erwähnen, dass es zahlreiche Varianten dazu gibt. Die Tyrannei des idealisierten Selbstbildes äußert sich je nach Stärke und Verteilung dieser »Lösungen«. Das alles muss in Einzelarbeit aufgespürt werden. Man sollte nie vergessen, dass aus dem idealisierten Selbst entstandene Haltungen beim Menschen ganz unterschiedlich auftreten und manchmal überhaupt nicht zu sehen sind. Der wichtigste Teil dieser Arbeit besteht darin, die Emotionen wirklich zu erleben. Ihr werdet das lebensverhindernde idealisierte Selbstbild unmöglich los, wenn ihr nur mit eurem Verstand wahrnehmt, was in euch steckt. Ihr müsst euch direkt all dieser meist widersprüchlichen Seiten bewusst werden, und das tut weh.

Die Notwendigkeit emotionalen Wachstums

Der verborgene Schmerz, gegen den ihr euch geschützt habt, indem ihr ihn auf andere, auf das Leben und das Schicksal abludet, wird eine bewusste Erfahrung werden, die ihr unbedingt braucht. Zuerst sieht es wie ein Rückfall aus. Ihr glaubt, es gehe euch schlechter als vor Beginn dieser Arbeit. Doch gerade euer Fortschritt erlaubt es allen bislang verborgenen Gefühlen, ins Bewusstsein zu dringen, damit ihr sie endlich analysieren könnt. Sonst wäre es nicht möglich, den Überbau eures Tyrannen, eures idealisierten Selbstbildes aufzulösen. Ihr seid durch die emotionalen Reaktionen derart konditioniert und verstrickt, dass ihr nicht seht, was sich direkt vor euren Augen befindet. Während ihr Ausschau nach neuen Einsichten haltet, überseht ihr die anscheinend unwichtigen emotionalen Reaktionen einfach deshalb, weil sie inzwischen zu euch gehören. Doch genau diese Gefühlsreaktionen bieten den Schlüssel, wenn ihr ihnen eure Aufmerksamkeit widmet. Ihr entdeckt Störungen, mit denen ihr umzugehen lernt, wenn sie ans Tageslicht kommen.

Meine Freunde, betrachtet eure Gefühle unter diesem Blickwinkel. Entdeckt, welche unmöglichen Forderungen euer idealisiertes Selbstbild an euch stellt, und merkt, dass euer idealisiertes Selbstbild das alles von euch verlangt und nicht Gott, das Leben oder andere Menschen. Allmählich werdet ihr auch erkennen, dass ihr wegen dieser Forderungen des Selbst andere Menschen braucht, die euch helfen, mit ihnen fertig zu werden. Ihr verlangt dabei unbewusst etwas von anderen, was sie euch

97

unmöglich geben können. Trotz eures Strebens nach verzerrter Unabhängigkeit, sei es des Aggressions- oder Rückzugstyps, seid ihr abhängiger als nötig.

Ihr müsst auch die Ursachen und Wirkungen dieser Zustände beobachten. Dann seht ihr euer Leben, eure vergangenen und jetzigen Schwierigkeiten in einem neuen Licht. Ihr versteht, dass ihr wegen eurer »Lösung« viele, wenn nicht alle eurer Schwierigkeiten geschaffen habt.

Es reicht nicht, intellektuell zu begreifen, dass sich euer wahres Selbst umso weniger äußern kann, je mehr ihr in Pseudolösungen verstrickt seid. Ihr müsst es auch erfahren. Solche Erfahrungen stellen sich unweigerlich ein, wenn ihr eure Gefühle an die Oberfläche kommen lasst und mit ihnen arbeitet. Erst dann werdet ihr den immanenten Wert eures wahren Selbst erahnen und die falschen Werte eures idealisierten Selbst aufgeben können. Es ist ein wechselseitiger Prozess: Wenn ihr die falschen Werte erkennt, treten eure wahren Werte allmählich zutage, so dass ihr die falschen nicht mehr braucht.

Da das idealisierte Selbst euch von eurem wahren Selbst entfremdet, seid ihr euch eurer wahren Werte überhaupt nicht bewusst. Ein Leben lang konzentriert ihr euch unbewusst auf die falschen Werte, auf Werte, die euch fehlen, die ihr jedoch glaubt besitzen zu müssen, während ihr euch und anderen gegenüber vorgebt, schon über sie zu verfügen. Oder ihr konzentriert euch auf Werte, die ihr potenziell habt, die jedoch noch nicht in dem Maße ausgebildet sind, dass ihr sie rechtmäßig als euer Eigen betrachten könnt. Weil euer idealisiertes Selbst nicht zugibt, dass diese Werte noch zu entwickeln sind, bleibt ihr untätig und erhebt dennoch Anspruch darauf, als wären sie bereits voll ausgereift. Nachdem eure Bemühungen sich auf falsche oder unreife Werte konzentrieren, seht ihr die wahren nicht. Dazu kommt die Angst, die falschen fallen zu lassen, weil ihr fürchtet, dann nichts mehr zu haben. Deswegen zählen eure wahren Werte nicht, entweder weil sie den Forderungen eures idealisierten Selbst widersprechen oder weil alles, was von selbst und mühelos da ist, nicht wirklich scheint. Das ist sehr schade, meine Freunde, denn schließlich habt ihr das idealisierte Selbstbild eingesetzt, weil ihr nicht an euren wahren Wert glaubtet. Dadurch seht ihr nicht, was es wert ist, angenommen und geschätzt zu werden.

98

Den gesamten Vorgang aufzurollen ist schmerzlich, weil die Gefühle – Angst, Frustration, Schuld, Scham – direkt erfahren werden müssen. Fahrt ihr jedoch mutig fort, erlangt ihr eine ganz andere Sicht der Dinge. Schließlich werdet ihr zum ersten Mal euer wahres Ich sehen. Am Anfang ist es ein Schock, seine Begrenzungen akzeptieren zu müssen, die vom idealisierten Selbst so weit entfernt sind. Lasst ihr euch darauf ein, nehmt ihr Werte wahr, die ihr nie wirklich gesehen hattet oder die euch nie wirklich bewusst waren. Stärke und Selbstvertrauen erlauben euch, sowohl das Leben wie auch euch selbst auf völlig andere Weise zu sehen. Allmählich wachst ihr in euer wahres Selbst hinein. Eure wahre Unabhängigkeit wird gestärkt, und die Meinung anderer stellt nicht mehr den Maßstab für euren eigenen Wert dar. Die Bestätigung anderer ist nur deshalb so wichtig, weil ihr euch selbst nicht ehrlich einschätzt. Wenn ihr zunehmend auf euer eigenes Selbst vertraut und es lieben lernt, spielt das, was andere über euch denken, nicht mehr eine so große Rolle. Ihr ruht in eurem Inneren und braucht keine falschen Werte mit Stolz und Täuschungen aufzubauen. Ihr verlasst euch nicht mehr auf ein idealisiertes Selbst, dem nicht zu trauen ist und das euch schwächt. Die Freiheit, diese Last abzulegen, lässt sich mit Worten gar nicht beschreiben.

Meine Freunde, es ist ein langsamer Prozess. Er geschieht nicht über Nacht. Stetige Selbsterforschung und Analyse eurer Probleme, Haltungen und Gefühle sind nötig. Dann entfaltet sich euer wahres Wesen mit seinen echten Werten und Fähigkeiten durch den Prozess des inneren, natürlichen Wachstums. Eure Individualität wird immer ausgeprägter. Die Intuition äußert sich ungehindert und mit einer selbstverständlichen, verlässlichen Spontaneität. So werdet ihr das Beste aus eurem Leben machen. Nicht fehlerlos und nicht ohne Misserfolge, doch fallen sie anders aus als zuvor. Ihr werdet, im Gegensatz zur verzerrten Art, die göttlichen Haltungen der Liebe, Macht und Gelassenheit auf gesunde Weise miteinander verbinden.

Die Liebe bleibt kein Mittel zum Zweck. Sie ist kein Bedürfnis mehr, das euch vor der Vernichtung bewahrt. Die Selbstsucht verschwindet, und in eurer Liebesfähigkeit verbinden sich Macht und Gelassenheit. Oder anders ausgedrückt: Ihr werdet liebe- und verständnisvoll kommunizieren und dennoch wahrhaft unabhängig sein. Liebe, Macht und

99

Gelassenheit werden nicht mehr benutzt, um fehlende Selbstachtung zu beschaffen. Die echte Liebe stört die gesunde Macht nicht länger, die Macht, über euch selbst und eure Schwierigkeiten zu herrschen, ohne irgendjemandem etwas beweisen zu müssen. Strebt ihr nach Macht, indem ihr diese Eigenschaft verzerrt, wollt ihr eure Überlegenheit demonstrieren. Erlangt ihr Meisterschaft durch gesunde Macht, werdet ihr wachsen. Die Macht zeitweilig nicht innezuhaben ist dann keine Bedrohung mehr wie bei der Verzerrung. Euer Wert nimmt in der Selbsteinschätzung nicht ab. So wachst ihr wahrhaft mit jeder Lebenserfahrung und erreicht wahre Macht. Darin gibt es keinen verzerrten Ehrgeiz, Zwang und keine Eile mehr.

Die gesunde Gelassenheit drängt euch nicht, euch vor Gefühlen, Erfahrungen, dem Leben und euren eigenen Konflikten zu verstecken. Liebe und Macht in ihrer ursprünglichen göttlichen Form verleihen euch eine gesunde Distanz, wenn ihr euch selbst zuseht. Das macht euch tatsächlich objektiver. Wahre Gelassenheit heißt nicht, Erfahrungen und Gefühlen aus dem Weg zu gehen, die momentan schmerzhaft sein mögen. Sie enthalten vielleicht einen wichtigen Schlüssel. Habt Mut, sie zu durchschreiten und herauszufinden, was dahinter liegt.

Liebe, Macht und Gelassenheit können Hand in Hand gehen und einander ergänzen. Ihre Verzerrungen jedoch entfachen den größten Krieg in euch.

Mögen euch diese Worte nicht nur zum Nachdenken, sondern zu Einsichten und Verständnis führen. Möget ihr dadurch einen weiteren Schritt zum Licht und zur Freiheit gelangen. Geht auf eurem Pfad des Glücks voran. Gewinnt Kraft und lasst euch durch unseren Segen und unsere Liebe helfen und stärken. Seid gesegnet, meine Lieben. Seid in Frieden. Seid in Gott.

10

Der Schmerz zerstörerischer Muster

Ich grüße euch, meine liebsten Freunde. Gott segne einen jeden von euch. Gesegnet sei diese Stunde. Die meisten meiner Freunde, die diesen Pfad beschreiten, nähern sich seelischen Problemen, die schmerzen. Ich möchte euch Einblick in die Auflösung dieses Schmerzes geben, damit ihr versteht, was er bedeutet.

Das Kind leidet unter der unvollkommenen Liebe und Zuneigung seiner Eltern. Es leidet auch, dass seine Persönlichkeit nicht akzeptiert wird. Damit meine ich den allgemeinen Umgang, bei dem es als Kind statt als eigenes Individuum behandelt wird. Ihr leidet immer noch darunter, auch wenn ihr euch dessen in dieser Weise gar nicht bewusst seid. Das hinterlässt eine Narbe wie der Mangel an Liebe oder Aufmerksamkeit und verursacht entsprechende Frustration.

Die Atmosphäre, in der ihr aufwachst, entspricht einem ständigen kleinen Schock, der häufig stärker belastet als ein Trauma. Deswegen ist Letzteres meist leichter zu heilen. Ein Klima, in dem eure Individualität nicht akzeptiert wird, erzeugt in Verbindung mit mangelnder Liebe und fehlendem Verständnis eine sogenannte Neurose. Ihr akzeptiert diese Situation als gegeben und glaubt, so müsse es sein. Trotzdem leidet ihr darunter. Das Klima zu erdulden und zu glauben, es sei eine nicht zu ändernde Tatsache, konditioniert euch zum Aufbau zerstörerischer Abwehrmechanismen.

Der ursprüngliche Schmerz und die Frustration, mit denen das Kind nicht umgehen kann, werden verleugnet. Sie schwären jetzt im Unterbewusstsein und bilden die zerstörerischen Bilder und Abwehrmechanismen. Durch die falschen Schlussfolgerungen versucht ihr, die unerwünschten Einflüsse zu bekämpfen, die den ursprünglichen Schmerz ausgelöst haben. Mit solchen Pseudolösungen bekämpft ihr die Welt, den Schmerz und alles, was ihr vermeiden möchtet.

Der Schmerz der Pseudolösungen

Wählt ihr als Pseudolösung den Rückzug von Fühlen, Lieben und Leben, ist das eine Abwehr von Verletzungen. Erst langsam werdet ihr begreifen, wie unrealistisch und kurzsichtig dieses »Heilmittel« ist. Ihr werdet den Schmerz der Selbstentfremdung vorziehen, bei der ihr nichts oder nur wenig fühlt. Indem ihr weiterarbeitet und mutig die vorübergehenden Entmutigungen und Schwierigkeiten durchsteht, gelangt ihr an einen Punkt, an dem die harte Schale zerbricht und ihr innerlich nicht mehr tot seid. Die erste Reaktion kann allerdings nicht angenehm sein. Alle unterdrückten negativen Gefühle sowie der unterdrückte Schmerz tauchen im Bewusstsein auf, und es scheint, als wäre euer Rückzug das Richtige gewesen. Erst nachdem ihr weitergegraben habt, erntet ihr den Lohn guter, konstruktiver Gefühle.

Besteht eure Pseudolösung aus Unterwürfigkeit, Schwäche, Hilflosigkeit und Abhängigkeit, damit sich jemand um euch kümmert – nicht unbedingt materiell, sondern gefühlsmäßig –, ist dies ebenso kurzsichtig und unbefriedigend. Die ständige Abhängigkeit von anderen erzeugt Angst und Hilflosigkeit. Zudem schränkt sie euren bereits mangelhaften Glauben an euch selbst weiter ein. Rückzug als Lösung tötet die Gefühle ab und beraubt euch eines Lebenssinnes. Unterwürfigkeit hingegen beraubt euch der Unabhängigkeit und Stärke. Sie erzeugt die gleiche Isolierung wie der Rückzug, wenngleich auf einem anderen inneren Weg. Ursprünglich wolltet ihr dem Schmerz entgehen und einen starken Menschen gewinnen, der für euch sorgt. Tatsächlich aber fügt ihr euch noch mehr Schmerz zu, weil ihr diesen Menschen niemals findet. Dieser Mensch müsst ihr selbst sein.

Euch vorsätzlich schwach zu machen, bedeutet die größte Tyrannei über andere auszuüben. Es gibt keine größere als diejenige, die ein schwacher Mensch über den stärkeren oder seine Umgebung ausübt. Es ist, als beteuerte dieser Mensch ständig: »Ich bin so schwach und hilflos. Du musst mir helfen. Du bist für mich verantwortlich. Die Fehler, die ich begehe, zählen nicht, weil ich es nicht besser weiß. Du musst mich verwöhnen und mir alles nachsehen. Du kannst von mir nicht erwarten, die volle Verantwortung für mein Handeln oder Nichthandeln, für meine Gedanken und Gefühle oder meine Abgestumpftheit zu übernehmen. Ich muss versagen, weil ich schwach bin. Du bist stark, deshalb musst du alles verstehen. Du darfst nicht versagen, weil dein Versagen sich auf mich auswirken würde.« Das maßlose Selbstmitleid der Schwachen stellt harte Anforderungen an ihre Mitmenschen. Das wird deutlich, wenn die unausgesprochenen Erwartungen und die Bedeutung der Gefühlsreaktionen erforscht und in klare Gedanken gefasst werden.

Es trügt, wenn man glaubt, schwache Menschen seien harmlos und würden andere weniger verletzen als herrische und aggressive. Alle Pseudolösungen fügen euch selbst sowie anderen unermesslichen Schmerz zu. Durch Rückzug weist ihr andere ab und enthaltet ihnen die Liebe vor, die ihr ihnen geben könntet und die sie von euch bekommen wollen. Durch Unterwürfigkeit liebt ihr nicht, sondern erwartet nur Liebe. Ihr überseht, dass auch die anderen verletzlich sind und Schwächen und Bedürfnisse haben. Ihr lehnt diese Seite ihres Menschseins ab und verletzt sie dadurch. Durch die aggressive Lösung stoßt ihr andere ab und verletzt sie durch falsche Überlegenheit. Diese Verletzungen führen zu Pseudolösungen, die euch nur noch mehr Schmerz bescheren.

Alle Pseudolösungen werden in euer idealisiertes Selbstbild aufgenommen. Da das idealisierte Selbstbild naturgemäß eine Selbstverherrlichung ist, trennt sie euch von anderen. Sein Wesen wird durch Getrenntheit bestimmt, es isoliert euch und lässt euch und diejenigen, mit denen ihr es zu tun habt, vereinsamen. Es entfremdet euch von euch selbst, vom Leben und von anderen. Das alles beschert euch zwangsläufig Schmerz, Verletzungen, Frustration und keine Erfüllung. Ihr habt einen Ausweg aus Schmerz und Frustration gewählt, der sich nicht nur als unangemessen erwiesen, sondern noch mehr von dem erzeugt hat, was ihr vermeiden wolltet. Diese Tatsache klar zu erkennen und die Einzelteile zusammenzufügen erfordert die aktive Arbeit aufrichtiger Selbsterforschung.

Der Perfektionismus, der in euch und eurem idealisierten Selbstbild steckt, verhindert, dass ihr euch und andere sowie die Realitäten des Lebens akzeptiert. Ihr seid unfähig, die Probleme des Lebens zu lösen und wahrhaft zu leben.

Sind euch einige eurer Bilder, Pseudolösungen und die Art eures idealisierten Selbstbildes wenigstens bis zu einem gewissen Grad bewusst geworden, dann habt ihr eine Ahnung, warum ihr selbstentfremdet und perfektionistisch seid. Ihr erkennt den Schaden, den ihr euch und anderen zugefügt habt. Vielleicht steht ihr an der Schwelle zu einem neuen inneren Leben, in dem ihr gefühlsmäßig bereit seid, alle Abwehrmechanismen abzulegen. Seid ihr noch nicht so weit, werdet ihr dieses Stadium bald erreichen, vorausgesetzt, ihr arbeitet weiter daran.

Allein die Übung, eure unrealistischen, unreifen Gefühle und Reaktionen ständig zu beobachten, schwächt deren Einfluss und leitet ihre Auflösung automatisch ein. Ist eine Seele bereit, die Schwelle zu überschreiten, schmerzt dies allerdings am Anfang.

Der Schmerz der Veränderung

Ihr erwartet wahrscheinlich, neue und konstruktive Muster würden beim Überschreiten dieser wichtigen Schwelle unverzüglich die alten und zerstörerischen ablösen. Das ist unrealistisch und entspricht nicht den Tatsachen. Konstruktive Muster besitzen keine solide Grundlage, bevor ihr den ursprünglichen Schmerz, die ursprüngliche Frustration und alles, vor dem ihr weglaufen wolltet, nicht erfahren und durchlebt habt. Das, wovon ihr euch abwandtet, muss angesehen, empfunden, erlebt und verstanden werden, ihr müsst euch damit auseinander setzen, damit fertig werden und es aufnehmen, bevor das Unrealistische aufgelöst ist, das Unreife reif wird, die gesunden, unterdrückten Kräfte in ihre richtigen Bahnen gelenkt werden und konstruktiv für euch arbeiten. Je länger ihr diesen schmerzhaften Prozess hinauszögert, desto schwieriger wird er. Der Schmerz ist ein gesunder Wachstumsschmerz, und wenn ihr euren

Widerstand dagegen überwindet, ist Licht in Sicht. Die Kraft, die Selbstständigkeit und die Fähigkeit, in vollen Zügen zu leben, während eure konstruktiven Muster wirksam werden, ist reichlich Entschädigung für die Zeit, in der ihr zerstörerisch und unproduktiv lebtet und für den Schmerz beim Übertreten der Schwelle in ein Erwachsenwerden der Gefühle.

Könnt ihr euch vorstellen, vom Schmerz verschont zu sein, gegen den ihr die zerstörerischen Muster eingeführt hattet? Ihr habt sie verwendet, um vor einem Ereignis eures Lebens davonzulaufen. Ob es tatsächlich stattgefunden hat oder nur eingebildet war, spielt dabei kaum eine Rolle. Der Wunsch, davonzulaufen und von etwas Gewesenem oder Jetzigen wegschauen zu können, euch den Tatsachen nicht stellen und damit nicht zurechtkommen zu müssen, hat eure seelische Krankheit verursacht. Deswegen muss jetzt dieser Bereich in Angriff genommen werden. Wer bereits die ersten zögernden Schritte jenseits der Schwelle gegangen ist, staunt über den Schmerz seiner Erfahrung. Vielleicht habt ihr eine vage Idee oder einige Teilantworten, weshalb dem so ist. Diese Lesung soll euch zu einem besseren Verständnis verhelfen.

Intellektuell wisst ihr alle, dass dieser Pfad kein Märchen ist, bei dem auf eure Abweichungen, Fehlannahmen und Ausflüchte reine Glückseligkeit folgt. Letzten Endes wird euch die Befreiung von den Fesseln eurer Irrtümer und Abweichungen sicher zum Glück führen. Doch ehe ihr dieses Stadium erreicht, habt ihr noch viele Bereiche eurer Seele zu erfahren, bis ihr das Beste aus dem Leben machen könnt. Sogar nachdem ihr angemessen mit dem akuten Schmerz umgegangen seid und er vergangen ist, besteht die unrealistische Erwartung unbewusst weiter, dass euch das Leben immer gewähren wird, was ihr euch wünscht. Dem ist nicht so, meine Freunde. In Wirklichkeit lernt ihr, mit den Missgeschicken und Schwierigkeiten fertig zu werden. Sie zerbrechen euch nicht mehr und ihr pflegt keine zerstörerischen Abwehrmechanismen. Das wiederum schafft die Basis, das Beste aus jeder Gelegenheit zu machen und den größten Nutzen und das größte Glück aus jeder Lebenserfahrung zu ziehen.

Lasst mich wiederholen, was ich immer wieder gesagt habe: In der ersten Zeit begegnen euch noch äußere negative Ereignisse als Folge eurer vergangenen Muster, aber ihr geht anders damit um. Damit nehmt ihr viele Gelegenheiten wahr, glücklich zu sein, die ihr früher übersehen habt. So verändert ihr die Muster allmählich, bis die unglücklichen äußeren Ereignisse weniger werden. Erwartet am Anfang dieses Stadiums keine unmittelbare Erfüllung und Glück in jeder Hinsicht. Zuerst müsst ihr eure Möglichkeiten, Gelegenheiten und unabhängige Entscheidungsfähigkeit wahrnehmen, statt darauf zu warten, dass euch das Schicksal Glück beschert.

Inzwischen versteht ihr bestimmt, wie ihr euer Unglück durch zerstörerische, unrealistische Ausflüchte und Abwehrmechanismen selbst verursacht habt. Ihr erkennt mit neuer Kraft, dass Erfüllung und Glück in euren Händen liegt. Es ist ein innerer, organischer Wachstumsprozess. Je größer euer Verständnis, dass kein ungnädiges Schicksal und kein grausamer Gott euch bestraft oder vernachlässigt hat, desto besser begreift ihr, dass ihr die Erfüllung herbeiführen könnt, die eure Seele mit einer Sehnsucht begehrt, welche euch nicht einmal bewusst war, als ihr euren Fuß auf diesen Pfad setztet.

Dieses Bewusstsein stellt sich manchmal erst nach einem umfassenderen Verständnis all eurer Pseudolösungen und Fehlannahmen ein, die ein Zeichen eurer Bedürfnisse sind. Das Hauptergebnis auf diesem Pfad ist das Verständnis, dass ihr eure eigenen Ursachen und Wirkungen seid, sowie eine daraus entstehende Kraft, Unabhängigkeit, Selbstständigkeit und Gerechtigkeit für den Betreffenden. Wie lange es dauert, die ersten Spuren dieser neuen Kraft zu finden und dann zu stärken, hängt von eurem inneren Willen ab und davon, wie ihr ständigen Widerstand überwindet, der erst nachlässt, wenn ihr dessen Tricks auf die Schliche gekommen seid.

Der Schmerz des Unerfülltseins

Nun, meine lieben Freunde, wenn ihr diesem Schmerz begegnet, ist er nur der Schmerz, den das Kind durch seine Eltern erlitt und nichts weiter? Nein, das trifft nicht ganz zu. Dieser Urschmerz und diese erste Frustration hat zwar eure psychische Flexibilität beeinträchtigt und euch gehindert, angemessen damit umzugehen. Er hat dazu geführt, dass ihr euch abwandtet und nach unzulänglichen »Lösungen« suchtet. Der Schmerz, den ihr jetzt erlebt, ist jedoch eher der Schmerz des Unerfülltseins, den eure unproduktiven Muster verursachen. Bewusst könnt ihr das nicht unterscheiden. Vielleicht nehmt ihr den ursprünglichen Kindheitsschmerz

106

nicht einmal wahr. Es braucht meist lange Selbstbeobachtung, um den Schmerz überhaupt auszumachen. Dann begreift ihr, dass hinter dem akuten Schmerz eure Verzweiflung über euch selbst und das jetzige Leben steckt, und nicht die Vergangenheit. Diese ist nur deshalb wichtig, weil ihr ihretwegen die unproduktiven Haltungen eingeführt habt, die für euren jetzigen Schmerz verantwortlich sind.

Wenn ihr nicht vor dem Schmerz zurückschreckt, sondern durch ihn hindurchgeht und euch seiner Bedeutung bewusst seid, werdet ihr erkennen, dass eure jetzigen unerfüllten Bedürfnisse den Schmerz erzeugen. Ihr seid frustriert, weil ihr es nicht schafft, erfüllt zu sein. Ihr wisst noch nicht, was ihr dagegen tun könnt. Ihr habt das Gefühl, in eurer eigenen Falle zu stecken, ohne einen Ausweg zu sehen. Das macht euch von äußeren Faktoren abhängig, über die ihr keine Kontrolle habt. Erst wenn ihr all diese Eindrücke und Reaktionen mutig erkannt habt, wird allmählich ein Ausweg sichtbar. Dadurch nimmt eure Hilflosigkeit ab, und eure unabhängige Kraft und euer Einfallsreichtum wachsen.

In einer früheren Lektion haben wir über die menschlichen Bedürfnisse gesprochen. Bevor ihr eure »Schutzschichten« aufgedeckt habt, nehmt ihr eure wahren Bedürfnisse nicht einmal wahr. Vielleicht kennt ihr einige eurer unwirklichen, übergestülpten Bedürfnisse, nachdem ihr euch besser versteht. Die eigentlichen Bedürfnisse, die ihr in Schach gehalten hattet, treten erst durch ein umfassenderes Verständnis ins Bewusstsein. Empfindet ihr den Schmerz vor der Schwelle zur Gefühlsreife und zu produktiven Mustern, dann könnt ihr euch gerade diese Bedürfnisse bewusst machen. Das ist unvermeidlich, wenn ihr eure jetzige unproduktive Lebensweise verlassen wollt.

Beim Bewusstmachen eurer Bedürfnisse sowie der Frustration, die durch ihre Nichterfüllung entstand, stoßt ihr zuerst auf das dringende Bedürfnis, so geliebt zu werden wie das Kind. Man kann jedoch nicht sagen, dass die Sehnsucht nach Liebe und Zuneigung kindisch und unreif sei. Das ist es nur, wenn der Erwachsene seine Seele verschlossen hat und sich weigert, seine Liebesfähigkeit zu entwickeln Mittels destruktiver Muster habt ihr euer schmerzliches Bedürfnis, geliebt zu werden, ins Unterbewusstsein abgeschoben. Weil ihr euch dessen nicht bewusst wart, konnte die Fähigkeit zu geben in eurer Seele niemals wachsen.

107

Es sind euch jedoch im Lauf der geleisteten Arbeit nicht nur viele Dinge bewusst geworden, sondern ihr habt auch begonnen, zerstörerische Ebenen aufzulösen. Dadurch trat eure Liebesfähigkeit an die Oberfläche. Ihr begegnet dem Bedürfnis zu bekommen, das so lange unerfüllt bleibt, wie die zerstörerischen Muster wirken. Es braucht einige Zeit, Kraft und Einfallsreichtum, bis ihr diesen Wunsch gestillt habt. Andererseits existiert kein Ventil für den Wunsch zu geben, solange dieses Stadium nicht erreicht ist. Es entsteht also eine doppelte Frustration, die einen ungeheuren Druck erzeugt. Es ist, als wolle dieser Schmerz euch zerreißen.

Die Annahme der Realität

Glaubt nun nicht, meine Freunde, dass der Druck nicht da war, bevor ihr ihn wahrnahmt. Er hat sich durch körperliche Krankheit oder andere Symptome geäußert. Wenn ihr den Kern besser erkennt, wird der schmerzhafte Druck akuter, aber so verläuft die Heilung. Richtet eure Aufmerksamkeit auf die Wurzel des Problems und geht ihm auf den Grund. Befasst euch mehr mit der Realität als mit Ausweichen. Der tatsächliche Schmerz muss in allen Schattierungen und seiner ganzen Vielfalt empfunden werden. Ihr müsst euch bewusst werden, dass eure Bedürfnisse sowohl aus Geben wie aus Bekommen bestehen. Ihr müsst die Frustration, kein Ventil zu haben, die vorübergehende Hilflosigkeit, wenn ihr keine Linderung findet, die Versuchung, einmal mehr auszuweichen, empfinden und beobachten. Kämpft ihr euch durch dieses Stadium hindurch und werdet stärker, dann lauft ihr nicht mehr vor euch und dem scheinbaren Risiko des Lebens davon. Gelegenheiten bieten sich, und ihr ergreift sie. Sie fördern euer Wachstum, die Erfüllung eurer Bedürfnisse nimmt zu und eure Muster verändern sich.

Versteht, dass ihr euch in dieser Zeit in einem Zwischenstadium befindet. Ihr seid euch eures Bedürfnisses, zu bekommen, bewusst geworden. Es ist an sich gesund, doch gleichzeitig übertrieben groß und unreif geworden, weil ihr es mit der daraus erwachsenden Frustration verdrängt habt. Wenn ihr nicht genug bekommt, steigert sich eure Forderung unverhältnismäßig, besonders, wenn ihr euch dieser dringenden Forderung nicht bewusst seid.

108

Infolge eurer Fortschritte ist der reife Wunsch zu geben ebenfalls größer geworden. Ihr konntet dafür kein Ventil finden, weil die zerstörerischen Muster immer noch am Werk waren. Möglicherweise habt ihr bereits versucht, einen Kompromiss zwischen der alten und der neuen, erwünschten Art zu schließen. Vergesst nicht, dass sich wirkliche Ergebnisse erst dann zeigen, wenn die neuen Muster für euch zu einer selbstverständlichen und nahezu automatischen Reaktion geworden sind. Eure alten Muster haben jahrelang Bestand gehabt. Wenn ihr euch jetzt innerlich verändert, stellt sich die äußere Veränderung nicht unverzüglich ein. Während dieses Umbruchs wird der innere Druck gewöhnlich am stärksten. Wenn ihr das alles versteht und den Mut habt, hindurchzugehen, kommt ihr unweigerlich als stärkerer, glücklicherer Mensch heraus, gerüstet, um im wahren Sinn des Wortes zu leben. Hütet euch davor, wieder umzukehren und auszuweichen. Glaubt nicht, dass diese vorübergehende Phase, in der ihr dem angesammelten inneren Druck und der damit einhergehenden Hilflosigkeit, Unzulänglichkeit und Verwirrung begegnet, das Schlussergebnis sei. Meine Freunde, es ist ein langer Tunnel, durch den ihr gehen müsst.

Danach nimmt eure Kraft und euer Einfallsreichtum ständig zu – wobei es natürlich ab und an Rückfälle gibt. Nutzt ihr jedoch jeden Rückfall als neue Lektion, dann setzen sich die neuen Muster am Ende in eurem Innersten fest und eröffnen euch Möglichkeiten, die ihr so lange übersehen habt. Ihr werdet den Mut haben, diese Gelegenheiten zu ergreifen, statt sie voller Angst zurückzuweisen. Nur so kommt Erfüllung zustande. Es ist überaus wichtig, meine Freunde, dass ihr dies versteht und in euch aufnehmt.

Meine liebsten Freunde, ein jeder von euch sei gesegnet. Mögen diese Worte eine Hilfe für euer weiteres Wachstum und eure Befreiung sein. Mögen sie dazu beitragen, eure Persönlichkeit mit sämtlichen Mitteln in Besitz zu nehmen, mit all ihrer Kraft, Findigkeit, Kreativität und der euch innewohnenden Liebesfähigkeit, die nur darauf warten, frei wirken zu können. Seid in Frieden. Seid in Gott.

TEIL II
An der Negativität haften

Wer eine Antwort haben will auf das heute gestellte Problem des Bösen, der bedarf in erster Linie einer gründlichen Selbsterkenntnis, d. h. einer bestmöglichen Erkenntnis seiner Ganzheit. Er muss ohne Schonung wissen, wie viel des Guten er vermag und welcher Schandtaten er fähig ist, und er muss sich hüten, das eine für wirklich und das andere für Illusion zu halten. Es ist beides wahr als Möglichkeit, und er wird weder dem einen noch dem anderen ganz entgehen, wenn er – wie er es eigentlich von Hause aus müsste – ohne Selbstbelügung oder Selbsttäuschung leben will.

C. G. Jung[10]

Es besteht kein Zweifel daran, dass die Annahme einer gesunden Gesinnung als philosophischer Grundsatz nicht genügt, weil die Tatsache des Bösen, die zu erklären sie sich weigert, eindeutig zur Realität gehört. Vielleicht ist diese Tatsache sogar der beste Schlüssel zum Sinn des Lebens und möglicherweise das Einzige, das uns die Augen für die tiefsten Ebenen der Wahrheit öffnet.

William James[11]

---

[10] *Erinnerung, Träume, Gedanken*, a. a. O., S. 333.
[11] James, William: *The Varieties of Religious Experience*.

Der erste Teil dieses Buches hat den Weg bereitet, indem wir angeleitet wurden, uns aufmerksamer zu beobachten. Wir sollten das irrationale, unglückliche Kind erkennen, das in jedem Menschen lebt, und die Masken, Selbsttäuschungen und Pseudolösungen sehen, mit denen wir versucht haben, das Leben zu bewältigen.

Im zweiten Teil wird das Böse in uns selbst als Quelle unseres Unglücks näher beleuchtet.

Es ist nicht leicht, das Böse in sich zu betrachten. Das zu tun erfordert viel Mut und Mitgefühl uns selbst gegenüber. Vielleicht sind Sie irgendwo mitten im Buch versucht, es wegzulegen und nicht mehr weiterzulesen. Ich habe sehr lange gebraucht, bis ich diesen Pfad wirklich betreten habe. Oft habe ich eine Lesung bestürzt weggelegt und nach einem Grund gesucht, sie nicht zu glauben. Ich stellte fest, dass meine eigenen Fehler und Mängel zu untersuchen nicht das Erfreulichste im Leben war.

Es fiel mir schwer, mich von der Theorie zu lösen und mich praktisch mit mir abzugeben. Ich glaubte, es sei wichtig, alle Menschen zu lieben, und predigte das manchmal auch. Dennoch stellte ich in der Praxis fest, dass mir das Leiden anderer häufig gleichgültig war, dass ich mich meinen Freunden gegenüber gehässig verhielt und zuweilen sogar grausam zu meiner Frau und meinen Kindern war. Vor allem aber übersah ich diesen Missklang meist und bemerkte den Widerspruch zwischen meinen Glaubenssätzen und dem tatsächlichen Verhalten nicht.

Ein Grund, weswegen ich lieber blind bleiben wollte, war der von uns allen geteilte Wunsch, sowohl emotionalen wie körperlichen Schmerz zu vermeiden. Dass ich bei einer echten Wahrheitssuche bereit sein musste, Schmerzen zu ertragen, die ich jahrelang erfolgreich unterdrückt hatte, beunruhigte mich.

Der Lohn dieser Arbeit? Erstens die Freude, die aus einem Leben in Wahrheit, ohne Maske und Heuchelei, hervorgeht. Zweitens die Erfahrung, dass sich hinter der Pforte, an der ich meinen Schmerz spüren musste, ein Leben auftat, in dem ich mich nicht mehr aus Angst vor Schmerz zurückzuhalten brauchte. In einer Pfadlesung werden noch andere Belohnungen beschrieben: »Es gibt einen Zustand ohne schmerzhafte, quälende Verwirrung, einen Zustand innerer Spannkraft, Zufriedenheit und

112

Sicherheit, der euch zu seliger Freude und zu tiefen Gefühlen befähigt, die ihr ausdrücken könnt, und wo ihr dem Leben angstrfrei begegnet, weil ihr keine Angst mehr vor euch selbst habt. Dann empfindet ihr das Leben und sogar seine Probleme als freudige Herausforderung.«[12]

Viele spirituelle Wege lehren, mit den großen und kleinen negativen Dingen im Leben so umzugehen, dass man sich darüber erhebe und sie transzendiere. Die Idee scheint zu sein, dass das niedere Selbst einfach verdorrt, wenn wir unsere Aufmerksamkeit stets auf das Wahre, Gute und Schöne richten. Der Pfad stellt fest, dass »sich darüber zu erheben« nicht funktioniert. Diese Methode ist Wunschdenken und führt zu Verdrängung sowie einem nicht eingestandenen Ausagieren. Der Pfad lehrt, das niedere Selbst sei umzuwandeln und nicht zu transzendieren.

Die Lesungen im zweiten Teil befassen sich aus verschiedenen Blickwinkeln mit diesem Thema. Dabei ist es wichtig, die unbewusste »Nein-Strömung« aufzuspüren, die unsere bewussten Wünsche sabotiert. Das fehlende Gleichgewicht zwischen Ich und wahrem Selbst wird beschrieben und wie der nicht gespürte Schmerz ein Hauptgrund für die eigene Negativität ist. Zudem wird gezeigt, wie das Lustprinzip an negative Ereignisse geknüpft ist, um das niedere Selbst am Leben zu erhalten. Keine Lesung beschreibt für sich allein die Funktionsweise des niederen Selbst angemessen. Alle zusammen aber vermitteln ein gründliches Verständnis seines Wesens und einen Ansporn, es zu verändern.

D. T.

---

[12] Pierrakos, Eva: *Der Pfad der Wandlung*, a.a.O., S. 20.

113

11

Das unbewusste »Nein« aufdecken

Ich begrüße euch, meine liebsten Freunde. Ich segne einen jeden. Gesegnet sei diese Stunde. Möge euch die Lesung helfen, ein weiteres Stück über euch zu entdecken, euer Bewusstsein zu erweitern und euer Verständnis für die Realität zu fördern.

Das Universum besteht bis zu einem gewissen Entwicklungs- oder Bewusstseinsgrad aus zwei Hauptströmungen: einer Ja-Strömung und einer Nein-Strömung. Die Ja-Strömung enthält die konstruktive Energie, weil sie im Einklang mit der wahrhaftigen Einsicht steht, die nur Liebe und Einheit hervorbringen kann. Die Nein-Strömung ist zerstörerisch, weil sie unbeabsichtigt von der Wahrhaftigkeit abweicht und dadurch Hass und Uneinigkeit erzeugt. Diese allgemeine Erklärung bezieht sich auf euer jeweiliges Alltagsleben wie auf erhabene Vorstellungen in der Schöpfungsgeschichte.

Es ist durchaus machbar, die Ja- und Nein-Strömungen des Alltagslebens in euch selbst aufzudecken, wenn ihr die Sprache eures eigenen Unbewussten verstehen und deuten lernt. Die Ja-Strömung ist in der Regel leichter zu erkennen, weil sie meistens bewusst ist. Doch wenn ihr ständig unerfüllt seid, könnt ihr sicher sein, dass beide Strömungen am Werk sind und ihr blockiert werdet. Bewusst ist die Ja-Strömung stärker und löscht die unbewusste Nein-Strömung aus. Unterdrückt ihr die

Nein-Strömung in der falschen Annahme, sie dadurch auszuräumen, wird sie stärker ins Unterbewusstsein gedrängt, wo sie ihre Arbeit weiterhin verrichtet. Je mehr dies geschieht, desto dringender und heftiger wird die Ja-Strömung. Die beiden Strömungen ziehen die Persönlichkeit in verschiedene Richtungen und erzeugen ständig große Anspannung. Diesen Konflikt kann man nur auflösen, wenn die Nein-Strömung aufgedeckt, ihre falschen Voraussetzungen verstanden und der Glaube an die Notwendigkeit ihrer Existenz allmählich aufgegeben wird.

In Lebensbereichen, in denen alles glatt läuft und ihr offensichtlich Glück habt, könnt ihr sicher sein, dass nahezu keine Nein-Strömung vorliegt und die Ja-Strömung ohne widersprechende Unterströmung dominiert. Anders ausgedrückt: Die Ja-Strömung ist nicht nur eine oberflächliche Haltung, sondern verkörpert euer gesamtes Wesen, ungeteilt und in Einklang mit der Realität. Eure Motivationen und Wünsche sind nicht gespalten.

Das Aufdecken der Nein-Strömung

Wo ihr jedoch wiederholt »kein Glück habt«, ist die Nein-Strömung unweigerlich in der einen oder anderen Form am Werk. Die zugrunde liegenden Ursachen variieren, müssen jedoch klar umrissen werden, um sie außer Gefecht zu setzen. Die meisten unter euch haben sie inzwischen wenigstens teilweise aufgedeckt.

Jedes bewusst angestrebte Ziel, das ihr nicht erreicht, ist ein Hinweis darauf, dass eine unentdeckte Nein-Strömung am Werk ist. Eure Bilder und Fehlannahmen sowie ihre Entstehungsgründe in der Kindheit verstanden zu haben, reicht nicht aus. Die Veränderung stellt sich erst ein, wenn ihr herausfindet, wie die Nein-Strömung weiterhin wirksam ist und damit gerade die Entwicklung verhindert, welche die Ja-Strömung so inbrünstig anstrebt.

Nehmen wir an, ihr wünscht euch eine bestimmte Erfüllung, die euch bisher noch nicht zuteil geworden ist. Ihr wart euch vielleicht eures starken Verlangens nach dieser Erfüllung bewusst und habt bei eurer Pfadarbeit unbewusste Fehlannahmen, falsche Schuldgefühle und zerstörerische Haltungen aufgedeckt, die diese Erfüllung vereiteln. Vielleicht

115

habt ihr sogar Angst vor der Wunscherfüllung und eine subtile Ablehnung entdeckt. Die Angst fußt vielleicht auf einer völlig illusorischen Voraussetzung und wäre dann unnötig. Vielleicht liegt sie im kindlichen Wunsch begründet, den notwendigen Preis für die Erfüllung nicht bezahlen zu wollen. Oder sie beruht auf dem Gefühl, dieses Glück nicht zu verdienen. Es kann an zahllosen weiteren Gründen liegen. Wie auch immer, grundsätzlich habt ihr herausgefunden, was euch im Wege steht. Nur denken meine Freunde selten daran, dass diese Entdeckung auch wirkt, wenn sie aufgespürt wurde. Das ist der wichtige Teil der Arbeit, ohne den sich eine tatsächliche Befreiung nicht erzielen lässt.

Angesichts dieser Tatsachen ist es erforderlich, euch weiterhin täglich um das Aufdecken der Nein-Strömungen zu bemühen. Sie können sich unglaublich subtil, diffus und allzu flüchtig äußern. Wenn ihr entschlossen seid, wird das einst so Verschwommene offensichtlich werden und sich klar und deutlich abheben. Ihr werdet bemerken, wie ihr beim Gedanken an Erfüllung jedesmal leicht zurückschreckt. Ihr entdeckt vielleicht eine vage, vertraute Unsicherheit, die ihr früher weggeschoben habt. Ist das Gefühl Angst oder falsche Schuld, weil ihr die Erfüllung nicht verdient? Hinterfragt Gefühlseindrücke im Licht des Bewusstseins, prüft die entfernte Fantasie, wenn anscheinend nur die Ja-Strömung am Werk ist. Wünscht ihr euch dabei das Unmögliche und zieht die menschlichen Unvollkommenheiten nicht in Betracht? Oder habt ihr das vage Gefühl, das Leben sollte euch die ideale Erfüllung liefern, ohne dass Veränderung, Anpassung und Aufgeben euerseits erforderlich wären? Diese weit verbreitete Haltung ist zuweilen ausnehmend subtil und erfordert euer ganzes Unterscheidungsvermögen, um entdeckt zu werden.

Macht ihr euch die ständig wirkende Nein-Strömung bewusst, schwindet die Hoffnungslosigkeit, und ein Ausweg rückt in Sicht. Ihr versteht dann, weshalb sich euer Leben trotz vieler Einsichten in Bilder und Kindheitslektionen noch nicht verändert hat. Die destruktiven Gefühle im Dienst der Nein-Strömung sind: Angst, Schuld, Zorn, Frustration, Feindseligkeit. Diese Gefühle schwären noch, sind aber häufig kunstvoll getarnt oder werden durch anscheinende Provokationen gerechtfertigt und »erfolgreich« auf andere projiziert. Diese Mechanismen zu entlarven heisst die Sprache des Unbewussten zu erlernen.

116

Sehen wir uns nun das Aufdecken einer Nein-Strömung konkreter an. Ihr wisst vielleicht schon, dass sie da ist, wenn ihr im Leben weiterhin frustriert seid, obwohl ihr wichtige Bilder aufgespürt habt. Vielleicht hängt ihr verzweifelt an eurer Ja-Strömung, weil ihr fürchtet, die Erfüllung werde sich nie einstellen. Habt ihr auf diese Weise festgestellt, dass eine Nein-Strömung existieren muss, fragt es sich nun, wie ihre jeweilige Wirkung erfahren werden kann.

Zur besseren Wahrnehmung ist die Tagesrückschau überaus nützlich. Es gilt, Beobachtung und Befragung eurer Gefühlsreaktionen auf dem Pfad zu erweitern und zu vertiefen, statt sie immer seltener anzuwenden. Verläuft euer Fortschritt richtig, beobachtet ihr immer mehr, nicht weniger. Die genaue Untersuchung eurer Gefühle ist eine vorrangige Anforderung.

Um produktiv zu beobachten, wie sich das Unterbewusstsein äußert, ist es unabdingbar, den gesunden Teil in euch vom ungesunden, verwirrten Teil zu trennen. Die losgelöste Beobachtung von etwas Undurchsichtigem, Seltsamem ist das heilsamste Vorgehen auf dem Pfad der Befreiung. Wenn eure Ja-Strömung die Nein-Strömung ohne heftige Selbstanschuldigungen betrachtet, kann die Nein-Strömung in eine präzise Sprache übersetzt werden. Eine präzise Formulierung von zuvor nur vagen Gefühlen ist unglaublich wertvoll und im Anfangsstadium des Pfades von besonderer Bedeutung.

Die Beobachtung halbbewusster Gedanken

Irrtümlicherweise seid ihr davon überzeugt, dass es bei dem Verständnis der Geschehnisse in eurem Unterbewusstsein lediglich um das Aufspüren bislang unbekannter Elemente geht. Ihr braucht nicht auf etwas Entferntes, vollkommen Verstecktes zu warten. Richtet eure Aufmerksamkeit auf jene Schichten, die leicht zugänglich sind. Dabei handelt es sich um halbbewusste Gedanken, um diffuse Haltungen und Äußerungen, die euch schon fast zur zweiten Natur geworden sind und deshalb leicht übersehen werden. Doch davon habt ihr nichts in klare, präzise Gedanken gefasst. Beobachtet ihr diese halbbewussten Reaktionen in den Problembereichen eures Lebens, erfahrt ihr alles, was ihr über euch wissen müsst. Das ist ein lebenswichtiger Teil beim Erlernen der Sprache eures Unbewussten.

117

Zum halbbewussten Stoff gehören sowohl unmittelbare Gefühlsreaktionen wie auch euer Fantasieleben. Der Vergleich beider Bereiche offenbart meist eure Diskrepanzen, Widersprüche und unreifen Erwartungen.

Je klarer ihr seht, wie ihr die ersehnte Erfüllung wegschiebt oder euch zurückzieht, desto näher rückt das Ausräumen der Nein-Strömung. Ihr schwächt sie, indem ihr sie einfach beobachtet.

Achtet auf die genaue Form eurer Nein-Strömungen. Eine bestimmte Meditation kann euch dabei helfen. Kommt zur Ruhe, entspannt euch völlig und beobachtet eure Gedanken, auch euer anfängliches Unvermögen. Versucht, die Gedanken kurze Zeit von euch fern zu halten. In dieser Leere kann bislang unterdrücktes Material auftauchen, wenn ihr es euch fest genug wünscht und nicht vor der Bemühung zurückschreckt, die zum Erlangen dieses Zieles erforderlich ist. Zuerst seht ihr, wie zerstörerische Elemente erscheinen, doch dann werdet ihr die konstruktiven Seiten, die tief im Inneren verborgen sind, nutzen können.

Euer Unterbewusstsein spricht unablässig, ohne dass ihr es hört. Deswegen kommuniziert ihr nicht mit ihm, und ein wichtiger Teil eurer Arbeit entgeht euch. Häufig versucht ihr noch, falsche Auffassungen intellektuell zu verstehen, und überseht dabei den steten Fluss der Nein-Strömung mit ihrer Wirkung. Die Selbstbeobachtung sollte zu eurer Aufgabe werden. Widmet ihr diesem umfassenden Thema täglich etwas Zeit, werdet ihr wunderbare Resultate erzielen.

1. Fragt euch: Was ist mein Ziel? Wobei bin ich unbefriedigt? Was möchte ich anders haben?

2. Wie sehr will ich das?

3. In welchem Maß steckt etwas in mir, das dies nicht will? Oder fürchtet? Oder aus irgendeinem anderen Grund nein dazu sagt?

4. Wie kann ich die verschiedenen Formen und Äußerungen der Nein-Strömung in meinem Alltag aufdecken?

Formuliert ihr diese Fragen klar und seid ihr bestrebt, sie wahrheitsgemäß zu beantworten, kommt eure Arbeit auf dem Pfad in Bewegung. Ihr werdet über euren Fortschritt staunen und euch daran freuen.

Seid alle gesegnet, Körper, Seele und Geist. Seid in Frieden, meine liebsten Freunde. Seid in Gott.

118

12

Der Übergang von der Nein- zur Ja-Strömung

Ich grüße euch, meine Freunde. Gott segne euch alle. Gesegnet sei diese Stunde.

Viele Menschen glauben, eine positive Haltung gegenüber dem Leben bedeute, das Negative in sich zu ignorieren. Nichts könnte der Wahrheit weniger entsprechen. Das heißt Wachstum und Entfaltung missverstehen. Es ist unmöglich, eine wahrheitsgemäße Auffassung anzunehmen und die alten, nicht wahrheitsgemäßen zu ersetzen, ohne zu verstehen, weshalb sie der Wahrheit nicht entsprechen. Der wahre Ansporn zur Veränderung stellt sich nicht ein, ehe man das Zerstörerische eines falschen Bildes gesehen und dessen Folgen für sich und andere beurteilt hat. Nur das bringt euch dazu, eure ganze Kraft einzusetzen, um eine Veränderung herbeizuführen. Ein diffuses Wissen um die allgemeinen Grundsätze dieses Vorgangs reicht nicht aus, wenn ihr es mit einer nachhaltigen Nein-Strömung zu tun habt.

Ihr sagt selbst »nein«

Entdeckt ihr, wie ihr »nein« zu einem bestimmten Wunsch oder einer ersehnten Erfüllung sagt, dann befindet ihr euch in einer wichtigen Phase in eurer Gesamtentwicklung. Nach einer solchen Entdeckung seid ihr nie mehr, was ihr vordem wart. Zum ersten Mal versteht ihr, dass ihr nicht von Umständen abhängig seid, die außerhalb eurer Kontrolle liegen, dass ihr kein verfolgtes Opfer eines ungerechten und unfreundlichen Schicksals seid, dass ihr nicht in einer chaotischen Welt lebt, in der das Gesetz des Dschungels am angemessensten erscheint. Solche Erkenntnisse führen von der falschen Vorstellung einer strafenden oder belohnenden Gottheit weg, wie von der Annahme, es gebe keine Ordnung und keine höhere Intelligenz im All. Wenn ihr entdeckt, dass ihr genau zu dem »nein« sagt, was ihr euch am sehnlichsten wünscht, könnt ihr nicht mehr unsicher und voller Angst sein oder an der Annahme festhalten, ihr hättet kein Glück und wäret minderwertig. Plötzlich ist die göttliche Ordnung zum Greifen nahe. Das ist in der Tat eine wunderbare Erfahrung, auch wenn ihr es zuerst vielleicht noch nicht schafft, sie festzuhalten. Euer Verständnis wächst und ihr werdet euch bewusst, dass euer Unglück und Unerfülltsein keine Folge einer entfernten Ursache ist, sondern die direkte Folge einer nahen Ursache, wenn ihr nur hinsehen wollt. Natürlich muss man üben, verborgene emotionale Reaktionen oder subtile, flüchtige Gefühlsregungen wahrzunehmen. Habt ihr euch geistig daran gewöhnt, diese Äußerungen zu beobachten, ist das Gewahrsein nicht mehr fern. Das »Nein«, das nur ihr erkennen könnt, ist dann genauso klar wie die Gegenstände in eurer Umgebung, die ihr berühren, in die Hand nehmen und ansehen möchtet.

Dieses Nein findet sich nicht durch oberflächliches, leichtfertiges Bemerken. Gestattet euch, seine volle Wirkung und Bedeutung zuzulassen, indem ihr zuerst zugebt, dass es überhaupt da ist. Dann ermittelt ihr, weswegen es da ist und auf welchen konkreten Fehlannahmen es beruht. Dabei machen Hoffnungslosigkeit und Mutlosigkeit einer echten und nicht einfach übergestülpten Hoffnung sowie einer positiven Lebenshaltung Platz.

Bevor ihr den Bereich verdeutlicht, in dem sich die Nein-Strömung auswirkt, wird diese versuchen, sich gegen das Aufdecken und Verändern zu wehren. Einige meiner Freunde haben bereits festgestellt, dass in dem Augenblick, in dem sie ihren Widerstand gegen ein bestimmtes Stadium der Arbeit erfolgreich bekämpft hatten, das entsprechende Nein zu einer allgemeinen Lebenssituation auftauchte. Während ein heftiges, hoffnungsloses Ja auf der bewussten Ebene lärmt, schreit und bebt, vereitelt das Nein jede Bemühung und lässt das Ganze wahrhaft hoffnungslos

120

erscheinen. Die Versuchung steigt, sich dem echten Problem gegenüber blind zu stellen, zu projizieren und zu verschieben. Dann verschwimmt die Erinnerung an vergangene Siege leicht: an richtige Gebete; an Meditation und Tagesrückschau; an die konkrete Formulierung von Verwirrendem, unbeantworteten Fragen, ungemütlichen Gefühlen und deren Inangriffnahme, wenn sie den Weg versperren; an die Bitte um Hilfe; an die Stärkung des inneren Willens, um die Wahrheit über sich zu erkennen, und die Bereitschaft, sich zu ändern; an das Wahrnehmen des inneren Nein während dieser Bemühungen; an den einzig produktiven Umgang mit dem Nein, nämlich in der Absicht, die Wahrheit der jeweiligen Frage zu erkennen und zu verstehen.

Sich der Wahrheit zu öffnen ist ein entscheidender Schritt auf dem Weg, die Persönlichkeit in die Ja-Strömung zu bringen. Die Wandlung der Charakterstruktur und falschen Prägungen oder Bilder ist kaum möglich, solange man nicht versteht, weshalb eine solche Veränderung wirklich wünschenswert ist. Daher lässt sich der Pfad in zwei Hauptstadien unterteilen. Zuerst gilt es, die göttliche Hilfe zu erbitten, um die Wahrheit zu erkennen. Dann heißt es, um die Kraft, das Durchhaltevermögen und die Fähigkeit zur Veränderung zu bitten. Diese Grundwünsche, die beide zur großen Ja-Strömung gehören, müssen im Alltag, in Reaktionen, Gedanken und Gefühlen gepflegt werden.

Als wir die Bilder besprachen, habe ich auch die Seelensubstanz erwähnt, den Stoff, in dem die menschliche Sicht und Lebenshaltung registriert werden. Stammen diese Haltungen aus einem wahrheitsgetreuen Eindruck und dominiert der konstruktive Charakter, formt sich die Seelensubstanz so, dass das Leben des Betreffenden sinnvoll, erfüllend und glücklich ist. Gehen die Eindrücke jedoch von falschen Schlussfolgerungen aus, erzeugen die Grundformen in der Seelensubstanz ungünstige, zerstörerische Situationen. Das Schicksal des Menschen ist nicht mehr und nicht weniger als die Summe seiner Persönlichkeit. Was er äußert und ausströmt, bestimmt wiederum, wie die Seelensubstanz von Realem oder nicht Realem geformt wird. Das menschliche Bewusstsein ist der Bildhauer, die Seelensubstanz das geformte Material. Die Gesamtpersönlichkeit mit all ihren Ebenen bestimmt das Schicksal. Besitzt jemand auf einigen Persönlichkeitsebenen eine gesunde, konstruktive, realistische,

121

wahrheitsgetreue Vorstellung, während andere Ebenen das Gegenteil äußern, beeinflusst dieser Widerspruch die Seelensubstanz negativ, sogar wenn die positive Haltung stärker und bewusster hervortritt. Deswegen ist es außerordentlich wichtig, dass die verborgenen Bereiche der Seelensubstanz aufgedeckt werden. Anhand der Eindrücke kann man verstehen, weshalb die erwünschte Erfüllung im Leben noch nicht stattgefunden hat.

Einige meiner Freunde auf dem Pfad haben entdeckt, dass sich in diesen verborgenen Bereichen ein Nein aufhielt, das sie nie zuvor verspürt hatten. Dabei waren sie überzeugt, mit ihrem ganzen Wesen das Unerfüllte anzustreben oder zumindest keine unerwünschte Erfahrung zu wollen. Allein schon die Andeutung einer unbewussten gegenteiligen Bestrebung wäre ihnen grotesk erschienen.

Solch ein Nein hängt mit dem ursprünglichen Bild zusammen, mit der falschen Vorstellung, die die Seelensubstanz geprägt hat. Die irrige Annahme führt dazu, dass man das, was man am meisten möchte, ablehnt und sich unterschwellig so verhält, dass dies bestätigt wird. Seid ihr beispielsweise der Auffassung, ihr würdet nicht genügen und könntet keinen Erfolg haben, führt diese Überzeugung dazu, dass ihr euch tatsächlich unangemessen verhaltet. Ihr werdet den Erfolg sogar fürchten, weil eure Überzeugung, ihm nicht gerecht zu werden, ihn abschreckt. Erst wenn ihr das Nein mit euren offensichtlichen wie unterschwelligen Äußerungen aufdeckt, werdet ihr verstehen, dass ihr nicht deswegen keinen Erfolg habt, weil ihr tatsächlich unzulänglich seid, sondern weil ihr das glaubt und jedes Ereignis fürchtet, das euch auf die Probe stellen könnte.

Von einer eingefleischten Nein-Strömung zu einer Ja-Strömung zu wechseln ist nur möglich, wenn der gesamte Vorgang wirklich verstanden wird, wenn das unterschwellige Zurückweichen vor einem Ziel beobachtet und schließlich verändert wird, bis ihr sagen könnt: »Ich will dieses Ziel von ganzem Herzen erreichen. Ich habe nichts von ihm zu befürchten.« Darüber zu meditieren, weshalb es nichts zu befürchten gibt, weshalb die alte Angst falsch war und weshalb die neue Haltung Lebenserfahrungen gegenüber vollkommen sicher ist, stellt den letzten Schritt beim Wechsel von einer Nein- zu einer Ja-Strömung dar. Das sollte täglich in

122

der Meditation geübt werden, um in der Seelensubstanz eine neue Form zu schaffen, die in ihrer flexiblen, leichten, wahrheitsgetreuen Art die alte, starre, schwere, nicht wahrheitsgetreue auslöscht.

Der Vergleich zwischen positiv und negativ

Auf diesem Pfad habt ihr gelernt, euer Leben anhand des bereits erreichten Fortschritts zu überdenken und nicht nur festzustellen, inwiefern ihr über alte Hindernisse hinausgewachsen seid, sondern auch, was noch zu leisten bleibt. Betrachtet ihr die noch unerfüllten Bereiche eures Lebens und sucht nach der darunter liegenden Nein-Strömung, dann hilft es, diese Bereiche mit denjenigen Aspekten eures Lebens zu vergleichen, in denen ihr zufrieden seid. Dort liegt die Ja-Strömung zugrunde. Vergewissert euch, dass dieses Gute euer ist und euch zur Verfügung steht, es keinerlei Schwierigkeiten bereitet noch verloren gehen könnte. Es wäre auch klug, diejenigen Bereiche zu erforschen, in denen ihr euch verdient gemacht habt und wo ihr bereit seid, den Preis des Gebens zu bezahlen. Wie weit weicht eure Haltung in den gesunden Bereichen von euren Gefühlen und Erwartungen in den nicht erfüllten Bereichen ab? Solche Vergleiche sind ein sehr nützliches Unterfangen und tragen sehr zu eurem Verständnis bei. Spürt den Unterschied zwischen der Art, wie ihr an gesunde, erfüllte und glückliche Situationen herangeht und jenen, in denen ihr ständig einem frustrierenden, unglücklichen Muster begegnet.

Ihr entkommt unmöglich der Nein-Strömung, solange ihr euch an die Überzeugung klammert, euer Problem habe nichts mit euch zu tun, und glaubt, ihr wäret unfähig, etwas an eurem Dilemma zu ändern. Wenn ihr aber begreift, dass ihr selbst – mit eurem Willen und eurer Entschlossenheit – der entscheidende Faktor seid, ist das Ende eures Leidens nahe. »Ich will diese Situation verändern. Um das zu tun, muss ich genau wissen, was gerade den Weg versperrt. Ich weiß, dass die konstruktiven universellen Kräfte mir helfen und mich führen, wenn ich mich entscheide, etwas zu unternehmen. Ich will für alles bereit sein, was auftaucht.« Sagt diese Sätze, und was unmöglich erschien, wird plötzlich machbar. Ohne entspannte Meditation, Konzentration und ein Minimum an täglicher Selbstbeobachtung geht es aber nicht. Das sind die Werkzeuge. Sie adäquat einzusetzen gehört zu eurem Wachstumsprozess.

Ich habe immer wieder erwähnt, dass nichts an sich richtig oder falsch, gesund oder ungesund, konstruktiv oder destruktiv ist. Dasselbe gilt bei dem Spüren, Erfahren und Ausdrücken der »Ich-will-«Haltung in Bezug auf eine bestimmte Erfüllung. Die bloße Tatsache, dass es sie gibt, ist keine Gewähr dafür, dass euer Wunsch eine Ja-Strömung darstellt. Abgesehen von einem entgegengesetzten, unbewussten Wunsch kann ein solches »Ja« der Gier, Angst oder übermäßigem Ehrgeiz entspringen, die alle Folgen einer Nein-Strömung sind. Ohne Nein-Strömung bestünde kein Zweifel daran, dass ihr es bekämet, und ihr hättet daher keine Angst, es nicht zu bekommen. Ihr braucht nicht gierig zu sein, sobald ihr euch mit der Wahrheit der kosmischen Kräfte in Einklang befindet, fließt die Ja-Strömung in euch ganz natürlich. Ihr könnt dieses »ich will« vorbehaltlos in die Ja-Strömung geben.

Ja oder nein, »ich will« oder »ich will nicht« lassen sich nur als Äußerungen der Ja- oder Nein-Strömung bestimmen, wenn ihr diese Wünsche genau beobachtet und jegliches störende Gefühl darin erkennt.

Ich habe häufig erwähnt, dass *das Ergebnis der Pfadarbeit die Verbindung mit dem göttlichen Funken oder eurem wahren Selbst* ist. Einige meiner Freunde erleben diese unbeschreibliche Erfahrung. Die damit einhergehende Sicherheit, Geborgenheit, Wahrheit und Harmonie lohnen jede Anstrengung, die Widerstände zu überwinden. Das wahre Selbst allein kann euch wahrhaft führen. Doch der Ich-Geist steht meistens im Weg. Er glaubt, es gebe nur ihn, und nur er bestimme. Doch jetzt muss er dem umfassenderen Geist eures Lebens den Vortritt lassen. Lasst euer innerstes Selbst, die größere Intelligenz in euch, auf diese Verwirrung antworten und euch zur Wahrheit führen, die es über euch zu erfahren gilt. Lasst euch stärken, um eure falschen Bilder zu verändern und euch beim Wechsel von der Nein- zur Ja-Strömung zu helfen, deren Versprechen sich immer erfüllen werden.

Das Problem durchsprechen

Dinge durchzusprechen hat sich schon in früheren Stadien der Arbeit als nützlich erwiesen. Die Beschreibung, wie euer Hindernis aussieht, welche Ausmaße es hat und den Grund für die beobachtete Nein-Strömung zu benennen, ist von größerem therapeutischem Wert, als ihr jetzt verstehen

124

könnt. Mit jemandem darüber zu sprechen gibt den Dingen Form, und ihr erlangt eine Klarheit, die durch bloßes Nachdenken und Aufschreiben nicht geleistet werden konnte. Meist ist es unmöglich, alleine zu Einsichten zu gelangen und sie zu formulieren, wie es ein Unbeteiligter vermag, weil ihr zu tief drinsteckt. Das Problem auszusprechen lindert den Druck, was wertvolle Energie freisetzt. Ihr seht die Dinge in einem anderen Licht, und etwas verändert sich langsam in euch, noch bevor ihr es merkt. Es kommt in Gang, wenn ihr bewusst euer göttliches Selbst um Antworten und Führung bittet und die Bereiche, in denen ihr Druck verspürt, »aussprecht«. Die Wirkung dieser beiden wichtigen Tätigkeiten erlebt jeder, der diesem Rat folgt.

Damit sich die Ja-Strömung in einem Lebens- oder Persönlichkeitsbereich äußert, muss euer gesamtes Wesen aus einem Guss sein. Euer Bewusstsein lässt sich nicht aufteilen, wobei verschiedene Ebenen durchaus verschiedene Ziele, Meinungen, Vorstellungen und Gefühle äußern. Die Ja-Strömung kann sich nicht manifestieren, indem ihr sie euch einredet. Viele Systeme und Ansätze versuchen, die Ja-Strömung dem Bewusstsein gewaltsam überzustülpen. Dann schöpfen die Fehlgeleiteten vorübergehend Hoffnung und ernten einen zweifelhaften Erfolg. Er ist jedoch von Dauer, wenn nicht alle Ebenen eures Seins mit einem einzigen Inhalt erfüllt sind und ihr keine Zweifel und Ängste mehr hegt. Teile der Charakterstruktur müssen wahrhaft umgewandelt oder, um mit Jesus zu sprechen, »neugeboren« werden.

Wenn ihr im Einklang mit der Ja-Strömung den Zustand des Einsseins mit euch selbst, mit eurem innersten göttlichen Selbst, erlangt, habt ihr nichts zu fürchten. Ihr steht auf festem Boden.

Nichts steht einem erfüllten, reichhaltigen Leben im Wege. Das sind keine leeren Versprechungen. Alle erforderlichen Mittel werden euch gegeben, aber ihr allein müsst sie nutzen. Diejenigen unter euch, die stetig Fortschritte machen und tagein, tagaus gegen das Nein im Inneren kämpfen, sind zunehmend davon überzeugt, dass sie aus dem Eingesperrtsein und der Dunkelheit in die Freiheit und das Licht treten. Wer immer behauptet, er habe sein Bestes gegeben, aber keinen Erfolg damit gehabt, entspricht nicht der Wahrheit. Er leidet unter Selbsttäuschung. Er strengt sich vielleicht in unwichtigeren Bereichen an, weigert sich aber,

125

den Tatsachen ins Auge zu sehen, wo sie am meisten schmerzen und wo es immer noch an Freiheit fehlt.

Hat jemand hierzu Fragen?

FRAGE: Ich habe das Gefühl, die Nein-Strömung existiert bei mir innen und außen. Alles ist Nein. Gibt es eine Hilfe, den Grund dafür zu verstehen?

ANTWORT: Ja, der Grund ist folgender: Du fürchtest, dass du dich, wenn du nicht nein sagst, einer bestimmten Unzulänglichkeit oder Scham ausgesetzt siehst. Es sind natürlich keine wirklichen Unzulänglichkeiten und keine wirkliche Scham, aber unbewusst glaubst du das. Das Nein scheint dich der Notwendigkeit zu entheben, näher hinzuschauen. Du spürst das möglicherweise noch nicht, aber du wirst es erkennen, wenn du mit deiner Pfadarbeit fortfährst. Dann wird es dir leichter fallen, dich deinem inneren Feind, dem Nein, zu stellen.

Für die unmittelbare Arbeit gebe ich dir folgenden Rat: Nimm irgendeines der vielen kleinen Neins, die bei der alltäglichen Arbeit auftauchen, in deine Meditation auf, wo du allein, friedlich und entspannt bist. Formuliere mit deinen Worten: »Weshalb sage ich nein? Ich habe die Macht, nicht nein zu sagen. Jetzt sage ich ja dazu, meine Neins wirklich und wahrhaft herausfinden zu wollen.« Konzentriere dich jeweils auf eines. »Aus ganzem Herzen sage ich ja dazu, dieses Nein verstehen zu wollen.« Zuerst wirst du eine starke Abwehr verspüren, aber da du das erwartest, bist du auf sie vorbereitet und lässt dich nicht davon abbringen. »Die Wahrheit kann mir nicht schaden, auch wenn sich etwas Unwissendes in mir dagegen sträubt. Es hat keine Macht darüber, wie ich meinen Willen und meine Bemühungen lenke. Gerade dieses Nein hat mir viel Destruktives und Elend gebracht, und ich lasse nicht zu, dass es mich noch länger beherrscht. Ich nehme die Zügel in die eigenen Hände und sage ja.« Wiederhole das eine Weile täglich und öffne dich dem, was entsteht.

Wenn du so meditierst und die göttlichen Kräfte in dir für dich gewinnst, erlebst du eine große Wandlung. Das erste Mal ist es schwierig, aber mit etwas Ausdauer wird es leichter und zeitigt mehr Ergebnisse. Ich

126

bitte dich, an die vielen Male auf diesem Pfad zurückzudenken, als du in einem erbitterten, angstvollen Nein stecktest. Nachdem du es überwunden hattest, entsprachen Erleichterung und Befreiung, neue Energie, mehr Verständnis und Gesundheit sowie die Einsicht und Gewissheit darum, dass deine Angst völlig grundlos war, dem Maß an Angst und Widerstand, die du hegtest. Nutze deinen beträchtlichen Fortschritt, statt zuzulassen, dass du wieder in Untätigkeit abrutschst. Dann wirst du den größten Sieg und die größte Befreiung bislang erleben. Folgst du diesem Rat, wirst du den Wandel von der absteigenden Kurve einer Nein-Strömung zur aufwärts weisenden lebensspendenden Ja-Strömung vollziehen.

Meine liebsten Freunde, ihr seid alle gesegnet. Mögen diese Worte mehr als Worte sein, mögen sie zu den Werkzeugen werden, als die sie gedacht sind. Dann werdet ihr euch endlich gestatten, glücklich zu sein, und nicht länger vor der Erfüllung zurückweichen. Seid in Frieden. Seid in Gott!

13

Das Ich im Verhältnis zum wahren Selbst

Ich grüße euch, meine liebsten Freunde. Seid gesegnet und geführt, so dass ein jeder unter euch den Pfad leichter findet und das Ziel mit weniger Kampf und Widerstand erreicht.

Was ist das Ziel? Das Ziel kann, was euch betrifft, nur eines sein: euer wahres Selbst zu werden.

Zuerst möchte ich darauf eingehen, wie das innere Selbst sich vom äußeren Selbst oder das wahre Selbst sich vom Ich unterscheidet. In welcher Beziehung stehen sie zueinander? Es gibt viele verwirrende Theorien über die Funktion des Ich. Einige sagen, das Ich sei grundsätzlich negativ und unerwünscht. Das spirituelle Ziel bestehe darin, es loszuwerden. Andere Theorien, insbesondere psychoanalytische Lehren, besagen, das Ich sei wichtig und ohne Ich könne es keine geistige Gesundheit geben. Dies sind zwei völlig entgegengesetzte Ansichten. Welche trifft zu? Welche nicht?

Rekapitulieren wir kurz das Wesen des wahren Selbst. Euer inneres Selbst ist ein integraler Teil der Natur und an deren Gesetze gebunden. Es wäre unvernünftig, diesem innersten Selbst nicht zu vertrauen, denn auf die Natur ist vollkommen Verlass. Erscheint euch die Natur als Feind, dann versteht ihr ihre Gesetze nicht. Das innere oder wahre Selbst ist Natur, Leben, Schöpfung. Diese Definition ist treffender als zu sagen, es sei »ein Teil« der Natur. Das wahre Selbst und die Natur sind ein und dasselbe.

Jedesmal, wenn ihr aus eurem wahren Selbst heraus wirkt, seid ihr in der Wahrheit und froh. Die kreativsten, konstruktivsten Beiträge stammen aus dem inneren Selbst. Alles Große und Großzügige, alles Lebenserweiternde, Schöne und Weise entspringt dem inneren oder wahren Selbst.

Die Notwendigkeit eines starken Ich

Welche Funktion besitzt dabei das Ich, die äußere Ebene der Persönlichkeit? Die Ich-Ebene ist für euch zugänglicher, ihr seid euch ihrer unmittelbar und direkt bewusst. Das Ich denkt, handelt, unterscheidet und bestimmt. Ein Mensch, dessen Ich nicht ausreichend entwickelt ist, kann das Leben nicht meistern. Ein Mensch, dessen Ich zu stark gewachsen und betont ist, kann das wahre Selbst ebenfalls nicht erreichen. Beide Extreme, sowohl Ich-Schwäche wie ein aufgeblasenes Ich, sind zum Erreichen des wahren Selbst hinderlich.

Erst wenn das Ich entsprechend ausgebildet ist, kann man angemessen darauf verzichten. Das klingt vielleicht wie ein Widerspruch, meine Freunde, aber das ist es nicht. Denn bei einem unterentwickelten Ich führen eure Bemühungen, es zu kompensieren, zu Schwäche und Ausweichen, was wiederum Schwäche erzeugt. Solange das Ich nicht stark genug ist, fehlen euch die für euer äußeres Selbst typischen Fähigkeiten: In jeder Situation der Außenwelt adäquat zu denken, zu unterscheiden, zu entscheiden und zu handeln.

Jeder, der das wahre Selbst erstrebt, indem er die Entwicklung eines gesunden Ich ablehnt, tut dies aus Armut. Ein solcher Mensch besitzt sein äußeres Selbst noch nicht. Das mag an Trägheit liegen, denn die Entwicklung des Ich ist schwierig, oder daran, dass er diesen lebenswichtigen Schritt einfach umgehen zu können hofft. Dieser Irrtum aber ist, wie alle anderen, kostspielig und verzögert das Erreichen des Ziels. Nur wenn ihr über euer äußeres Selbst oder Ich komplett verfügt, könnt ihr darauf verzichten und euer wahres Selbst finden.

Ist das Ich gesund und stark, erkennt ihr, dass es nicht die letztendliche Antwort, den letzten Seinsbereich darstellt. Erst ein starkes, gesundes Ich, das weder zu stark noch zu betont ist, kann über sich selbst hinauswachsen und ein nächstes Bewusstseinsstadium erreichen.

Bei eurer Pfadarbeit lernt ihr durch Meditation alle Fähigkeiten eures Ich zu nutzen, um darüber hinauszugehen. Was ihr von außen aufnehmt, muss zuerst eure Ich-Fähigkeiten passieren. Setzt diese Fähigkeiten ein, um Wahrheiten zu begreifen, die ihr später auf einer tieferen Bewusstseinsebene erfahrt.

Über das Ich hinausgehen

Es gibt viele Menschen, denen nicht klar ist, dass es irgendetwas jenseits des Ich gibt. Sie haben die Kultivierung eines starken Ich zum Ziel. Diese Bestrebung kann zur Verzerrung eines überentwickelten Ich führen. Statt das Stadium des starken Ich zu transzendieren, werden die Energien dazu eingesetzt, es noch mehr aufzublasen.

Meine Freunde, es ist außerordentlich wichtig, das Gesetz zu begreifen, dass *ihr ein bestimmtes Stadium erreichen und vollständig dort sein müsst, bevor ihr es verlassen und zu einem höheren Stadium fortschreiten könnt*. Die Menschen übersehen das häufig oder ignorieren es. Die Bedeutung dieses Gesetzes ist der Menschheit trotz zahlreicher spiritueller und psychologischer Entdeckungen noch nicht klar genug geworden.

Eine Variation dieses Gesetzes lässt sich im besprochenen Thema erkennen: Die Funktion des Ich im Verhältnis zum wahren Selbst. Das wahre Selbst weiß, dass das Universum keine Grenzen kennt, dass eine absolute Vollkommenheit tatsächlich existiert und dass jeder sie erlangen kann, dass eine grenzenlose Erweiterung von Fähigkeiten und Kräften, sowohl im Universum wie beim Einzelnen, diese Vollkommenheit ermöglicht.

Der Säugling besitzt bei seiner Geburt noch kein Ich. Deshalb ist diese Botschaft vom wahren Selbst deutlich wahrnehmbar. Ohne Ich jedoch wird der Sinn der Botschaft unweigerlich verzerrt. Vielleicht habt ihr das kindliche Streben nach Perfektion, Allmacht, höchster Lust, endloser Glückseligkeit ohne Mangel, Unerfülltheit oder Frustration auch schon in euch selbst erfahren.

Ohne Ich ist ein solches Streben unrealistisch, ja sogar zerstörerisch. Manche von euch haben bei der Pfadarbeit erkannt, dass diese Wünsche und Bestrebungen zuerst abzulegen sind, bevor sie erneut aufgenommen und realisiert werden können.

Ein jeder muss auf diesem Pfad die Begrenzungen als Mensch akzeptieren, bevor er zu erkennen vermag, dass ihm eine nie versiegende Quelle der Macht zur Verfügung steht. Ihr müsst eure eigenen Unvollkommenheiten sowie die des Lebens akzeptieren, bevor ihr jene absolute Vollkommenheit erlebt, die euch bestimmt ist. Doch das begreift ihr erst, nachdem ihr die kindliche Verzerrung dieses Wissens abgelegt habt. Erst wenn euer Ich adäquat mit dem Bereich umgeht, in dem eure Persönlichkeit und euer Körper gerade leben, könnt ihr euer wahres Potenzial erfassen.

Wenn ich von der Vervollkommnung, der grenzenlosen Macht, der höchsten Lust spreche, meine ich nicht, dass diese sich in einer fernen körperlosen Zukunft verwirklichen. Ich erwähne diesen Zustand nicht im Hinblick auf Zeit, sondern auf Qualität. Er kann jeden Moment eintreten, wenn ihr zur Wahrheit erwacht. Das ist jedoch nur möglich, wenn ihr die kindlichen Verzerrungen äußerster Vollkommenheit, Macht und Lust aufspürt und ablegt. Beim unentwickelten Ich sind diese Wünsche nicht nur trügerisch, sondern auch selbstsüchtig und zerstörerisch. Sie müssen aufgegeben werden, bevor man sie erlangen kann.

Meine liebsten Freunde, diese Lesung ist für euch alle sehr wichtig. Vielleicht zerstreut sie nicht nur die Verwirrung über sich widersprechende Lebensphilosophien, sondern liefert einen wichtigen Schlüssel zu eurer Entwicklung und erleichtert ein Loslassen, das erst zustande kommt, wenn ihr auf euer innerstes Selbst als integralen Teil der Natur und Schöpfung vertraut.

Erlebt ihr euer wahres Selbst, werdet ihr die Ich-Fähigkeiten nicht mehr überbetonen noch eure wichtigen unterentwickelten Ich-Fähigkeiten weiterhin vernachlässigen.

Seid alle gesegnet. Dieser Segen ist die universelle Liebe, die Antwort auf eure kühnen Bemühungen der Selbsterweiterung. Seid in Frieden, seid in Gott.

14

Was ist das Böse?

Ich grüße euch, meine liebsten Freunde. Möge diese Lesung ein Segen sein und eure Suche nach Befreiung fördern.

Die meisten westlichen Religionen behandeln die große Frage nach dem Bösen dual. Sie sagen, das Böse sei eine vom Guten getrennte Kraft. Demzufolge hat der Mensch mit der Entscheidung zwischen gut und böse fertig zu werden. Die religiöse Sicht beschreibt die Gefahr des Bösen, seine Leben zerstörende Macht und das Unglück und Leiden, das es mit sich bringt. Andererseits gibt es aber auch Philosophien, denen zufolge das Böse nicht existiert, sondern eine Illusion ist. Beide Perspektiven bergen wichtige Wahrheiten, doch die Ausschließlichkeit ihrer Aussage macht das Wahre darin am Ende unwahr. Die Existenz des Bösen zu leugnen ist genauso unwahr, wie zu glauben, es gebe mit gut und böse zwei voneinander getrennte Kräfte. Ihr habt mit diesen Möglichkeiten zu ringen, um die richtige Antwort zu finden. Die Lesung unterstützt euch bei eurer Bemühung.

Das Böse als Lähmung

Das Böse ist eine seelische Lähmung oder stammt aus ihr. Wenn ihr an die Abwehrmechanismen denkt, die in der menschlichen Psyche wirksam sind, wird der Zusammenhang zwischen Lähmung und Bösem deutlicher. Verletzte Kinder, die sich abgelehnt fühlen und dem Schmerz und Entzug hilflos ausgesetzt sind, stellen häufig fest, dass die Lähmung ihrer

Gefühle der einzige Schutz gegen Leiden darstellt. Es ist meistens ein nützlicher und ganz realistischer Schutzmechanismus.

Widersprüchliche Gefühle in der Psyche von Kindern entstehen, weil sie Widersprüche und Konflikte um sich herum wahrnehmen. Kinder können weder mit dem einen noch dem anderen umgehen. Lähmung ist auch ein Schutz gegen ihre eigenen widersprüchlichen Reaktionen. Unter diesen Umständen bietet sie manchmal sogar die Rettung. Wird diese Lähmung jedoch zur zweiten Natur und noch beibehalten, nachdem der Betreffende kein hilfloses Kind mehr ist, dann beginnt das Böse im Kleinen.

Lähmung und Gefühllosigkeit dem eigenen Schmerz gegenüber bedeuten wiederum eine gleiche Lähmung und Gefühllosigkeit anderen gegenüber. Bei einer genauen Untersuchung wird häufig beobachtet, dass die erste spontane Reaktion anderen gegenüber aus Mitgefühl, Mitleiden oder Empathie besteht. Die zweite Reaktion jedoch schränkt diesen Gefühlsfluss ein. Etwas klickt im Inneren und sagt scheinbar nein, um eine Schutzschicht des Nichtfühlens zu bilden. In dem Augenblick steht man getrennt da – anscheinend sicher, aber getrennt. Später wird die Getrenntheit durch falsche Sentimentalität, Dramatisieren und unaufrichtiges, übertriebenes Mitgefühl überkompensiert. Das aber ist nur ein Ersatz für Lähmung. Die eigene Lähmung breitet sich unweigerlich auf andere aus, genauso wie jede Haltung, die man sich selbst gegenüber einnimmt, unweigerlich auch andere erfasst.

Wir unterscheiden drei Stadien von Lähmung. Zuerst kommt die *Lähmung sich selbst gegenüber* als Schutzmechanismus. Zweitens entsteht die *Lähmung anderen gegenüber*. In diesem Stadium ermöglicht uns Gleichgültigkeit, andere leiden zu sehen, ohne dabei Unbehagen zu verspüren. Viel Böses in der Welt wird durch diesen seelischen Zustand verursacht. Obwohl er weniger krass ist, schadet er auf lange Sicht mehr, denn aktive Grausamkeit löst schnellere Gegenreaktionen aus. Passive Gleichgültigkeit, die aus der Lähmung der Gefühle entsteht, kann dagegen unbeachtet bleiben, weil sie sich so leicht tarnen lässt. Sie gestattet es dem Betreffenden, den selbstsüchtigsten Impulsen ohne Entdeckung nachzugeben. Gleichgültigkeit mag zwar nicht so böse sein wie ausagierte Grausamkeit, aber auf lange Sicht ist sie genauso schädlich.

133

Die Grausamkeit

Das dritte Stadium der Lähmung ist die *aktiv zugefügte Grausamkeit*. Dieses Stadium entsteht aus Angst vor anderen, die solche Handlungen zu erwarten scheinen, aus Unfähigkeit, mit aufgestauter Wut umzugehen oder weil der Schutzmechanismus der Lähmung subtil gestärkt wird. Zunächst mag dies unverständlich erscheinen. Denkt ihr aber gründlich darüber nach, erinnert ihr euch vielleicht an Situationen, in denen sich jemand vor der Entscheidung befindet: »Entweder lasse ich meine Gefühle zu und habe Mitleid mit anderen, oder ich muss mich genau entgegengesetzt verhalten, um das Aufwallen warmherziger Gefühle abzuwehren.« Im nächsten Augenblick ist die Überlegung weg, die bewusste Entscheidung vergessen, und der Zwang, eine Grausamkeit zu begehen, bleibt übrig.

In solchen Fällen sieht man, wie der gesamte Schaden, alles Zerstörerische, alles Böse aus der Verleugnung des wahren Selbst entsteht und der Ersatz durch sekundäre Reaktionen entsteht, die auf die eine oder andere Weise immer mit Angst verbunden sind.

Die Grenze zwischen passiver Lähmung und aktiver Grausamkeit ist meist schmal und hängt stark von scheinbar äußeren Umständen ab. Versteht der Betreffende diese Vorgänge nicht nur verstandesmäßig, sondern innerlich, ist er gut gerüstet, um mit den Grausamkeiten der Welt umzugehen, die so häufig Zweifel und Verwirrung aufkommen lassen.

Aktive Grausamkeit lähmt den Täter noch mehr. Sie verhindert nicht nur das Aufkommen spontaner positiver Gefühle, sondern bildet eine Abwehr gegen Angst und Schuld. Anderen Schmerz zuzufügen tötet gleichzeitig die eigenen Gefühlsregungen ab. Sie ist daher ein nachhaltiges Mittel, um Lähmung zu erzeugen.

Ihr solltet sowohl bei Gleichgültigkeit wie Grausamkeit zwischen der *aktiven Tat* und der *emotionalen Tendenz* unterscheiden. Beide Formen werden nicht immer aktiv umgesetzt. Es ist möglich, sich nicht einzulassen und gelähmt zu sein, das zu erfahren und nicht entsprechend zu handeln. Ihr tut vielleicht alles, was in eurer Macht steht, um einem anderen zu helfen, macht manchmal vielleicht des Guten zu viel, nur weil ihr auf einer bewussten Ebene nicht gleichgültig sein möchtet. Der Wunsch, andere zu verletzen, bleibt manchmal nur ein nie ausgelebtes Gefühl.

134

Empfindet ihr jedoch Schuldgefühle, dann unterscheidet ihr nicht zwischen diesen entscheidenden Äußerungen, und es macht keinen Unterschied, ob ihr destruktiv fühlt oder handelt. Der ganze Problembereich wird geleugnet und aus dem Bewusstsein gedrängt, damit er nicht mehr berichtigt werden kann. Ein Gefühl zuzulassen, sich ihm zu stellen, egal, wie unerwünscht es ist, kann anderen nie schaden und führt unweigerlich zur Auflösung der negativen Gefühle. Den Impuls mit der Tat zu verwechseln und deswegen beide zu verleugnen, erzeugt eine starke Störung, die sich indirekt auf andere auswirkt. Zudem besteht keine Hoffnung mehr auf Veränderung, solange der Vorgang unbewusst bleibt.

So gesehen wird deutlich, dass extreme Lähmung zur aktiven Grausamkeit wird. Die beiden unterscheiden sich nur im Ausmaß. Das zu verstehen, meine Freunde, ist außerordentlich wichtig. Denn diejenigen, die von den Grausamkeiten der Welt am meisten schockiert sind und nicht damit umgehen können, die das bloße Wissen um ihre Existenz kaum aushalten, haben sich unweigerlich gelähmt und leiden unter Schuldgefühlen. Es muss also zwischen der eigenen Lähmung und den bösen Seiten des Lebens eine Entsprechung bestehen. Manche haben eine zu große Last zu tragen, andere sind vielleicht zu sentimental oder zu zäh und gleichgültig in Bezug auf die Existenz des Bösen. Diese Überreaktionen hängen alle mit einer Lähmung zusammen, die sich in der Psyche festgesetzt hat. Einst schien Lähmung der einzige verfügbare Schutz zu sein. Später wurde er unwissentlich beibehalten.

Die negative Bindung der Lebenskraft

Immer wieder wird die Frage gestellt, weswegen es Destruktivität, Krankheit, Krieg und Grausamkeit gibt. Die Antworten werden meist nicht ausreichend begriffen, und selbst wenn sie einigermaßen verstanden werden, fehlt etwas. Ich denke, die meisten meiner Freunde sind bereit, dies auf einer tieferen Ebene zu verstehen. Ich habe oft gesagt, dass Fehlannahmen Unfrieden stiften, was durchaus zutrifft. Es gibt ein weiteres Element, ohne das keine Fehlannahme Macht hätte: Einfache Negativität, wie man sie in einer destruktiven Haltung findet, besitzt weniger zerstörerische Folgen als *an das positive Lebensprinzip gebundene und mit diesem kombinierte Destruktivität*. Das macht ihre Manifestationen auf der

Erdenebene besonders schwerwiegend. Anders ausgedrückt: Vermischt sich eine positive Kraft mit Negativität oder einer zerstörerischen Haltung, erzeugt die Verbindung Böses. Wirklich Zerstörerisches ist daher nicht nur eine Verzerrung der Wahrheit und der konstruktiven Universalkräfte, sondern eine Verzerrung, die vom mächtigen Lebensprinzip und seiner konstruktiven Kraft durchdrungen sein muss. Wäre das positive Lebensprinzip nicht unbeabsichtigt daran beteiligt, wäre das Böse oder Zerstörerische von kurzer Dauer.

Am besten wendet ihr das Gesagte an, indem ihr euch aus folgendem Gesichtspunkt betrachtet: Ihr alle, die ihr euch auf diesem Pfad befindet, habt bestimmte Verletzungen und Schmerzen aufgespürt, die ihr als Kind erlitten habt. Einige haben bemerkt, dass im Moment der Verletzung ein bestimmter Vorgang stattfand. Dabei wurde das Lustprinzip in den Dienst eurer Verletzung, eures Leidens, eures Schmerzes gestellt. Alle Gefühle, die aus dieser Urverletzung entstehen, verbinden sich je nach Charakter und Temperament ebenfalls mit dem Lustprinzip. Solche Verknüpfungen erzeugen sämtliche persönlichen Schwierigkeiten und alle unerwünschten Umstände.

All die vielen Seelen, die diese Welt bewohnen, erzeugen den allgemeinen Zwist der Menschheit. Wenn ihr entdeckt, wie viele Menschen, ungeachtet ihrer äußeren Handlungsweise, das Lustprinzip nur in grausamen Fantasien erleben, könnt ihr auch verstehen, dass darin der eigentliche Kern der Kriege und Grausamkeiten überhaupt liegt. Das sollte keine Schuldgefühle in euch hervorrufen. Es soll vielmehr klären und befreien, damit sich eure inneren Abläufe wandeln können. Denn dieser Zustand ist aus einer falsch angewendeten und falsch verstandenen Verletzung entstanden. Grausamkeit ohne Lustprinzip hätte nicht die geringste reale Macht. Die Verbindung von Grausamkeit und Lust zu verdrängen, lindert keineswegs die Wirkung, die sie auf die Entwicklungsbedingungen der Menschheit hat.

Die Hartnäckigkeit des Bösen

Habt ihr Grausamkeit erlebt, ist euer Lustprinzip an Grausamkeit gekoppelt und wirkt immer in Verbindung mit ihr. Häufig sind Schuld und Scham deswegen so groß, dass das gesamte Fantasieleben verleugnet wird.

136

Dies muss aus einer allgemeinen Sicht bewusst aufgegriffen werden, denn richtig verstanden verschwinden sowohl Schuld wie Scham. Mit wachsendem Verständnis spricht auch das Lustprinzip auf positive Ereignisse an.

Die Verbindung des Lustprinzips mit Grausamkeit kann aktiv oder passiv sein. Lust wird entweder empfunden, indem anderen Grausamkeiten zugefügt werden oder indem man sie erträgt – oder beides. Das Lustprinzip an einen Umstand zu koppeln, bei dem es in Kombination mit Grausamkeit am wirksamsten ist, führt dazu, dass Liebe vorenthalten oder eingeschränkt wird. Die Erfahrung der Liebe wird verhindert. Sie verkümmert zur vagen Sehnsucht, die man nicht aufrechterhalten und der man nicht nachgehen kann. Unter solchen Umständen ist Liebe nicht die lockende, lustvolle Erfahrung, die sie für einen anderen Persönlichkeitsteil sein mag. Die Sehnsucht nach Liebeslust und die Unkenntnis über ihre Ablehnung, weil man unbewusst die Bindung des Lustprinzips an die Negativität fürchtet, erzeugt meist eine bodenlose Hilflosigkeit. Die Hilflosigkeit wird erst verstanden und behoben, wenn diese Tatsache wirklich begriffen wird.

In weniger offensichtlichen Fällen, in denen das Kind keine direkte Grausamkeit erlebt, sondern nur abgelehnt oder nicht angenommen wird, bindet sich das Lustprinzip an ähnliche Situationen. Trotz des bewussten Wunsches, akzeptiert zu werden, wird der Luststrom dann nur in Verbindung mit Ablehnung aktiviert. Hierbei gibt es graduelle Abstufungen und Variationen. Beispielsweise wird das Kind zum Teil akzeptiert und zum Teil abgelehnt. Dementsprechend bindet sich das Lustprinzip an eine ähnliche Ambivalenz und erzeugt einen Konflikt in Beziehungen.

Im ersten Fall, in dem Grausamkeit an das Lustprinzip gekoppelt ist, werden Beziehungen so riskant, dass sie meist ganz vermieden werden. Oder ihr findet sie derart erschreckend, dass ihr euch wundert. Ihr seid dann unfähig, die Beziehung weiterzuführen. Oder ihr seid gehemmt, weil die Scham wegen des Wunsches, Grausamkeiten zuzufügen oder zu erleiden, jede Spontaneität verhindert, jegliches Gefühl von euch fern hält und euch lähmt.

Meine liebsten Freunde, dieses Prinzip zu verstehen ist überaus wichtig. Es betrifft die Menschheit als Ganzes ebenso wie den Einzelnen.

137

Generell wird es nicht ausreichend erfasst, weil sich Psychologie und spirituelle Weisheit noch nicht entsprechend verbunden haben. In der Psychologie sind Versuche unternommen worden, dieses Phänomen zu begreifen, und es wird auch bis zu einem gewissen Grad verstanden. Welch enorme Bedeutung dies jedoch für die Zivilisation und deren Schicksal oder Evolution hat, wird nicht begriffen. Die Welt ist jetzt bereit, diese Tatsache des Lebens zu verstehen.

Evolution bedeutet, dass jeder Einzelne durch Konfrontation mit sich selbst und durch Selbstverwirklichung allmählich die innere Richtung des Lustprinzips verändert. Immer mehr Menschen werden spontan auf positive Ereignisse, Situationen und Umstände reagieren.

Ihr alle wisst, dass man eine innere Veränderung nicht einfach wollen kann. Euer äußerer Wille kann und muss sich so manifestieren, dass er diesen Pfad durchhält. Er steigert die Fähigkeit, den Willen zu verstehen und zu fördern und ermutigt zur Betrachtung des Selbst, um Widerstände aufzuspüren und zu überwinden. Indem ihr euren Willen und eure Ich-Fähigkeiten konstruktiv einsetzt, findet die eigentliche Veränderung statt, die manche unter euch allmählich erfahren. Es ist, als hätte sie nichts mit diesen Bemühungen zu tun, als wäre sie ein Abfallprodukt der Entwicklung. Das ist das Wahre! Genauso gehen Fortschritt und Wachstum vor sich.

Mit der Zeit gibt der Einzelne durch diesen Wachstumsprozess den Kräften seiner Seele eine neue Richtung. Die kosmische Bewegung in der Psyche erscheint nur noch in positiven Zuständen und die Lustempfindungen werden nicht mehr aus negativen Umständen bezogen.

Statt die Verbindung lustvoller Gefühle mit negativen Ereignissen zu unterdrücken, zu verleugnen, müsst ihr ihnen ins Auge sehen. Wenn ihr sie ohne Schuld oder Scham betrachtet, lernt ihr im Lauf des Wachstums, dass jede Unvollkommenheit akzeptiert und verstanden werden muss, bevor sie verändert werden kann. In dem Maß also, in dem es euch gelingt, eure Konflikte zu verstehen, fließt das Lustpinzip in andere Kanäle. Dadurch entsteht Bewegung ohne Druck und Angst, Entspannung ohne Stagnation.

Meine Freunde, findet eure spezifische innere »Ehe« zwischen dem Luststrom und einem negativen Umstand. Wenn diese Ehe von euren

138

Seelenkräften gestiftet wird, werdet ihr äußere Manifestationen eurer Probleme erkennen und verstehen. Die Erleichterung eines gründlichen Verständnisses stellt sich nur ein, wenn ihr den Mut habt, diese Ehe zu akzeptieren. Indem ihr klar formuliert, wie die positiven und negativen Kräfte in eurem Fall miteinander verbunden sind, erkennt ihr das genaue Bild eurer Unerfülltheit. Ihr werdet erkennen, weshalb ihr euch vor euch und dem Leben versteckt, weshalb ihr euch von euren eigenen Gefühlen zurückzieht und weshalb ihr die kreativsten Kräfte in euch unterdrückt. Ihr werdet sehen, weshalb ihr Gefühle, manchmal unter großen Schmerzen, abblockt und dann versucht, sie zu rationalisieren und wegzuerklären.

Versucht, beide Faktoren aufzuspüren, die ich beschrieben habe:

Findet zuerst heraus, inwiefern ihr euch gelähmt habt. Spürt die Bereiche auf, in denen ihr eurem eigenen Schmerz gegenüber gefühllos geworden seid. Geht sorgsam mit anderen um und achtet auf Momente, in denen ein unmittelbares Mitgefühl oder Einfühlungsvermögen aufkommt, das ihr schnell abwürgt, um euch zu trennen und gefühllos zu werden.

Findet als Zweites heraus, inwiefern das Lebens- und Lustprinzip an einen negativen Umstand gebunden ist. In welcher Form äußert es sich – vielleicht nur in eurer Fantasie? Hindert es euch, sich auszutauschen, zu vereinen, zu erleben oder an einer angstfreien Selbstverwirklichung mit einer verwandten Seele?

Gibt es irgendwelche Fragen zu diesem Thema?

FRAGE: Ich würde diese Ehe zwischen Liebeskraft und Grausamkeit gerne konkreter verstehen. Bedeutet diese Ehe beispielsweise, dass sich jemand, der sich als Kind von seiner Mutter abgelehnt fühlte, keine Lust ohne Rachegefühle gegenüber der Mutter empfinden kann? Vielleicht geschieht dies auch nur in der Fantasie und der Betreffende merkt nicht, dass die Partnerin die Mutter darstellt!

ANTWORT: Genau das trifft zu. Es kann aber auch sein, dass die Lust nur in Verbindung mit einer neuerlichen Ablehnung erlebt werden kann oder mit der Angst vor Ablehnung.

FRAGE: Aber als es abgelehnt wurde, empfand das Kind keine Lust.

139

ANTWORT: Natürlich nicht. Aber das Kind benutzt das Lustprinzip, um das negative Ereignis, das Leiden, erträglicher zu machen. Das geschieht unbewusst, unbeabsichtigt und fast automatisch. Das Lustprinzip verbindet sich ohne es zu wollen mit dem negativen Umstand. Das kann nur durch Erforschung der eigenen Fantasie herausgefunden werden. Die automatischen Reflexe richten sich dann auf Situationen aus, die eine Verbindung des Luststroms mit dem schmerzlichen Ereignis darstellen.

FRAGE: Und das Kind möchte diese Ablehnung wieder erleben?

ANTWORT: Nicht bewusst, denn niemand möchte abgelehnt werden. Die Menschen möchten angenommen und geliebt werden, können aber unbewusst nicht auf eine günstige Situation reagieren. In solchen Fällen wurde das Lustprinzip in negative Kanäle gelenkt und lässt sich nur mittels Bewusstwerdung auf neue Bahnen führen. Das Wesen dieses Konflikts liegt darin, dass sich das Lustprinzip so auswirkt, wie der Betreffende es am allerwenigsten möchte. Man kann dabei nicht sagen, jemand wünsche unbewusst, abgelehnt zu werden. Der Reflex hat sich jedoch zu einer Zeit gebildet, als eine solche Funktionsweise das Leben für das Kind erträglicher machte. Verstehst du das?

FRAGE: Ich kann nicht nachvollziehen, wie jemand, der abgelehnt wird, überhaupt Lust empfinden kann.

ANTWORT: Vielleicht kannst du dir vorstellen, dass Menschen, die sich allzu sicher sind, angenommen und geliebt zu werden, ihr Interesse verlieren. Das sieht man immer wieder. Auch das wird rationalisiert, indem man es als unvermeidliches Gesetz bezeichnet, das wegen der Gewohnheit oder anderer Umstände eintrete. Dies bräuchte aber nicht so zu sein, wenn wir uns an die in dieser Lesung besprochenen Faktoren erinnern. Manchmal äußert sich der negative Umstand nur in der Fantasie. Solche Fantasien sind jedoch bei näherer Betrachtung auf irgendeine Weise an Leiden, Demütigung oder Feindseligkeit gebunden. Das nennt man Masochismus oder Sadismus. Ist es jetzt verständlich?

FRAGE: Ja, ich glaube schon.

ANTWORT: Es besteht kein Zweifel, meine Lieben, dass jeder von euch, der es wirklich möchte, mehr Schönheit, Frieden, Dynamik und innere Sicherheit findet, die in der begonnenen Selbstverwirklichung enthalten sind. Deswegen erlebt ihr Momente, in denen ihr im ewigen Jetzt weilt, anstatt davon wegzustreben. Jeder dieser Augenblicke birgt unweigerlich Antworten für euch. Besinnt ihr euch in der Meditation und der Selbstbeobachtung auf diese einfache Tatsache, erntet ihr mit der Zeit immer mehr Früchte. Das, worauf ihr euch künftig freuen könnt, wird noch befreiender sein als das, was ihr bereits ansatzweise erfahren habt.

Seid gesegnet, seid in Frieden, seid in Gott.

15

Positive und negative Lust als Schmerzursache

Ich grüße euch, meine liebsten Freunde, und segne wieder jeden Einzelnen auf dem Weg zur Befreiung.

Als Einleitung möchte ich die Bedeutung des Schmerzes und dessen wahre Ursache behandeln. Schmerz ergibt sich aus Konflikt. Er entsteht, wenn in einer Persönlichkeit zwei verschiedene Bestrebungen existieren. Die universellen schöpferischen Kräfte sind auf Licht, Leben, Wachstum, Entfaltung, Bejahung, Schönheit, Liebe, Vereinigung und höchste Lust ausgerichtet. Tritt jedoch eine andere Ausrichtung auf, entsteht eine Störung. Nicht die Störung selbst erzeugt den Schmerz, sondern das entstandene Ungleichgewicht mit seiner spezifischen Spannung. Das verursacht Leiden.

Leben und Antileben

Das Prinzip, das ich hier erkläre, trifft auf alle Ebenen zu. Das physische System strebt wie alle anderen Systeme oder Ebenen nach Ganzheit und Gesundheit. Zieht ein Störfaktor in die Gegenrichtung, entsteht in zwei Richtungen Schmerz.

Wird die Störung erfolglos bekämpft und der Betreffende erstrebt Gesundheit, dann leugnet er, dass er auch das Ungesunde will. Weil die Bemühung nach Ungesundem unterdrückt und ignoriert wird, gerät der

142

Kampf um Gesundheit in umso verbissenere Bahnen. Das ist die Ursache für Schmerz. Wäre sich die Persönlichkeit bewusst, sowohl Ungesundes wie Gesundes zu wollen, würde der Kampf unverzüglich aufhören, denn der erste Wunsch lässt sich nicht durchsetzen. Sich dessen nicht bewusst zu sein erzeugt einen Graben zwischen Ursache und Wirkung. Die Ursache ist der negative Wunsch. Die Wirkung ist die Störung im System. Beide streben in entgegengesetzte Richtungen, und Schmerz entsteht.

Wird dieser Vorgang jedoch wirklich verstanden, werden die vorübergehenden Folgen des negativen Wunsches angenommen und lässt man sich in den momentanen Schmerz fallen, dann muss dieser aufhören. Es handelt sich dabei nicht um ein zerstörerisches Annehmen des Schmerzes oder um ein masochistisches, selbstbestrafendes Element, das seinerseits einen negativen Wunsch birgt und fortsetzt. Man akzeptiert nur das voll und ganz, was ist. Damit endet der Schmerz. Das ist zum Beispiel auch das Prinzip der schmerzlosen Geburt, das Prinzip des Nichtkämpfens. Jesus Christus erklärte dies, als er sagte: »Leistet keinen Widerstand.«

Auf der mentalen und emotionalen Ebene findet etwas Ähnliches statt. Wird der Kampf als vorübergehende Äußerung verstanden, weicht der mentale oder emotionale Schmerz. Das geschieht nicht, wenn das Negative erwünscht ist, denn dieses Wollen erzeugt lediglich eine neue, der ursprünglichen positiven entgegengesetzte Ausrichtung. Es soll auch nicht das bejahende Prinzip fehlen, sondern das Jetzt verstanden werden. Dann enden mentaler und emotionaler Schmerz genauso wie der physische Schmerz, wenn dabei der Gegenzug aufgegeben wird. Das lässt sich alles nachweisen und ist bereits überall auf der Welt bestätigt worden. Ihr alle, die ihr den Pfad der Selbstverwirklichung geht, habt dies zumindest gelegentlich erlebt.

Auf der spirituellen Ebene ist es anders, meine Freunde. Denn dort liegt die Ursache, während alle anderen Bewusstseinsebenen Wirkungen sind. Der spirituellen Ebene entspringt die positive Ausrichtung. Sie enthält keinen negativen Aspekt. Die negative Ausrichtung erzeugt Haltungen und wird durch Haltungen erzeugt, die mit dem Ursprung allen Lebens unvereinbar sind. Die spirituelle Ebene bildet eine Einheit. Daher sind Konflikte, entgegengesetzte Haltungen und Schmerz dort undenkbar und unlogisch.

143

Es ist äußerst wichtig zu verstehen, meine Freunde, dass das Negative nur von einem Teil der Persönlichkeit gewünscht wird, nie von der ganzen. Ein Teil der Psyche protestiert immer heftig gegen den negativen Wunsch. Daraus entsteht zwangsläufig Schmerz. Auf der physischen, emotionalen und mentalen Ebene kann das Negative als vorübergehendes Stadium akzeptiert werden, falls man begreift, dass eine ungewollte Ursache zugrunde liegt und es lediglich eine momentane Störung darstellt. So verstanden und akzeptiert, hört der Kampf auf. Man akzeptiert das Negative, ohne dass es endgültig wäre, in einer objektiven Haltung, die es nicht gutheißt.

Schmerz und Leiden entstanden stets aus der Zerrissenheit der Persönlichkeit zwischen zwei Neigungen – dem Nein zum Leben und der Bejahung des Lebens. Man kann sie auch Hassliebe oder negative und positive Ausrichtung nennen. Die äußeren Persönlichkeitsschichten müssen so lange leiden, bis die Einheit erlangt ist. Sie existiert nur in der kompletten Wirklichkeit des kosmischen schöpferischen Prinzips. Es ist überaus wichtig, meine Freunde, das hier Gesagte zu verstehen, denn dieses Verständnis öffnet euch neue Türen.

Der Wunsch nach Negativem

Es macht einen großen Unterschied, ob man sich der eigenen negativen Wünsche bewusst ist oder nicht. Natürlich gibt es Bewusstseinsabstufungen. Man kann sich ihrer beiläufig bewusst sein oder die wichtige Einsicht gewonnen haben, dass es sie gibt, dieses Bewusstsein jedoch verschleiern. Je stärker ihr euch eines absichtlichen Wunsches nach Negativem bewusst seid, desto mehr Kontrolle habt ihr über euch, über das Leben, und desto weniger fühlt ihr euch als hilflose, schwache Opfer.

Ist sich jemand seines Wunsches nach Negativem nicht bewusst, ist das Leiden unweigerlich größer, als es Schmerz und Leiden wären, die im vollen Bewusstsein entstehen, selbstgewollt zu sein. Ohne diese Einsicht entsteht ein seelisches Klima, in dem sich der Betreffende als Opfer fühlt. Ursache und Wirkung im eigenen Bewusstsein zu trennen muss zu Verwirrung, Zweifeln und Hoffnungslosigkeit führen. In dem Augenblick, in dem der negative Wunsch bewusst wird, wisst ihr wenigstens, was eure äußeren Schwierigkeiten und unerwünschten Situationen verursacht.

144

Noch bevor ihr negative Wünsche aufzugeben vermögt, macht euch schon nur das Wissen, dass ihr selbst die unerwünschten Ereignisse erzeugt habt, zu freieren Menschen.

Diejenigen unter euch, die begonnen haben, sich ihrer negativen Wünsche bewusst zu werden, sollten ihr Bewusstsein behutsam erweitern und mit den unerwünschten Manifestationen im eigenen Leben in Zusammenhang bringen. Dieser äußerst wichtige Schritt darf nicht übersehen werden. Es ist tatsächlich möglich, sich eines negativen Wunsches im gewissen Grad bewusst zu sein und dennoch zu übersehen, dass der negative Wunsch die unmittelbare Ursache zahlreicher Äußerungen ist, gegen die man energisch ankämpft. Genau daraus entsteht euer Schmerz. Ihr kämpft gegen etwas, das ihr selbst erzeugt, während gleichzeitig der Drang zum Licht, zur Ganzheit, zur Liebe, zum Aufbau, zur Schönheit und Entfaltung vorhanden ist. Dass ihr die Ganzheit leugnet und dies verdrängt habt, ohne zu wissen, dass ihr zwei entgegengesetzte Dinge zugleich anstrebt, verwirrt und schmerzt euch.

Wer seine negativen Wünsche erkannt hat, erlangt neue Kraft. Dann bietet sich eine neue Lebensperspektive, auch wenn ihr noch nicht wisst, weshalb ihr negative Wünsche überhaupt hegt. Allein ihr Vorhandensein bemerkt zu haben weckt neue Hoffnung.

Meine Freunden, die dieses Bewusstsein noch nicht besitzen, sollten alles tun, um ihre negativen Wünsche aufzuspüren. Die Mehrheit der Menschheit kann sich nicht vorstellen, zerstörerische Wünsche hegen zu können. Meditiert und seid bestrebt, was in euch ist, wirklich zu finden. Dies wird schwieriger, wenn jemand, der eifrig damit beschäftigt ist, Lebensaspekte zu leugnen, die zu wünschen übrig lassen, sich nicht ansehen will, dass ihm etwas fehlt, dass er unter etwas leidet. Die Verdrängung dessen, was ihr eigentlich empfindet und was euch tatsächlich fehlt, verhindert ein erfülltes Leben.

Fragt euch also: »Schöpfe ich die Grenzen meiner Möglichkeiten aus? Was stört mich vielleicht mehr, als ich zugebe?« Das wären die ersten Fragen für diejenigen, die ihre Unerfülltheit leugnen, beschönigen oder ihre Situation verfälschen. Andere sind sich ihres Leidens und dessen, was ihnen fehlt, nur allzu bewusst, aber sie stehen nicht in Verbindung mit den inneren Abläufen, die ein negatives Resultat anstreben.

145

Die Pfadarbeit beinhaltet weiterhin, sich der negativen Wünsche beziehungsweise des Vermeidens positiver Ergebnisse bewusst zu werden. Das ist ein wesentlicher Meilenstein auf eurem Evolutionsweg und markiert den Unterschied zwischen dem hilflosen Gefühl, ein Strohhalm im Wind zu sein oder aber selbstbestimmt und autonom. Die Zyklen oder Kreise – ob gütig oder bösartig – sind stets das Prinzip der Selbsterneuerung. Die positive Erneuerung der Autonomie wird durch ein Realitätsbewusstsein in Gang gesetzt.

Selbsterneuernde Zyklen

Mit gewissen Einsichten in eure Psyche erkennt ihr, dass sich sowohl die positiven wie negativen Haltungen selbst erneuern. Nehmt beispielsweise irgendeine gesunde Haltung. Wenn ihr aus euch herausgeht und konstruktiv, offen seid und andere einbezieht, fällt alles leicht. Es läuft von alleine. Ihr braucht nicht einmal Energie oder irgendeine Meditation anzuwenden. Eure positiven Gedanken, Haltungen und Gefühle vermehren sich von selbst und führen zu Erfüllung, Produktivität, Frieden und Dynamik. In einer negativen Situation ist das Prinzip genau dasselbe. Die sich selbst erneuernden Kräfte lassen sich nur durch einen vorsätzlichen Prozess verändern, der etwas Neues initiiert.

Die Bewusstseinskreise wirken entsprechend den Ausrichtungen, die wir besprochen haben. Anders ausgedrückt: Das positive Prinzip, die positive Ausrichtung ist die Sphäre, in der sich alles in jeder Hinsicht erneuert und in der das Bewusstsein der Ganzheit und unerschöpflichen Fülle gewahr ist.

Die Persönlichkeitsebene, die Negatives erstrebt, schafft einen neuen psychischen Bereich, der den ursprünglich positiven überdeckt. Bilder und Formen – das Ergebnis von Haltungen, Gedanken und Gefühlen – bilden diese negative Welt. Es gibt viele Variationen, Grade und Möglichkeiten je nach Stärke der negativen Wünsche, dem Gewahrsein von positiver und negativer Ausrichtung sowie dem Gleichgewicht zwischen beiden. Ihr bekommt eine Ahnung davon, wenn ihr eure Bewusstseinsveränderung mit dem einstmaligen unbewussten Leugnen positiver Erfahrungen oder sogar dem ausgesprochenen Wunsch nach Negativem vergleicht. Ihr werdet feststellen, dass der Unterschied einen weiteren

146

Bewusstseinsbereich bildet, eine andere Welt mit einem ganz bestimmten Beigeschmack und eigener Atmosphäre.

In der materiellen Welt, in der ihr lebt, offenbaren sich sowohl das Positive wie Negative und stellen eine Verbindung dar. Das alles existiert inner- und außerhalb von euch in einer Zeit- und Raumlosigkeit. Ihr könnt und müsst diese Welten eurer Psyche erreichen, indem ihr euch ihrer genau bewusst werdet. Sie sind ein Produkt eures Selbstausdrucks und eurer Bewusstseinsbereiche. Ihr müsst Schicht um Schicht eures Inneren durchschreiten. Wenn ihr weitgehend frei von negativen Wünschen seid, wird es verhältnismäßig leicht sein, die Welt der Wahrheit zu verstehen, zu empfinden und zu erleben, in der alles Gute existiert und sich selbst erneuert. Deswegen sind dort Kampf, Zweifel, Angst oder Entzug nicht angesagt. Ihr öffnet euer Herz furchtlos der positiven, dynamischen Erfahrung, die zu weiterer Entfaltung strebt, zu größerem Glück und mehr Einbindung, weil ihr dieses Streben nicht mit angstvollem Geist behindert, in Schach haltet und zum Stehen bringt. Diese Sphären existieren nicht nur tief in eurer Seele, wo ihr das ewige Leben allen Seins erahnt, sondern sie manifestieren sich auch in eurem äußerlichen Leben. Ihre Wahrnehmung hilft, den richtigen Vergleich zu ziehen.

Dann haben wir noch das Hauptproblem, jenen Bereich in eurer Psyche, wo die Angst vor Positivem steckt. Deswegen manifestieren sich Entzug und Leiden in eurem Leben. Ihr müsst diese Sphäre in eurem Bewusstsein wirklich durchleben, nicht indem ihr sie verleugnet, sondern indem ihr sie seht, annehmt und ihr Wesen zu verstehen sucht. Das ist mit »durch sie hindurchgehen« gemeint. Nur wenn dieser Bereich als vorübergehende Realität angenommen wird, ist die ihm zugrunde liegende Welt des sich selbst erneuernden Guten erreichbar, wo ihr nicht mehr etwas zu wollen braucht, sondern wisst, dass es bereits euer ist, noch bevor ihr es erlangt habt.

Wenn ihr von euren Mitmenschen getrennt seid, weilt ihr zwangsläufig in der negativen Welt, in einer sich selbst erneuernden Negativität, die ihr durch eure zerstörerischen Wünsche nährt. Ihr leidet, weil ihr die volle Bedeutung des daraus entstehenden Kampfes verleugnet und ignoriert. Der Kampf unterscheidet sich auch bei ein und demselben Menschen je nach Stadium, manchmal sogar von Stunde zu Stunde, weil

147

zu verschiedenen Zeiten verschiedene Wunschrichtungen aufkommen. Ihre Vormachtstellung wechselt ständig.

Es findet also ein unablässiger Kampf in euch statt, bei dem die eine Seite auf verschiedene Arten und Weisen nach Ganzheit und Verbindung mit euren Mitmenschen strebt, nach Liebe und Verständnis, nach Anerkennung, nach Geben und Empfangen. Die andere Seite jedoch verneint und verleugnet die erste Richtung, fürchtet sie und widersetzt sich ihr. Deshalb ist dieser Schmerz da, und je stärker die Verleugnung ausfällt, desto größer wird er.

Der Schmerz wird durch den Kampf verschlimmert, der mit anderen Menschen einsetzt. Vergesst nicht, meine Freunde, es ist schmerzhaft genug, zwischen wollen und nicht wollen zu schwanken, einerseits Beziehungen zu haben und zu lieben, sie andererseits aber abzulehnen und sich zurückzuziehen. Es wird noch komplizierter, wenn dieser Konflikt durch einen zweiten Menschen erweitert wird, in dessen Umfeld ihr eintretet und der innerlich einen ähnlichen Kampf austrägt.

Negativ orientierte Lust

Sowohl die positive wie die negative Richtung sind an das Lustprinzip gebunden. Diese Koppelung erschwert es, die negative Ausrichtung aufzugeben und zu ändern. Das positiv und negativ orientierte Lustprinzip zerreißt euch. Es schmerzt schon an sich, aber es existiert auch bei jenen Menschen, mit denen ihr es in diesem Konflikt zu tun habt und bei denen ihr euch nicht entscheiden könnt, ob ihr sie lieben oder ablehnen sollt. Wären sie völlig im Gleichgewicht und frei von dieser inneren Spaltung, würde sie euer Kampf keinesfalls berühren. Ihr Einklang mit den universellen Kräften und ihr hoher Bewusstseinsgrad würden sie vor eurer Negativität und der daraus entstehenden Spannung zwischen positivem und negativem Drang schützen. Nähme, rein theoretisch betrachtet, ein solch hochentwickeltes Wesen eine Beziehung zu einem gewöhnlichen Menschen auf, bliebe dieser trotzdem noch von seiner eigenen Spaltung geplagt. Wie viel komplizierter aber wird es, wenn der andere sich in einer ähnlichen Lage befindet – der Kampf verdoppelt sich nicht nur, sondern vervierfacht sich gar. Stellt euch die mathematischen Möglichkeiten vor, die sich aus einer solchen Situation ergeben, mit sämtlichen

148

psychologischen Konsequenzen: Missverständnisse, Fehleinschätzungen und Verletzungen, die ihrerseits wieder Negativität hervorrufen.

Nehmen wir zwei Menschen, A und B. A steht für die positive Ausrichtung auf Vereinigung. B hat Angst davor, zieht sich zurück und weist A ab. Infolgedessen ist A überzeugt, dass das seelische Streben nach Vereinigung riskant und schmerzlich ist, und wendet sich dem Negativen und der Verleugnung zu. Das negative Lustprinzip bindet sich an diesen Schmerz und macht ihn erträglich. A genießt die negative Situation. Inzwischen wird der Isolationsschmerz für B unerträglich, und B wagt sich vor, während A in einem dunklen Loch sitzt. Das wiederholt sich und steht manchmal in krassem Widerspruch zueinander, obwohl gelegentlich eine flüchtige Verbindung stattfindet. Zuweilen trifft die positive Ausrichtung von A auf die negative von B, dann ist es wieder umgekehrt. Oder beide erliegen negativen Strömungen, ziehen sich zurück oder bringen den anderen gegen sich auf. Vielleicht wagen es auch beide vorübergehend, sich der positiven Strömung zu überlassen. Aber weil das negative Prinzip noch immer in ihnen steckt, ist die positive Situation nur ein Versuch und so unsicher, gespalten, abwehrend und ängstlich, dass die negativen Gefühle hinsichtlich der positiven Ausrichtung früher oder später negative Ergebnisse zeitigen. Diese wiederum werden dem positiven Versuch zugeschrieben statt den problematischen Gefühlen in der Folge. Es ist also unvermeidlich, dass die negative Ausrichtung nach den beiderseitigen positiven Bestrebungen wieder überhand nimmt, bis die negative, zerstörerische und verleugnende Seite wirklich verstanden und ausgeräumt ist.

Der negative, zerstörerische Zug wäre nicht so heftig und es wäre nicht so schwer, ihn zu überwinden, wenn nicht das Lustprinzip damit verbunden wäre. Ihr wollt euch nicht von der prekären Lust trennen, die ihr daraus beziehт, zerstörerischen Gefühlen und Haltungen nachzugeben. Dies zeigt sich, ohne es zu wollen, beim Aufbruch in eine gesunde, konstruktive Richtung subtil und heimtückisch.

Folgendes Beispiel wird sich für euch alle als nützlich erweisen. Nehmt einmal an, ihr würdet stärker und bekämet mehr Selbstvertrauen auf eurem Weg zur Selbstverwirklichung. Wo ihr zuvor mit anderen Reibungen hattet, unsicher wart und Schuldgefühle empfandet, verspürt

149

ihr jetzt eine innere Ruhe, Gewissheit, Kraft und Stabilität, von deren Existenz ihr nichts wusstet. Früher hättet ihr vielleicht unterwürfig reagiert, um eure Schuldgefühle zum Schweigen zu bringen, oder feindselig und aggressiv, um eure Selbstverachtung wegen eurer Unsicherheit zu vertuschen. Egal, wie ihr mit Negativität und Selbstzweifeln umgingt, ihr wart an das negativ orientierte Lustprinzip gebunden. Euer Elend erfreute euch. Jetzt erlebt ihr euch anders. Statt den nagenden Selbstzweifel zu wählen, gewinnt ihr Einsichten in die Gründe für das Verhalten anderer. Dieses Verständnis macht euch frei und stark. Erlaubt euch mehr objektive Erkenntnisse über euch selbst und andere. Das Prinzip der Einsicht und des Verständnisses wurde in Gang gesetzt.

Doch das immer noch vorhandene Lustprinzip, das noch nicht voll erkannt ist, heftet sich an euer Verständnis der Negativität anderer. Ihr haltet euch immer mehr mit den Fehlern und blinden Flecken dieses Menschen auf und beginnt es unversehens zu genießen. Ihr unterscheidet diese beiden Arten von Freude nicht sofort. Die erste entsteht, wenn ihr distanziert seid und begreift, was im anderen vorgeht. Das befreit euch. Die zweite entsteht, wenn ihr in den Fehlern des anderen schwelgt. Das macht euch blind. Was ihr beim anderen bemerktet, bauscht ihr auf, bis das alte negative Lustprinzip in neuer Verkleidung wieder auftaucht. Dann verliert ihr Harmonie und Freiheit, weil ihr in der negativen Lust schwelgt. Das ist ein Beispiel dafür, wie heimtückisch die Abläufe sind, wenn die alten Wurzeln unbeobachtet weiterbestehen.

Meine Freunde, der weitere Gang auf dem Pfad ist klarer und bestimmter. Ihr habt das Werkzeug, um gleich damit zu beginnen und für euch zu entdecken, was ich hier erklärt habe.

Seid alle gesegnet. Empfangt den warmen Strom der Liebe, der euch überall umgibt. Öffnet euch. Denn diese Liebe ist die Wahrheit, und diese Wahrheit ist das Leben. Es gehört euch, ihr braucht nur darum zu bitten. Die mutigen Schritte, die ihr alle tut, haben einen Sinn. Dessen solltet ihr immer eingedenk sein. Mit jedem Eingeständnis von Negativem in euch tragt ihr mehr zur allgemeinen Ganzwerdung bei als durch irgendeine andere Tat. Seid gesegnet. Seid in Frieden. Seid in Gott!

150

16

Der Energiestrom

Seid gegrüßt, meine liebsten Freunde. Möge der Segen der kreativen Intelligenz, die rings um euch und in euch weilt, euch stärken und erleuchten, damit diese Worte als Hilfe dienen, den Weg zum wahren Selbst erfolgreich weiterzugehen.

Inzwischen haben viele von euch eine Schicht in sich gefunden, wo sie ihrer eigenen Zerstörungskraft gegenüberstehen. Ich meine damit mehr als die Entdeckung eines Gefühls oder die Anerkennung einer vorübergehenden Feindseligkeit. Ich meine eine allgemeine, alles durchdringende, grundsätzliche Zerstörungskraft, welche die ganze Zeit überdeckt war. Ihr seid jetzt in der Lage, euch beim Denken, Fühlen und destruktiven Agieren zu beobachten, während ihr zuvor höchstens theoretisch von einer solchen Zerstörungskraft wusstet und deren Anwesenheit nur durch die unangenehmen Äußerungen in eurem Leben vermuten konntet. Jetzt stellt sich die Frage, wie ihr aus diesem Zustand herauskommt.

Ihr seid verwirrt, weil ihr diesen Zustand nicht mögt. Ihr versteht auch genau, dass er völlig nutz- und sinnlos ist und die Zerstörungskraft keinem einzigen guten Zweck dient. Dennoch könnt ihr diese Destruktivität nicht aufgeben.

Das Wesen der Zerstörungskraft

Es ist nicht leicht, ein Gewahrsein zu erlangen, bei dem ihr euch beim Denken, Fühlen und zerstörerischen Agieren zusehen könnt und euch darüber hinaus bewusst seid, dass euer Elend genau dadurch verursacht wird. Auch wenn ihr diesen Seinszustand noch nicht aufgeben könnt und wollt, ist es ein großer Fortschritt, solch ein Wort zu gebrauchen und sich dieses Zustands bewusst zu sein. Doch um die Destruktivität aufzugeben, muss das Wesens der Zerstörungskraft besser verstanden werden.

Die dualistische Lebensbetrachtung der Menschheit entsteht aus dem fehlenden Verständnis ihrer eigenen Zerstörunskraft. Der Mensch neigt dazu, sich die Destruktivität als eine dem Konstruktiven entgegengesetzte Kraft vorzustellen. Sogar diejenigen unter euch, die theoretisch erfassen, dass es keine solche Aufteilung gibt, denken: »Da sind also meine negativen Gefühle. Ich wünschte, sie wären positiv.« Oder ihr meint, wenn sich die negativen Gefühle erst einmal verflüchtigt hätten, folgten andere Gefühle, die aus einer völlig anderen Energie bestünden. Wenn ihr über die beiden Arten von Gefühlen sprecht, formuliert ihr zwei verschiedene Erfahrungen. Die Redewendung weist jedoch auf die dualistische Fehlannahme hin, die in jedem menschlichen Bewusstsein wirkt.

Eigentlich gibt es nur eine Kraft. Es ist überaus wichtig, meine Freunde, dass ihr das versteht, vor allem, wenn ihr es mit eurer eigenen Zerstörungskraft und Negativität zu tun bekommt. Es gibt eine Lebenskraft, die jede Lebensäußerung mit Energie versorgt. Diese Kraft kann sich konstruktiv, positiv, bejahend ergießen oder sich in einen zerstörerischen, verneinenden Strom verwandeln. Um diesen Vorgang im Hinblick auf euch zu verstehen, will ich ihn aus der Sicht eines Menschen behandeln, der sein Leben überblickt. Ich will hier nicht über allgemeine spirituelle Grundsätze sprechen, sondern sie nur erwähnen, wo es sich zum Verständnis als nötig erweist. Zuerst will ich noch einmal wiederholen, dass die unverfälschte Lebenskraft vollkommen konstruktiv, positiv und bejahend ist. Daher erzeugt sie umfassende Lust für jedes lebende, fühlende oder wahrnehmende Bewusstsein. Je umfassender dieses Bewusstsein entwickelt ist, desto größer die Lust, die es durch die reine Lebenskraft erfährt, wie auch immer sich diese äußern mag.

Jeder lebende Organismus – ein Neugeborenes, eine Pflanze oder Zelle – neigt dazu, dieses Potenzial zu verwirklichen. Bei einer Störung wird der Energiestrom blockiert und daran gehindert, sein Ziel zu erreichen. Der natürliche Fluss wird unterbrochen, dabei kann es sich um äußere oder innere Umstände handeln oder um beides. Begegnen kleine Kinder solchen Hindernissen, hängt das Ausmaß des Schadens davon ab, wie frei sie von inneren Blockaden sind. Existieren latente Hemmnisse, weil sie in früheren Leben noch nicht ausgeräumt wurden, unterbrechen die äußeren negativen Umstände den Energiestrom, und er wird zu einer verhärteten psychischen Masse. Sind keine früheren Blockaden vorhanden, stören die äußeren negativen Umstände nur vorübergehend den Fluss der Lebenskraft. Anhaltende Lebensprobleme der Menschen stammen aus dergestalt blockierter Energie. Die Auflösung findet erst statt, wenn der Zusammenhang zwischen den für die Blockade verantwortlichen inneren und äußeren negativen Umständen vollends verstanden wird. Die unreifen Ich-Fähigkeiten des Kindes lassen einen angemessenen Umgang mit dem negativen Umstand nicht zu. Ein äußerer negativer Umstand ist daher nie allein für die Energiekondensierung und Lähmung des Lebensstromes verantwortlich. Er ist nur der letzte Auslöser und holt den brachliegenden negativen inneren Umstand ans Licht.

Der Ort in der Seele, an dem äußere negative Umstände den schlummernden negativen Zustand aktivieren, ist genau der Punkt, an dem die positive Lebenskraft sich in eine zerstörerische Antilebenskraft verkehrt. Liebe wird zu Angst und Feindseligkeit, Vertrauen zu Misstrauen. Am Ende wird die negative Kraft so unerträglich, dass die damit verbundenen Gefühle gelähmt werden.

Für Menschen auf dem Pfad der Selbsterkenntnis ist es überaus wichtig zu verstehen, dass ein negatives Gefühl sich nicht durch ein anderes positives Gefühl ersetzen lässt. Es muss in seinen Urzustand umgewandelt werden. Wie tun wir das, meine Freunde? Jeder hat selbst herauszufinden, wie er diesen Energiefluss wieder in seinen Urzustand verwandeln kann. Lebensäußerungen, die ihr als unangenehm, problematisch oder angsterweckend erlebt, ergeben sich aus einer Wiederholung der ursprünglichen Ereignisse, bei denen die positive Kraft der Lust blockiert, behindert oder unterbunden wurde und sich infolgedessen in Unbehagen verkehrte.

153

Die Lust der Negativität

Man kann nicht einmal sagen, dass diesem Unbehagen die Lust völlig abgeht. Wenn euer Versuch scheitert, die Negativität zu überwinden, dann ist es äußerst wichtig, tief im Inneren den lustvollen Aspekt der Negativität aufzuspüren, egal, wie groß der Schmerz auch sein mag, den ihr an der Oberfläche verspürt. Die Schwierigkeit, euch der Zerstörungs-kraft zu entledigen, hängt natürlich auch mit anderen Gründen zusam-men, die ihr bereits überprüft habt. Es gibt den Wunsch zu strafen oder den Drang des Stromes, der besagt: »Wenn ich besonders unglücklich bin, kann ich der Welt zeigen, wie falsch es ist, mir nicht zu geben, was ich will.« Diese Gründe stellen jedoch nicht die größte Schwierigkeit beim Auflösen der Negativität dar. Es ist notwendig zu spüren, dass in der Negativität paradoxerweise gleichzeitig Lust wie Unlust enthalten sind.

Das wird verständlich, wenn ihr den Vorgang im Zusammenhang mit meiner Erklärung betrachtet. Das Lustprinzip kann unmöglich völlig feh-len, auch wenn es verzerrt auftritt. Seine Grundbestandteile bleiben die-selben, egal, wie verzerrt es sich äußert und wie schwierig es infolgedessen ist, das ursprüngliche Wesen des Lebensstromes auszumachen. Deswegen erscheint Negativität so schwer umzuwandeln. Der lustvolle Aspekt ist stets vorhanden. Es gilt nur die Ausdrucksform zu verändern, damit der Lebensstrom umgelenkt wird und die Negativität zurückgelassen werden kann. Nachdem es klar geworden ist, dass ihr die schmerzlichen Seiten der negativen Äußerungen aufgeben könnt, während die lustvollen Aspekte stärker werden, kann sich die Negativität verwandeln. Wenn ihr verstanden habt, dass eine neue Gefühlsgruppe nicht aus dem Nichts auf-taucht, sondern sich derselbe Strom anders äußert, dann geschieht das, was einst schwierig erschien, von selbst.

Wenn ihr darüber meditiert, könnt ihr die Lust wahrnehmen, die an eure Zerstörungskraft gebunden ist. Statt ihretwegen Schuldgefühle zu haben und sie zu unterdrücken, werdet ihr in der Lage sein, den zerstöre-rischen Strom sich entfalten, äußern und wandeln zu lassen. Die Verbin-dung zwischen Lust und Destruktivität war entscheidend für die weit ver-breiteten Schuldgefühle, die Menschen bei jedem Lusterlebnis verspüren. Diese wiederum sind für die Lähmung aller Gefühle verantwortlich. Wie kann die Lust von Zerstörungskraft befreit werden, wenn beide als falsch

154

erachtet werden? Der Mensch kann nicht ohne Lust leben, auch wenn er dies vorzugeben scheint, denn Leben und Lust sind ein und dasselbe. Ist Lust an Destruktivität gebunden, kann Letztere nicht weggeschoben werden. Es fühlt sich an, als gebe man das Leben auf. Das führt zu einer Situation, in der ihr auf einer bestimmten Ebene eures Innenlebens gleich stark an Lust und Zerstörungskraft festhaltet. Ihr entwickelt Schuldgefühle und habt gleichzeitig Angst vor beiden. Auf einer oberflächlicheren bewussten Ebene seid ihr gelähmt und fühlt wenig oder gar nichts.

Das Wissen darum muss auf eure konkreten Umstände angewendet werden. Welche äußere Manifestation versetzt euch ständig in Angst? Es ist keine vorübergehende, durch einen einmaligen Umstand erzeugte Erfahrung, die vergeht, wenn sich neue Umstände einstellen. Es handelt sich vielmehr um Probleme in eurem Leben, mit denen ihr nicht fertig werdet. Um diese Umstände zu lösen, die wir Bilder nennen wollen und die ständig ähnliche Situationen hervorrufen, muss die blockierte Energie wieder in Fluss gebracht werden. Das kann nur geschehen, wenn ihr als ersten Schritt in dieser Entwicklungsphase den lustvollen Aspekt in eurer Zerstörungskraft zu ermitteln beginnt. Ihr müsst die Lust spüren, die mit der Unlust des Problems verbunden ist.

Blockierte sexuelle Energie

Da der Luststrom eurer Lebenskraft sich vorwiegend in der sogenannten Sexualität äußert, enthält die zerstörerische, blockierte Energie blockierte Sexualenergie. Äußere Probleme stehen symbolisch dafür, wie die Sexualenergie beim ersten Mal durch äußere Umstände blockiert wurde. Der Schmerz der Blockade führte zu Destruktivität, die gleichzeitig Aspekte des Lustprinzips beinhaltet. Daher stellt jede schwierige Lebenssituation eine sexuelle Fixierung der Psyche dar, die ihr fürchtet und vor der ihr weglauft. Da ihr sie meidet, werden die äußeren Umstände unlösbar. Ihr entfremdet euch von der inneren Ursache, wo sie durch den lustvollen Aspekt weiterhin am Leben erhalten wird.

Wer sich auf dem Pfad befindet, muss daher nach innen gehen und die Lust in der Zerstörungskraft spüren. Erst dann werdet ihr die schmerzliche äußere Situation wirklich verstehen, die auf den ersten Blick nichts mit eurem Gefühlsleben oder einem sexuellen Problem zu tun haben mag.

155

Ich habe immer wieder gesagt, dass *das Geheimnis eurer Konflikte in euren geheimsten sexuellen Fantasien liegt,* genauso wie der Schlüssel zu ihrer Lösung dort verborgen ist. Wenn ihr die Parallele zwischen dem äußeren Problem und dem Luststrom in eurer Sexualität findet, bringt ihr eure erstarrte Energie wieder in Fluss. Das gestattet euch, die Zerstörungskraft aufzulösen und die Voraussetzung für die Auflösung der äußeren Probleme in eurem Leben zu schaffen.

Das Unvermögen, die Lust in der Unlust zu spüren, entsteht beim Kampf gegen euch selbst und weil ihr euch um der damit verbundenen Verzerrung willen nicht mögt. Infolgedessen entstehen Verleugnung, Unterdrückung und weitere Entfremdung vom Kern, in dem diese Zustände immer noch erlebt und allmählich verändert werden können.

Jedes Problem hat zwangsläufig einen solchen Kern, in dem die ursprüngliche Strömung blockiert und daher verzerrt wurde und wo die Teilung von Lust und Unlust eine unbewusste Fixierung der Lusterfahrung an eine negative Situation erzeugt. Aus verschiedenen Gründen kämpft ihr dagegen, was wiederum zu äußeren Problemen führt, die sich ständig wiederholen. Sie können nicht überwunden werden, bis der Kern erfahren wurde. Das trifft auf alle hartnäckigen Probleme zu.

Seid ihr noch weit von diesem Punkt entfernt, klingt dies alles wohl sehr theoretisch. Doch am Ende wird es ein Wendepunkt in eurem inneren und äußeren Leben geben. Es wird euch nicht mehr schwer fallen, die Destruktivität abzulegen. Das gelingt nur mit einem gründlichen Verständnis der inneren Kräfte, aus denen sich die Zerstörungskraft zusammensetzt. Dabei sollte der äußere Wille, wie ich auch in anderem Zusammenhang schon sagte, nur zur Freisetzung der inneren Kräfte eingesetzt werden, welche die Entwicklung zu einem natürlichen, harmonischen Prozess machen. So löst sich die Destruktivität auf. Sie kann weder absichtlich abgelegt werden wie ein Umhang, noch werden konstruktive Gefühle durch einen Willensakt erzeugt. Es ist ein Entwicklungsprozess in euch selbst, hier und jetzt.

Gibt es Fragen hierzu?

FRAGE: Was macht die Lustwahrnehmung im Zusammenhang mit der Unlust so einmalig und konkret?

156

ANTWORT: Es ist bekannt, dass du Lust fürchtest, wenn du voller Konflikte und Probleme steckst, deren Wesen du nicht verstehst. Ihr alle, die ihr auf diesem Pfad seid und tief genug geht, um eure Reaktionen zu ergründen, macht eine erstaunliche Entdeckung: Ihr habt mehr Angst vor Lust als vor Schmerz. Diejenigen unter euch, die diese Tatsache im eigenen Inneren noch nicht bestätigt gefunden haben, glauben das wohl nicht, denn bewusst mögt ihr Unlust nicht und wünscht, es gäbe sie nicht. Bis zu einem gewissen Grad ist das auch richtig, denn Unlust kann man nicht wirklich wollen. Diese Dichotomie ist nur aufzulösen, wenn ihr tief in eure psychischen Vorgänge eindringt und die Lust in der Unlust spürt.

Totale Lust wird aus einem wichtigen Grund gefürchtet. Die höchste Lust des kosmischen Energiestroms erscheint erschreckend, überwältigend und nahezu vernichtend, wenn die Persönlichkeit immer noch auf Negativität und Destruktivität abzielt. Anders ausgedrückt: In dem Maße, in dem die Persönlichkeit ihrer Integrität geschadet hat und Unreinheit, Unaufrichtigkeit, Betrug und Bosheit in der Psyche weilen, muss reine Lust abgelehnt werden. Deswegen ist negative Lust die einzige Art, wie der Betreffende überhaupt ein wenig Lust verspüren kann. Wenn ihr auf eurem Weg feststellt, dass ihr im tiefsten Inneren Lust als Gefahr fürchtet, dann fragt euch: »Wo bin ich dem Leben oder mir gegenüber nicht ehrlich? Wo betrüge ich? Wo schade ich meiner Integrität?« Diese Bereiche zeigen auf, wo, weshalb und in welchem Ausmaß reine Lust notgedrungen zurückgewiesen wird. Ihr könnt triftige Fragen stellen und dann die Elemente in euch aufspüren, die euch schaden. Das ist der Ausweg. Wenn ihr herausfindet, wo ihr euer Schicklichkeitsempfinden und eure Ehrlichkeit verletzt, schließt ihr die Tür auf, die euch gehindert hat, die negative Lust zu verwandeln. Deshalb wart ihr gezwungen, Lust abzulehnen, die nicht durch Schmerz beeinträchtigt wird.

Möge euer Verständnis wachsen, damit ihr eure eigenen Verzerrungen spürt und merkt, welch wertvolle Lebensenergie sie darstellen.

Seid alle gesegnet und nehmt die Kraft auf, die in euch hineinfließt. Wendet sie an, geht diesen Pfad bis in den Kern eures innersten Wesens. Weilt in Gott.

17

Die Überwindung der Negativität

Ein Gruß und Segen an alle meine Freunde.

In den letzten Lesungen haben wir über negatives Erschaffen gesprochen, einen Vorgang, der bei jedem Menschen ständig existiert. Denn wärt ihr des negativen Erschaffens ledig, wärt ihr keine Menschen. Ihr würdet nicht auf dieser Bewusstseinsebene leben, die einen bestimmten Entwicklungsstand bezeugt. Der Mensch ist bis zu einem gewissen Grad frei, so dass er auch konstruktiv erschaffen kann. Doch negatives Erschaffen ist ein Vorgang, der weiterhin graduell verschieden in der Psyche vor sich geht. Die Aufgabe der Menschheit liegt darin, sich aus dem negativen Erschaffen herauszuarbeiten. Das ist nicht leicht, denn die Faszination eines jeden schöpferischen Vorgangs ergreift Besitz vom Menschen, und er möchte sie nicht mehr missen. Meine Aufgabe ist es, euch zu helfen, den Einfluss eurer negativen Beschäftigung mit verzerrten schöpferischen Vorgängen aufzulösen.

Es besteht ein riesiger Unterschied zwischen dem intellektuellen Glauben und der klaren Einsicht, dass ihr negativ erschafft und gerade das Unglück, das ihr beklagt, durch negative Haltungen verursacht wird, die ihr überdies genießt und beibehalten möchtet. Das bedeutet nicht, dass die Übel, die ihr in der Gesellschaft seht, nicht tatsächlich existieren. Doch sie könnten euch nicht berühren, wenn ihr nicht noch unbewusst genau zu diesen gesellschaftlichen Übeln beitragen würdet, die ihr so missbilligt.

Steht ihr noch am Anfang des Pfades, ist diese Tatsache schwer nachzuvollziehen. Habt ihr euch erst einmal darauf eingelassen, kommt ihr unweigerlich zur Einsicht, dass es sich genauso verhält. Ihr seid nie ein unschuldiges Opfer, und die Gesellschaft ist nichts weiter als die Summe eurer negativen Erzeugnisse und derjenigen vieler anderer. Diese Einsicht ist zuerst erschreckend und schmerzt so lange, wie ihr die Negativität nicht aufgeben wollt. Seid ihr dazu nicht bereit, braucht ihr die Illusion, dass andere das tun. Ihr hofft, die Glückseligkeit zu erlangen, ohne jener Seite in euch zu begegnen, die dies verhindert. Ihr hofft, ein Mensch zu werden, der sich wirklich annimmt und achtet, ohne all das aufzugeben, was eurer Integrität schadet. Somit lebt ihr in der Illusion, dass andere euch zum Opfer gemacht haben, und schiebt ihnen die Schuld dafür zu. Das ist ein weit verbreitetes Spiel und eine Täuschung, die viele unter euch in unterschiedlichen Formen aufgedeckt haben.

Drei Schritte zur Orientierung

Ich möchte nun die verschiedenen Schritte besprechen, mit denen ihr aus dem Irrgarten der eigenen Illusion und negativen Schöpfung findet, in dem ihr unentrinnbar gefangen zu sein scheint. Offensichtlich müsst ihr zuerst eure negative Haltung erkennen, akzeptieren und beobachten.

Der zweite Schritt besteht darin, eure jeweiligen Gefühle und Reaktionen auf die negative Produktion in eurem Innersten zu befragen, ebenso wie eure wohl überlegte Absicht. Dann werdet ihr sehen, dass ihr sie mögt, Lust daraus bezieht und diese nicht aufgeben wollt.

Im dritten Schritt arbeitet ihr euch mühsam durch die Folgen eurer negativen Erzeugnisse hindurch, ohne Einzelheiten oder Wirkungen zu beschönigen. Das genaue Verständnis der schädlichen Wirkungen auf euch und andere muss deutlich werden. Es reicht nicht aus, eure Schuld für negatives Erschaffen dadurch zu beschwichtigen, indem ihr sagt, ihr würdet nur euch schaden. Ihr müsst sehen, dass keine Schädigung stattfindet, ohne auch anderen zu schaden. Es ist undenkbar, dass irgendetwas, was euch negativ berührt, andere nicht ebenfalls berührt. Selbsthass

159

beispielsweise äußert sich als Unfähigkeit zu lieben oder sogar als Zwang, andere zu hassen.

Der dritte Schritt schließt auch die Erkenntnis ein, dass die Lust, die ihr aus eurem negativen Schaffen bezieht, den unermesslichen Preis, den ihr dafür bezahlt, nie wert ist. Denn alles, was ihr in euch und eurem Leben am meisten beklagt, ist die direkte Folge davon. Ihr opfert Freude, Frieden, Selbstachtung, innere Sicherheit und Wachstum, Lust auf allen Ebenen eures Seins und eine sinnvolle, angstlose Existenz.

Ein weiterer Aspekt des dritten Schrittes ist, dass ihr die Lust, die ihr aus euren destruktiven Gefühlen und Haltungen bezieht, nicht aufzugeben braucht. In Wirklichkeit überträgt sich dieselbe Lust auf positives Schaffen, wo ihr froh und ohne Schuld expandiert, ohne den hohen Preis zu bezahlen. Ursache und Wirkung durchzuarbeiten sowie Zusammenhänge zu erkennen ermöglicht uns, die Negativität aufzugeben. Allein die Bewusstheit eurer Destruktivität reicht nicht, ihr müsst auch zugeben, dass ihr sie nicht aufgeben wollt.

Beim zweiten Schritt seid ihr noch von der Wirkung getrennt. Vielleicht gesteht ihr euch die Destruktivität als Ursache ein, aber ihr seht den Zusammenhang mit allem, was ihr im Leben beklagt, noch nicht. Das Bindeglied zwischen Ursache und Wirkung fehlt. Ohne diese Verbindung könnt ihr die Negativität nicht wirklich aufgeben wollen, und die Motivation dazu erfordert einen hohen Preis. Der zweite Schritt ist wohl der schwierigste. Auf jeden Fall stellt er die radikalste Veränderung der Wahrnehmung dar.

Wenn ihr beim positiven Schaffen dieselbe Faszination entdeckt wie beim negativen, diesmal jedoch ungetrübt durch Leiden, Schuld, Angst und Selbstvorwürfe, eröffnet sich euch die Welt in einer solchen Schönheit und einem solchen Licht, wie Worte es nicht zu beschreiben vermögen. Ihr werdet die Freiheit schmecken, Schöpfer eures auserwählten Lebens zu sein.

Rollen und Spiele

Um das Bindeglied der positiven Faszination zu entdecken, werdet ihr die Destruktivität und Negativität hinter unterschiedlichen Fassaden erkennen müssen – hinter Täuschungen, Abwehrmechanismen, Ränken und Spielen, den idealisierten Selbstbildern und jeweiligen Verleugnungsformen. Alle diese Masken sind trügerisch. Sie tragen stets das Gegenteil dessen zur Schau, was ihr in euch selbst ablehnt.

Um euch vor anderen – und vor euch selbst – zu verstecken, produziert ihr das Gegenteil dessen, was ihr verstecken wollt. Die Rolle wird zur zweiten Natur, hat aber nichts mit euch zu tun. Sie ist lediglich eine Gewohnheit, die ihr nicht ablegen könnt, solange ihr nicht dahinter schaut. Ihr müsst eure Illusionen bezüglich des Bildes auflösen, das ihr der Welt zeigt und von dessen Echtheit ihr euch ständig selbst zu überzeugen sucht. Es gilt, die Künstlichkeit eurer Rolle zu demaskieren. Indem ihr vorgebt, ein Opfer zu sein, erscheint sie euch immer irgendwie gut. Doch müsst ihr sie genau analysieren, um zu begreifen, was ihr vortäuscht.

Die vorgetäuschte Rolle enthält dieselben Aspekte, die ihr so eifrig zu verbergen trachtet. Wenn ihr euch versteckt und die Rolle darin besteht, dass ihr durch den Hass und ungerechte Anschuldigungen anderer verfolgt seid, so ist der Hass gerade in dieser Vortäuschung enthalten. Die Fassade der Rolle unterscheidet sich nie wesentlich von dem, was sie verdeckt. Es ist eine hasserfüllte Haltung, vorzugeben, infolge des Hasses anderer ein Opfer zu sein.

Das Spiel an sich muss nicht nur aufgedeckt werden, um zu offenbaren, was es verbirgt, sondern auch, um die darin enthaltenen Aspekte und ihre eigentliche Bedeutung aufzudecken. Die negative schöpferische Energie ist im präsentierten Bild einbezogen. Ich schlage vor, dass ihr jetzt die verschiedenen Rollen herausfindet, die ihr euch ausgesucht habt. Beschreibt sie in einfachen Sätzen und zeigt, was sie vermitteln sollen. Vielleicht entdeckt ihr, dass eine anscheinend engelhafte Rolle genauso zerstörerisch ist wie das, was dahinter verborgen liegt. Ihr könnt die Energie von Seelenströmungen nicht verbergen, ihr könnt sie durch Täuschungen nicht verändern, wie eifrig ihr es auch versucht.

Die Rolle, die ihr in der Illusion wählt, sie würde eure absichtliche Destruktivität auslöschen, ist die erste Schicht, der ihr euch zu stellen habt. Dann könnt ihr die weiteren Schritte unternehmen. Manchmal überschneiden sie sich auch.

Der vierte Schritt

Je mehr ihr einseht, welch aussichtsloses Spiel ihr mit dem Leben spielt, wenn ihr an falschen Rollen festhaltet, die die destruktive Haltung überdecken, desto eher seid ihr bereit, sie aufzugeben. Das stärkt euren Willen und führt zum vierten Schritt, dem Neuerschaffen der Seelensubstanz. Das Neuerschaffen setzt in der Meditation, im Gebet, in der bewussten Formulierung wahrer Gedanken an und durch Erfahrung wird sie fortgeführt. Ihr werdet wahrnehmen, wie ihr zu übertreiben und immer wieder auf alte Verletzungen zurückzukommen versucht, wie ihr absichtlich andere für etwas bestrafen wollt, was eure Eltern euch wirklich oder eurer Meinung nach angetan haben. Ihr werdet sehen, wie ihr euch weigert, ihr Versagen nicht als absichtliche hasserfüllte Handlung zu sehen. Wenn ihr dann merkt, wie ihr euch freut, in eurem Inneren bei diesen Dingen zu verweilen und weder eure Sichtweise, Haltung noch Gefühle ändert, könnt ihr mit dem Neuerschaffen beginnen. Erinnert euch beim Entlarven eurer Täuschungen daran, dass ihr sehen wollt, was unter der jeweiligen Fassade der Schuldzuweisung und des Opferlammdaseins liegt.

Zuerst scheint eure Verletztheit real zu sein und erfordert eine eingehende Untersuchung, bis ihr feststellt, dass sie überhaupt nicht wirklich ist. Sie ist eine Gewohnheit, die ihr pflegt, ebenso wie die Rollen, die ihr spielt. Jedes objektive Anerkennen eurer Heuchelei ermöglicht euch, der Wahrheit näher zu kommen, die Falschheiten hinter euch zu lassen und dem Leben ehrlich zu begegnen. Das Formulieren dieser Absicht und eure Bitte um Hilfe an die höheren Kräfte in euch stellt den vierten Schritt dar.

Ebenso gehören zum vierten Schritt die präzisen Fragen an euer Innerstes: »Welchen Ansatz kann ich anwenden, um ohne Vorspiegelungen zu leben? Wie fühlt es sich an, besser auf Lebenserfahrungen zu reagieren?« Als Antwort auf diese Fragen wird sich etwas Neues entwickeln. Beim Neuerschaffen entstehen gesunde, stabile und wahrheitsgemäße Reaktionen aus eurem wahren Wesen, das keinen Deckmantel braucht. Formuliert präzise Sätze. Stellt fest, dass das, was ihr tut, nicht funktioniert, weshalb es nicht funktioniert, und dass ihr es anders haben möchtet. Seid ihr mit diesen Sätzen ehrlich, haben sie eine große schöpferische Kraft.

162

Die Läuterung ist ohne die vier Abschnitte undenkbar. Sie ist auch ohne aktive Hilfe nicht möglich. Es ist eine völlige Illusion, bewusst oder unbewusst zu hoffen, ihr könntet diese Seiten eures Wesens übergehen oder sie durch irgendeinen »spirituellen Zauber« wegfegen. Selbstverwirklichung, das Erreichen eures spirituellen Kerns oder wie auch immer ihr das Ziel allen Lebens zu benennen beliebt, findet nicht statt, ehe ihr euch nicht den innersten Negativitäten und Heucheleien gestellt habt.

Stellt man sich destruktiven Haltungen nicht, lebt man in einer schmerzlichen Ambivalenz. Ihr könnt nicht nur in eine Richtung gehen, wenn ihr negativ sein wollt. Das wahre Selbst schreit immer nach der letztendlichen Wirklichkeit und zieht in die Gegenrichtung. Eine Vereinheitlichung der inneren Ausrichtungen kommt nur zustande, wenn die Persönlichkeit wahrhaftig konstruktiv ist.

Um euch als jenes ewige Du zu erleben, das ihr im Wesentlichen und am Ende seid, habt ihr das positive Erschaffen in Betracht zu ziehen und zu prüfen. Ihr werdet sehen, dass dies ein organischer Vorgang ist. Negatives Erschaffen und destruktive Haltungen sind künstlich ersonnen, auch wenn ihr so daran gewöhnt seid, dass sie euch natürlich vorkommen. Das Positive ist mühelos. Auf den ersten Blick erfordert es zu viel Mühe, das Negative aufzugeben, da es euch zur zweiten Natur geworden ist. Die Mühe erscheint groß, weil ihr immer noch glaubt, ihr würdet durch das Aufgeben der Negativität eine neue Positivität erschaffen. Verhielte es sich so, wäre es in der Tat meist unmöglich, sie zu erschaffen. Sobald ihr erkennt, dass die positive Schaffenskraft bereits in euch liegt und dass sie sich in dem Augenblick entfaltet, in dem ihr sie zulasst, befreit euch das Aufgeben der Negativität von einer schweren Last, die euch zahlreiche Leben bedrückt hat.

Wenn wir sagen, Gott sei in euch, meinen wir genau das. Damit steht euch jederzeit eine unendliche, ganz persönliche Weisheit zur Verfügung, die schöpferische Kraft, Glückseligkeit, Freude und höchste Lust auf allen Ebenen. Unter eurer Negativität liegt ein neues Leben, in dem alle Reaktionen klar, stark und in jedem einzelnen Fall stimmig sind. Schon jetzt sind hinter den falschen Rollen und jenseits der Destruktivität eure Reaktionen elastisch und kreativ. Unter der Erstarrung leuchtet ein sprudelndes Lebendigsein. Am Ende zeigt es sich als stetes inneres Klima.

Ich denke, die meisten unter euch begreifen, wie wichtig diese Lesung ist, besonders wenn ihr sie auf euer eigenes Leben anwendet und nicht nur als theoretische Diskussion auffasst. Dort wird sich ihre lebenswichtige Bedeutung für eure Entwicklung zeigen. Seid gesegnet. Liebe und Kraft allen Anwesenden.

TEIL III
Transformation

Ein großer, allgemeiner Wunsch der Menschheit kommt in jeder Religion, Kunst und Philosophie und in jedem Menschenleben zum Ausdruck: der Wunsch, über seinen jetzigen Zustand hinauszugehen.

Beatrice Hinkle[13]

[13] Hinkle, Beatrice: *The Re-creating of the Individual.* Harcourt, Brace 1923.

Viele Menschen machen sich aus dem gleichen Grund auf einen Weg wie den Pfad: Sie sind unglücklich und mit ihrem Leben unzufrieden. Andere begeben sich auf den Pfad, weil sie Antworten auf essenzielle Fragen suchen. Alle, die einen solchen Pfad beschreiten, müssen sich sowohl mit der psychisch/emotionalen wie der spirituellen Seite abgeben. Psychologische Arbeit wird immer zur spirituellen Arbeit, wenn sie weit genug getrieben wird. Die spirituelle Arbeit muss sich, um wirksam zu sein, auch mit der Psyche des Suchenden abgeben. Das ist nichts Neues. Der Theologe und Mystiker Meister Eckehart hat dies im 14. Jahrhundert folgendermaßen ausgedrückt:

> Wie sollte der Mensch sich als Gott-erkennend erkennen, der sich selbst nicht erkennt? Denn sicherlich, der Mensch erkennt sich selbst und andere Dinge überhaupt nicht, vielmehr nur Gott allein, fürwahr, wenn er selig wird und selig ist in der Wurzel und im Grunde der Seligkeit. Wenn aber die Seele erkennt, dass sie Gott erkennt, so gewinnt sie zugleich Erkenntnis von Gott und sich selbst.[14]

Das Ziel der Pfadarbeit ist also nicht nur Selbsterkenntnis, sondern die Transformation. Dabei handelt es sich sowohl um eine psychische wie spirituelle Veränderung. Die bisherigen Teile dieses Buches haben uns gezeigt, wie wir uns prüfen und hinter die Maske unseres idealisierten Selbstbildes blicken. Haben wir den Mut, unsere unterdrückten Gefühle zuzulassen, erkennen wir schließlich, dass unsere eigene unbewusste Negativität die Probleme in unserem Leben erzeugt. Dieses Wissen ist notwendig, wenn wir die Möglichkeit für eine wirkliche, tief greifende Veränderung schaffen wollen. Im dritten Teil richten wir unsere Aufmerksamkeit darauf, wie wir die Eigentransformation bewerkstelligen.

Die Veränderung geschieht auf zwei Ebenen. Die erste ist vorwiegend psychisch und gefühlsmäßig. Wir lernen, ein anderer Mensch zu werden, nachdem wir unsere unsinnigen und uns selbst sabotierenden Haltungen,

---

14 Meister Eckehart (hrsg. von Josef Quint): *Deutsche Predigten und Traktate.* Hanser Verlag, München, 5. Aufl. 1978, S. 147 f.

166

Glaubenssätze und Ängste durchschaut und aufgegeben haben. Die zweite Ebene ist spirituell: Sie beinhaltet einen radikalen Identitätswechsel über die Persönlichkeit, ja sogar über das Menschsein hinaus.

Eine große psychische und emotionale Veränderung stellt sich nur bei zunehmender Selbsterkenntnis ein. Manche sich selbst vereitelnden Verhaltensweisen werden so deutlich und der damit verbundene Schmerz so stark empfunden, dass sie einfach aufgegeben werden. Die zuvor an die Negativität gebundene Energie wird nun wieder für eine positive Lebensäußerung frei.

Die späteren Pfadlesungen konzentrieren sich darauf, wie man mit widerspenstigen, negativen Mustern umgeht, obschon man sie anscheinend genau analysiert, verstanden, empfunden, anerkannt oder abgelehnt hat. Dieses letzte Arbeitsstadium hängt in hohem Maße vom richtigen Einsatz einer bestimmten Meditation ab. Für die Pfadmeditation muss man zuerst gelernt haben, unter die alltägliche Ebene des schwatzhaften Verstandes zu sinken und an einem Dort lernt man, die Stimme des niederen Selbst deutlich zu hören und ein Gespräch mit ihm anzufangen. Man kann auch Kontakt zur Weisheit und Stärke des höheren Selbst aufnehmen und um seine Hilfe bitten. In diesem Stadium der Arbeit beginnt sich das Gefühl der eigenen Identität zu verändern.

In den Lesungen heißt es: » Die Pfadarbeit ist keine Psychotherapie, auch wenn einige Aspekte von der Psychotherapie behandelt werden. Im Rahmen der Pfadarbeit wird der psychologische Ansatz zur Nebensache, zu einer Methode, mit Hindernissen fertig zu werden. Es ist wesentlich, sich mit Verwirrung, falschen Auffassungen, Missverständnissen, zerstörerischen Haltungen, entfremdender Abwehr, negativen Empfindungen und gelähmten Gefühlen auseinander zu setzen, was die Psychotherapie auch versucht und sogar zu ihrem höchsten Ziel erklärt. Im Gegensatz dazu tritt die Pfadarbeit in ihre wichtigste Phase, wenn dieser erste Bereich überwunden ist. Die zweite und wichtigste Phase beschäftigt sich damit, wie der Mensch lernen kann, das umfassendere, in jeder Seele wohnende Bewusstsein zu aktivieren.«[15]

[15] Aus Lesung 204, in Pierrakos, Eva: *Der Pfad der Wandlung.* S. 22.

167

Was ist das »umfassendere Bewusstsein«? Oder was ist mit dem Satz »das Gefühl der eigenen Identität beginnt sich zu verändern« gemeint?

Es gibt mehrere Ebenen menschlichen Bewusstseins, und es sind im langen Prozess des Erwachens, des zunehmenden Gewahrseins und des Erleuchtetwerdens verschiedene Arbeiten erforderlich. Wenn wir aus unserem Wachschlaf erwachen, gilt es, unsere Selbsttäuschungen zu durchleuchten und jene Teile unseres Selbst wieder zu integrieren, die wir abgeschoben haben. Man könnte sagen, wir würden dabei »größer«, weil wir mehr von uns integrieren und unser Eigen nennen. Wir haben Aspekte, die wir unbewusst verleugnet hatten, als zu uns gehörig erkannt.

Mit fortschreitender Arbeit wird schließlich das Stadium erreicht, das Abraham Maslow Selbstverwirklichung nannte. In den meisten Therapien geht man davon aus, diese Ebene sei die höchste zu erreichende. Sie stelle das erfolgreiche Ende des Wachstums dar. Es gibt jedoch jenseits davon zwei weitere Ebenen: die transpersonale und die Ebene der Einheit.

Auf der transpersonalen Ebene erfährt man, dass es Bereiche jenseits der menschlichen gibt und dass man in Kontakt mit ihnen treten kann. Wie Ken Wilber sagt: »Der Durchschnittsmensch wird daher vermutlich ungläubig zuhören, wenn ihm erklärt wird, dass er – eingenistet in den tiefsten Tiefen seines Wesens – ein transpersonales Selbst hat, ein Selbst, das über seine Individualität hinausgeht und ihn mit einer Welt verbindet, die jenseits von konventionellem Raum und konventioneller Zeit liegt.«[16] Tatsächlich kann man sich in einem Gipfelerlebnis, einem Augenblick, in dem man über sich hinausgeht, oder in tiefer Meditation als ein Wesen erleben, das auf dieser spirituellen Seinsebene weilt. Von dieser Ebene hat Eva Pierrakos den Pfad empfangen, und von dort stammen alle wahren Offenbarungen. Der spirituelle Sucher kann nach dem Erreichen dieser Bewusstseinsebene beginnen, einer *Führung* entsprechend zu leben. Er kann diese Ebene größerer Weisheit anzapfen und Anleitungen daraus beziehen, wie er sein Leben führen soll, um mehr Erfülltheit zu erlangen.

---

16 Wilber, Ken: *Wege zum Selbst.* Kösel-Verlag, München, 4. Auflage 1988, S. 163.

Arbeitet man häufiger auf dieser Ebene, tritt man von den eigenen Persönlichkeitssorgen zurück und lernt, sie ruhig zu beobachten. Man findet immer einen stillen, ruhigen Kern im Inneren, auch wenn das Persönlichkeitsselbst einen Wutausbruch oder Angstanfälle hat. Ein subtiler Wandel hat stattgefunden. Ich arbeite nicht mehr daran, verleugnete eigene Seiten aufzuspüren, sondern bin jetzt mit *Desidentifikation* beschäftigt. Ich entdecke immer deutlicher, dass es ein tieferes Selbst gibt, das unter der Ebene der Probleme existiert und sowohl im Leben wie im Tod da ist.

In dem Maß, in dem ich auf dieser Ebene lebe, verändert sich die Erfahrung der Führung. Ich empfinde nicht mehr, dass jemand anderer zu »mir« spricht. Es stellt sich das Gefühl ein, ein Teil in mir spreche zu einem anderen Teil meiner selbst. Kein »größeres Bewusstsein« schickt mir eine Botschaft, sondern ich bin offenbar jenes größere Bewusstsein. Das kann ziemlich verwirrend und sogar gespenstisch sein. Mit der Zeit fühlt es sich aber wie ein wunderbares, freudiges Nachhausekommen an.

Die Lesungen in diesem Teil befassen sich mit Meditation, dem Auflösen von Ängsten, der Gleichsetzung mit dem spirituellen Selbst und mit dem Übergang zur positiven Intention. Nach der Untersuchung der persönlichen Negativität schließen wir mit einer Lesung, die die Weiten des inneren Raumes öffnet und beschreibt, wie der innere Raum vom Heiligen Geist erfüllt werden kann.

D. T.

169

18

Meditation für drei Stimmen

Seid alle gegrüßt, meine Freunde. Liebe, Segen und innere Stärke kommen zu eurer Unterstützung. Sie helfen euch, euer Innerstes zu öffnen. Ich hoffe, ihr setzt diesen Prozess fort, so dass ihr euer gesamtes Sein ins Leben einbringt und Ganzheit in euch schafft.

Es gibt viele verschiedene Arten zu meditieren. Religiöse Meditation besteht aus dem Aufsagen festgelegter Gebete. Eine andere Meditation steigert die Kräfte der Konzentration. Oder man betrachtet und reflektiert die spirituellen Gesetze. Es gibt auch die Meditation, in der das Ich völlig willenlos gemacht wird, um den Fluss des Göttlichen zuzulassen. Diese Formen mögen mehr oder minder wertvoll sein. Mein Vorschlag lautet: Nutzt die verfügbare Energie und Zeit, um euch mit jenem Teil des Selbst auseinander zu setzen, der Glück, Erfüllung und Ganzheit zerstört. Ihr könnt das ersehnte Ziel nie schaffen, wenn ihr die Konfrontation umgeht. Bei diesem Ansatz verleiht ihr dem widerspenstigen Aspekt des egoistischen, destruktiven Selbst, das aus verschiedenen Gründen Glück, Erfüllung und Schönheit leugnet, eine Stimme.

Um die Dynamik, den Sinn und den Prozess der Meditation zu verstehen und daraus den größtmöglichen Nutzen zu ziehen, sollten gewisse psychische Gesetze klar sein. Eines lautet: Soll Meditation wirklich Erfolg haben, müssen drei wesentliche Persönlichkeitsschichten aktiv beteiligt werden.

Die bewusste Ich–Ebene mit dem bewussten Wissen und Wollen (1); die *unbewusste ich-bezogene Kindebene* mit ihrer Unwissenheit, Zerstörungswut und ihren Omnipotenzansprüchen (2); das *überbewusste universelle Selbst* mit seiner überlegenen Weisheit, Macht und Liebe und seinem umfassenden Verständnis des menschlichen Lebens (3).

In der erfolgreichen Meditation aktiviert das bewusste Ich sowohl das unbewusste, egoistische, zerstörerische Selbst als auch das überlegene, überbewusste universelle Selbst. Zwischen diesen drei Ebenen muss eine ständige Wechselwirkung stattfinden, die große Wachsamkeit von eurem bewussten Ich erfordert.

Das Ich als Vermittler

Das bewusste Ich muss dem unbewussten egoistischen Selbst die Erlaubnis geben, sich zu öffnen, zu entfalten, ins Bewusstsein zu treten und sich auszudrücken. Schwer, meine Freunde, scheint dies nur wegen der Angst, nicht so vollkommen, so vernünftig und ideal zu sein, wie man möchte oder vorgibt, so dass an der Bewusstseinsoberfläche das Ich von seinem idealisierten Selbstbild fast überzeugt ist. Gegen diese oberflächliche Überzeugung arbeitet das unterbewusste Wissen, dass dieses Bild nicht stimmt. Dadurch fühlt sich die gesamte Persönlichkeit insgeheim wie ein Betrüger und empfindet schreckliche Angst vor Bloßstellung. Es ist ein bedeutsames Zeichen von Selbstannahme und Wachstum, wenn ein Mensch dem egoistischen, unvernünftigen, unverblümt destruktiven Teil erlaubt, sich dem inneren Bewusstsein zu offenbaren, und ihn in all seinen Eigenheiten anerkennen kann. Dies verhindert eine gefährliche *indirekte* Manifestation, der er sich nicht bewusst ist, so dass ihre unerwünschten Folgen von außen zu kommen scheinen.

Also muss das bewusste Ich nach innen gehen und sagen: »Alles, was in mir ist, alles Verborgene, was ich wissen sollte, auch das Negative und Zerstörerische, muss ans Licht. Ich will es sehen und verpflichte mich, es genauer anzuschauen, ungeachtet meiner verletzten Eitelkeit. Ich möchte gewahr werden, wie ich mich weigere, meinen Anteil zu sehen, wenn ich nicht klarkomme, und wie ich mich deswegen auf Fehler anderer konzentriere.« Das ist die Richtung der Meditation.

171

Der andere Weg muss zum universellen höheren Selbst führen. Es besitzt Kräfte, die die Grenzen des bewussten Selbst überschreiten. Auch sie sollten zur Enthüllung des destruktiven niederen Selbst in Anspruch genommen werden, so dass der Widerstand überwunden werden kann. Der Wille des Ich allein ist dazu nicht fähig, doch das bewusste, selbstbestimmende Ich kann und muss die höheren Kräfte um Unterstützung bitten. Das universelle Bewusstsein muss auch um Hilfe gebeten werden, damit ihr den Ausdruck des destruktiven Kleinkindes richtig und ohne Übertreibung versteht. Der Mensch kann leicht von äußerlicher Selbsterhöhung zu versteckter, innerer Selbstentwertung umschwenken. Wenn sich das destruktive Kind zeigt, könnte man zu der Meinung gelangen, dieses Selbst sei die letzte, traurige Realität. Um die Enthüllungen des egoistischen Kindes zu verstehen ist es nötig, ständig um die Führung des universellen Selbst zu bitten.

Wenn das Kind anfängt, sich freier auszudrücken, weil das Ich dies erlaubt und es ohne Urteil als interessierter, offener Zuhörer annimmt, dann könnt ihr dieses Material zur weiteren Untersuchung sammeln. Alles, was sich zeigt, sollte auf seine Ursprünge, Folgen und Auswirkungen hin erforscht werden. Fragt euch, welche Auffassungen für den Hass, die Verachtung, die Bosheit oder die anderen auftauchenden negativen Gefühle verantwortlich sind. Sind sie erkannt, verringern sich Schuld und Selbsthass im Verhältnis dazu.

Ihr müsst euch auch nach den Folgen fragen, wenn ihr einer flüchtigen Befriedigung wegen negativer Impulse nachgebt. Sind solche Fragen deutlich gestellt und beantwortet, schwächt das die destruktiven Seiten – wieder im direkten Verhältnis zum Verständnis der jeweiligen Ursachen und Wirkungen. Ohne diesen Teil der Pfadarbeit ist die Aufgabe nur halb bewältigt. Meditation muss das ganze Problem unbewusster Negativität Schritt für Schritt behandeln.

Die Wechselbeziehung ist dreifach. Anfangs muss das beobachtende Ich den Vorsatz haben und dazu stehen, nach innen zu gehen und die negative Seite aufzudecken. Es muss auch das universelle Selbst um Hilfe bitten. Wenn das Kind sich offenbart, sollte das Ich wieder um die Unterstützung durch das universelle Selbst bitten, damit die zugrundeliegenden falschen Vorstellungen und deren hoher Preis erforscht werden. Wenn ihr es

172

zulasst, kann das universelle Selbst helfen, der Versuchung, den destruktiven Impulsen immer wieder nachzugeben, zu widerstehen. Ein solches Nachgeben erfolgt nicht unbedingt im Tun, sondern zeigt sich in gefühlsmäßigen Einstellungen.

Die meditative Haltung

Die Meditation fordert viel Zeit, Geduld, Ausdauer und Entschlossenheit. Denkt daran, euch nicht wegen des Mangels an Erfüllung vergrämt auf andere oder Umstände außerhalb eurer Kontrolle zu konzentrieren, sondern in euch selbst zu schauen und die Ursachen zu erforschen, die in der egoistischen Kindebene verankert sind. Die Meditation ist hier absolute Vorbedingung: Sie bedeutet, *euch zu sammeln* und dann ruhig und still die Wahrheit des jeweiligen Umstands und seiner Ursachen kennen lernen zu wollen. Danach *wartet schweigend auf eine Antwort.* In diesem Geisteszustand werdet ihr Frieden finden, noch ehe ihr ganz versteht, warum ihr eine bestimmte Negativität habt. Dieses aufrichtige Herangehen an das Leben wird euch ein gewisses Maß an Frieden und Selbstachtung geben, das euch fehlte, solange ihr andere für euer Leid verantwortlich gemacht habt.

Wird diese Meditation gepflegt, entdeckt ihr eine Seite in euch, die ihr nie kanntet. Tatsächlich haben zwei Aspekte daran teil: Die höchsten universellen Kräfte werden mit euch in Verbindung treten, um euch bei der Entdeckung eurer destruktivsten, unwissendsten Seite zu helfen, die Einsicht, Läuterung und Veränderung benötigt. Durch die Bereitschaft, euer niederes Selbst anzunehmen, werdet ihr des höheren Selbst gewärtig werden. Mehr noch, ihr werdet es immer stärker als euer wahres Selbst erfahren.

Viele Menschen meditieren, lassen die Zweiseitigkeit dieses Bemühens außer Acht und versäumen daher die Integration. Sie mögen einige der universellen Kräfte aktivieren, die ins Spiel kommen, wenn der Mensch frei, positiv und offen genug ist. Die unfreien, verschlossenen negativen Bereiche bleiben jedoch vernachlässigt. Die verwirklichten universellen Kräfte werden von sich aus die Integration mit dem unentwickelten Teil des Selbst nicht durchsetzen. Das bewusste Ich muss sich für die Integration entscheiden und dafür kämpfen, sonst kann das universelle Selbst

173

nicht zu den blockierten Bereichen vordringen. Teilweise Integration mit den Kräften des Göttlichen kann sogar zu noch größerer Selbsttäuschung führen, wenn das Bewusstsein dadurch irregeführt wird.

Die Veränderung durch Pfadarbeit

Durchlauft ihr den Prozess von Anfang bis Ende, wird das gesamte Selbst außerordentlich gestärkt. Verschiedenes wird sich in euch ereignen, meine Freunde. Zunächst wird eure bewusste Ich-Persönlichkeit in einem guten, entspannten Sinne stärker und gesünder. Sie erfährt mehr Entschlossenheit, Bewusstheit, sinnvolle Ausrichtung und größere Konzentrationskraft. Zweitens werdet ihr eure Selbstannahme und euer Realitätsverständnis entwickeln. Unechter Selbsthass und Selbstekel hören auf. Zugleich enden die unechten Ansprüche auf Besonderheit und Vollkommenheit. Falscher spiritueller Stolz und Eitelkeit verschwinden ebenso wie falsche Selbsterniedrigung und Scham. Infolge der ständigen Belebung durch höhere Kräfte fühlt sich das Selbst immer weniger verlassen, hilflos, verloren, hoffnungslos oder leer. Die Sinnhaftigkeit des Kosmos mit all seinen wunderbaren Möglichkeiten eröffnet sich euch von innen, und die Realität dieser erweiterten Welt zeigt euch den Weg, das destruktive innere Kind anzunehmen und zu verändern.

Diese allmähliche Wandlung befähigt euch, alle Gefühle anzunehmen und den Energiefluss in eurem gesamten Wesen zuzulassen. Nehmt ihr eure kleine, armselige, boshafte Seite an, ohne sie für die endgültige Realität zu halten, werden Schönheit, Liebe, Weisheit und die unendliche Kraft des überlegenen Selbst wirklicher. Die Auseinandersetzung mit eurem niederen Selbst führt zu einer ausgewogenen Entwicklung, Integration und einem beruhigenden Gespür für die eigene Realität. Daraus entwickelt sich eine wirklichkeitsnahe, wohl fundierte Selbstliebe.

Wenn ihr die Wahrheit in euch seht und zu ihr steht, werdet ihr eine hässliche Seite entdecken. Zugleich aber erscheint auch die große universelle, spirituelle Kraft, die in euch steckt und die ihr in der Tat seid. Je mehr ihr die kleine, gemeine Kreatur akzeptieren könnt, dieses unwissende Kind in euch, ohne euren Selbstwert zu verlieren, desto besser werdet ihr die Größe eures inneren Wesens wahrnehmen, vorausgesetzt ihr benutzt die Entdeckungen über das kleine Selbst nicht dazu, euch selbst

174

niederzumachen. Eben dazu will euch das niedere Selbst verleiten. Das bewusste Ich soll in den engen Grenzen neurotischer Selbstbestrafung, Hoffnungslosigkeit und krankhafter Kapitulation bleiben, was immer unausgedrückten Hass einschließt. Das bewusste Ich muss diese Strategie mit allem Wissen und Geschick vereiteln. Achtet auf die Neigung zur Selbstkasteiung, Hoffnungslosigkeit und Kapitulation und bekämpft sie mit eurem Wissen. Wenn ihr mit diesem Teil sprecht, könnt ihr alle Kenntnisse eures bewussten Ich zum Tragen bringen. Sollte das nicht reichen, fordert Hilfe von den Kräften jenseits eures Bewusstseins an.

In dem Maße, in dem ihr das Niedrigste und das Höchste in euch kennen lernt, entdeckt ihr die Funktion, die Fertigkeiten, aber auch die Beschränkungen des bewussten Ich. Seine Funktion auf bewusster Ebene ist der Wille, die volle Wahrheit des Niedrigsten und des Höchsten in euch zu sehen und mit ganzer Kraft die Wandlung zu wollen und die Destruktivität aufzugeben. Das Ich-Bewusstsein ist dadurch eingeschränkt, dass es das allein nicht vermag und sich um Hilfe und Führung an das universelle Selbst wenden muss. Es muss mit einer offenen Einstellung warten, ohne zu zweifeln oder ungeduldig zu drängen. Je weniger vorgefasste Vorstellungen man hat, desto schneller wird die Unterstützung zuteil. Vielleicht erfolgt die Hilfe des universellen Bewusstseins in einer Weise, die euren Begriffen nicht entspricht.

Die Umerziehung des destruktiven Selbst

Bisher haben wir zwei Phasen der Meditation besprochen: erstens das Erkennen des unbewussten, zerstörerischen, egoistischen Selbst, zweitens das Verstehen der zugrunde liegenden falschen Auffassungen, der Ursachen und Wirkungen, der Bedeutung und des Preises, den ihr für die destruktiven Haltungen bezahlt. *Die dritte Phase ist die Neuausrichtung und Umerziehung des zerstörerischen Teils.* Das zerstörerische Kind ist nun nicht länger unbewusst. Mit seinen falschen Anschauungen, seinem hartnäckigen Widerstand, seiner Bosheit und mörderischen Wut braucht es eine neue Ausrichtung. Eine Umerziehung kann jedoch so lange nicht stattfinden, wie ihr euch nicht jedes Aspektes seiner Anschauungen und Einstellungen voll bewusst seid. Deshalb ist der erste Teil der Meditation, die Aufdeckungs- und Forschungsphase, so wesentlich. Selbstverständlich kann man sie nicht einfach hinter sich bringen und dann mit der zweiten und dritten Phase beginnen. Der Prozess verläuft nicht linear, sondern die einzelnen Phasen überlagern sich.

Was ich jetzt sage, müsst ihr sorgsam aufnehmen, damit die Feinheiten nicht verloren gehen. Umerziehung kann leicht missverstanden werden und zu erneuter Unterdrückung oder Verdrängung des sich entfaltenden, destruktiven Teils führen. Lasst größte Sorgfalt walten und sucht ganz bewusst, dies zu vermeiden, ohne dem zerstörerischen Anteil zu erlauben, dass er euch überwältigt. Die beste Einstellung zu ihm ist unvoreingenommene Beobachtung und Annahme ohne Urteil und Hast. Je mehr er sich entfaltet, desto mehr müsst ihr euch daran erinnern, dass weder die Wahrheit seiner Existenz noch seine destruktiven Einstellungen endgültig sind. Diese Einstellungen sind weder die einzigen, die ihr habt, noch sind sie absolut. Darüber hinaus besitzt ihr die euch innewohnende Kraft, alles zu ändern. Der Ansporn zur Veränderung kann fehlen, wenn ihr den zerstörerischen Teil nicht erkennt und so nicht des Schadens gewahr werden könnt, den er eurem Leben zufügt. Ein weiterer wichtiger Aspekt in dieser Phase der Pfadmeditation ist deshalb, überall nach indirekten Erscheinungen zu schauen. Wie zeigt sich in eurem Leben unausgedrückter Hass? Vielleicht, indem er Gefühle der Unwürdigkeit oder Angst aufkommen lässt oder eure Energien hemmt. Das ist nur ein Beispiel; alle seine indirekten Manifestationen müssen erforscht werden.

Ich rufe euch in Erinnerung, dass dort, wo Leben ist, ständig Bewegung herrscht, selbst wenn diese zeitweise gelähmt ist. Materie ist gefrorener Lebensstoff. Die zu Blöcken erstarrte Energie in eurem Körper ist vorübergehend unbewegliche Lebenssubstanz. Meditation heißt vor allem, dass der Teil von euch, der bereits bewusst und in Bewegung ist, beabsichtigt, die blockierte Energie und das getrübte Bewusstsein zu befreien. Die beste Möglichkeit ist dabei, dem gefrorenen, getrübten Bewusstsein erst einmal den Ausdruck zu gestatten. Eine panische Haltung gegenüber dem eigenen, sich entfaltenden Kind schadet mehr als das destruktive Kind selbst. Ihr müsst lernen, ihm zuzuhören, es aufzunehmen, seine Äußerungen ruhig zu empfangen, ohne euch dafür zu hassen und es wegzustoßen. Nur mit solcher Einstellung könnt ihr die Ursachen seiner Destruktivität verstehen. Nur dann kann der Prozess der Umerziehung beginnen.

176

Die verneinende, ängstliche, selbstablehnende und Vollkommenheit fordernde Haltung, die ihr gewöhnlich habt, verhindert jeden Teil dieser Meditation. Sie erlaubt keine Entfaltung, kein Erforschen der Ursachen und gewiss keine Umerziehung. Es ist eine verständnisvolle Einstellung, die das bewusste Ich befähigt, seine gütige Herrschaft über die gewaltsam zerstörende, stagnierende psychische Materie zu behaupten. Wie ich schon oft gesagt habe, sind Freundlichkeit und tiefe Entschlossenheit gegenüber eurer Zerstörungswut notwendig. Es ist ein Paradox: Identifiziert euch mit ihr, und bleibt dennoch unvoreingenommen. Akzeptiert, dass ihr es seid, bedenkt aber, dass es auch einen anderen Teil in euch gibt, der das letzte Wort hat, wenn ihr nur wollt. Ihr müsst dazu die Begrenzungen eures bewussten Ich-Ausdrucks erweitern, um in jedem Augenblick sagen zu können: »Ich bin stärker als meine Destruktivität und durch sie nicht behindert. Ich bestimme, dass mein Leben sich in bester Verfassung befindet und dass ich die Blockaden in mir überwinden will und kann. Meine Entschlossenheit wird die höheren Kräfte herbeirufen, und sie werden mich befähigen, vermehrt Glücksgefühle zu erfahren, denn ich kann die zweifelhafte Lust am Negativsein loslassen.« Das ist die Aufgabe des bewussten Ich. Nur dann kann es die Führung, Weisheit und Stärke und ein neues inneres Gefühl der Liebe ins Spiel bringen, das daraus erwächst, dass ihr vom universellen Selbst durchdrungen seid.

Die Umerziehung erfolgt durch die Beziehung der drei aufeinander einwirkenden Ebenen, wie bei dem Bewusstmachen der destruktiven Seite und dem Erforschen ihres tieferen Sinnes. Das bewusste Ich im Dialog mit dem unwissenden, selbstbezogenen Kind und die Intervention und Führung durch das universelle, spirituelle Selbst sind daran beteiligt. Beide bewirken auf ihre Weise das allmähliche Reifen des Kindes. Das Ich bestimmt sein Ziel, das Bewusstsein des negativen inneren Kindes zu ändern, indem es den Willen dazu ausspricht. Die Durchführung dieser Aufgabe ist durch das spirituelle Einströmen der tieferen Persönlichkeit möglich, die bewusst und willentlich aktiviert werden muss. Das Bewusstsein muss dabei wieder einem zweifachen Ansatz folgen: Die Aktivität mit ihrem Wunsch, die selbstzerstörerischen Züge umzuwandeln, führt den Dialog und unterweist das unwissende Kind. Der andere Aspekt ist ein mehr passives, geduldiges Warten auf die allmähliche Offenbarung der universellen Kräfte. Sie sind es, die den inneren Wandel zuwege bringen und zu neuen, zuverlässigeren Reaktionen führen. So werden gute Gefühle die negativen oder erstarrten Gefühle ersetzen.

Auf den widerstrebenden Teil Druck auszuüben und ihn anzutreiben ist so unnütz wie seiner Weigerung, sich zu rühren, nachzugeben. Wenn das bewusste Ich nicht sieht, dass ein Teil des Selbst jeden Schritt hin zur Gesundheit, zur Entfaltung und zum guten Leben verwehrt, können als Gegenbewegung Hast, Ungeduld und Druck entstehen. Beides liegt im Selbsthass begründet. Fühlt ihr euch gelähmt und ohne Hoffnung, nehmt das als Aufforderung, den Teil in euch zu suchen, der sagt: »Ich will mich nicht ändern, ich will nicht konstruktiv sein.« Findet diese Stimme. Nutzt auch hier den meditativen Dialog, um das Schlechteste in euch zu erforschen und zum Ausdruck kommen zu lassen.

Nur auf diesem Weg kann Meditation eurem Leben die Lösung von Problemen, Wachstum, Erfüllung und die Entfaltung eurer besten Möglichkeiten zuführen. Wenn ihr ihn beschreitet, meine Freunde, wird die Zeit kommen, wo Vertrauen ins Leben nicht mehr wie eine verschwommene, weit entfernte Theorie klingt, die nicht in persönliches Handeln umgesetzt werden kann. Euer Vertrauen ins Leben wie auch eure Selbstliebe im gesundesten Sinne, gegründet auf realistische Einschätzungen statt auf Wunschdenken, werden euch mehr und mehr erfüllen.

Dies sind wichtige Ideen, die ihr verstehen und nutzen müsst. Stellt fest, wo sie verzerrt sind und wo sie auf angemessene Weise wirken. Wenn die dreifache Interaktion in euch stattfindet, besteht immer eine harmonische Mischung zwischen Begehren und Begierdelosigkeit, Anteilnahme und Unbeteiligtsein, Aktivität und Passivität. Zeigt dieses Gleichgewicht sich dauerhaft, *wird das destruktive Kind erwachsen*. Es wird nicht getötet, vernichtet oder ausgetrieben. Seine erstarrten Kräfte lösen sich in lebendige Energie, die ihr, meine Freunde, als neue *lebendige Kraft* empfinden werdet. Dieses Kind muss nicht erschlagen, sondern unterwiesen werden, damit es erlöst und befreit aufwachsen kann. Arbeitet ihr auf diese Erlösung hin, nähert ihr euch der Vereinigung der Ich-Ebene mit dem universellen Selbst.

Dies sind machtvolle Gedanken. Seid gesegnet, lebt in Frieden, lebt in Gott.

19

Selbstidentifikation und Bewusstseinsstadien

Grüße und Segen fließen zu euch allen mit einer großen spirituellen Kraft, die ihr aufnehmen und euch in dem Maße zu Eigen macht, in dem ihr euer Herz und euren Geist wahrhaft für sie öffnet.

In dieser Lesung will ich das Bewusstsein aus einem neuen und anderen Blickwinkel betrachten. Es ist für Menschen vielleicht schwer zu verstehen, dass das Bewusstsein das gesamte Universum durchdringt. Bewusstsein hängt nicht nur von der Persönlichkeit eines Wesens ab. Es durchdringt alles, was ist. Der menschliche Verstand ist darauf ausgerichtet, sich das Bewusstsein nur als Nebenprodukt der Persönlichkeit vorzustellen, das zudem ausschließlich mit dem Gehirn zusammenhängt. Dem ist nicht so. Bewusstsein erfordert keine feste Form. Jedes Materieteilchen enthält Bewusstsein, genauso wie Energie in unbelebten Gegenständen versteinert ist. Bewusstsein und Energie sind nicht dasselbe, aber sie sind voneinander abhängige Aspekte des sich manifestierenden Lebens.

Mit fortschreitender Evolution wird der Zustand weniger statisch, wie Bewusstsein und Energie zunehmend dynamischer und mobiler werden. Das Bewusstsein wird bewusster. Die Energie erlangt mehr schöpferische Kraft im Hinblick auf die Bewegung und das Hervorbringen von Formen.

Jeder dem menschlichen Fassungsvermögen vertraute Zug, jede in der Schöpfung bekannte Haltung, jeder Persönlichkeitsaspekt ist lediglich eine der vielen Manifestationen des Bewusstseins. Jede Manifestation, die noch nicht in das Ganze integriert ist, muss vereinheitlicht und zu einem harmonischen Ganzen synthetisiert werden.

Es erfordert einen Geistessprung, die Vorstellung, die ich hier zu vermitteln versuche, zu begreifen. Könnt ihr euch vorstellen, dass viele vertraute Züge, die eurer Meinung nach nur in einem Menschen vorkommen, nicht den Mensch an sich bilden, sondern frei schwebende Teilchen eines allgemeinen Bewusstseins? Dabei spielt es keine Rolle, ob es sich um gute oder böse Züge handelt. Nehmt zum Beispiel Liebe, Ausdauer, Trägheit, Faulheit, Ungeduld, Güte, Sturheit oder Boshaftigkeit. Sie alle gilt es in die sich manifestierende Persönlichkeit aufzunehmen. Erst dann kann eine Läuterung, Harmonisierung und Bereicherung des sich manifestierenden Bewusstseins stattfinden und damit die Voraussetzung für die Evolution des sich vereinheitlichenden Bewusstseins geschaffen werden.

Der Mensch ist ein Konglomerat verschiedener Bewusstseinsaspekte. Manche sind bereits geläutert. Andere waren stets rein, gehören damit zum Individuum und bilden ein integriertes Ganzes. Doch andere Bewusstseinsaspekte sind negativ, zerstörerisch und somit getrennt wie Anhängsel. Die Aufgabe jedes Menschen in jeder Inkarnation liegt darin, die verschiedenen Bewusstseinsaspekte zu synthetisieren, zu vereinheitlichen und zu assimilieren. Wenn ihr wirklich versteht, was ich hier sage, merkt ihr vielleicht, dass dies eine neue Erklärung der menschlichen Existenz ist. Natürlich trifft das nicht nur auf die Ebene des menschlichen Bewusstseins zu, sondern auch auf höhere Bewusstseinsstadien, wo der Kampf nicht mehr so schwer oder schmerzlich ist. Das erweiterte Bewusstsein der höheren Bewusstseinsstadien erleichtert die Synthese enorm. Das menschliche Dilemma liegt im mangelnden Verständnis des Geschehens, in der Blindheit vieler, die mit sich ringen und versuchen, damit zu bestehen.

In dem Maße, in dem eine Persönlichkeit sich in Kampf und Spannung befindet, stimmen die verschiedenen Bewusstseinsaspekte nicht miteinander überein. Der Betreffende ist sich der Bedeutung des Kampfes nicht bewusst und versucht, sich mit einem oder mehreren Aspekten zu identifizieren, ohne zu wissen, was sein wahres Selbst ausmacht. Wo liegt es? Was ist es? Wie kann es im Labyrinth dieser Uneinigkeit gefunden werden? Ist das der beste Aspekt? Oder der schlimmste? Oder irgendeiner

180

der vielen Aspekte dazwischen? Ob man es weiß oder nicht, dieser innere Kampf und diese Suche finden laufend statt. Je bewusster der Kampf, desto besser. Jeder Selbstentwicklungsweg muss sich früher oder später mit diesen Fragen befassen – mit dem großen Problem der Selbstidentität.

Die integrierende Instanz

Es ist eine menschliche Verzerrung, sich mit irgendeinem der zuvor genannten Aspekte gleichzusetzen. Ihr seid weder eure negativen Züge noch euer überlagerndes selbstbestrafendes Gewissen, nicht einmal eure positiven Züge. Obwohl ihr es geschafft habt, die positiven Aspekte in die Fülle eures Seins zu integrieren, ist es nicht richtig, euch für diese zu halten. Ihr seid jener Teil in euch, der diese Integration durch Entscheiden, Handeln, Denken und Wollen erreicht hat, damit ihr das, was zuvor ein Anhängsel war, in euer Selbst aufnehmen konntet. Jeder Bewusstseinsaspekt besitzt einen eigenen Willen, wie diejenigen unter euch wissen, die Pfadarbeit leisten. Solange ihr blind ringt und mittendrin steckt, kontrollieren euch diese Aspekte, weil das wahre Selbst, das die Identifikation anders bestimmen könnte, seine Macht noch nicht gefunden hat. Eure blinde Beteiligung macht euch zu Sklaven und setzt eure schöpferische Energie außer Kraft. Das fehlende Selbstgefühl führt zur Verzweiflung.

Glaubt die Persönlichkeit, sie sei tatsächlich nichts weiter als ihre zerstörerischen Seiten, verwickelt sie sich in eine besondere Art inneren Kampfes. Einerseits entstehen Selbstzerstörungstrieb, Selbstbestrafung und heftiger Selbsthass als Reaktion auf die Wahrnehmung, das Selbst bestünde nur aus negativen Teilen. Wie aber könnt ihr andererseits diese negativen Züge wirklich aufgeben, ihnen ins Auge sehen und sie erforschen wollen, wenn ihr glaubt, sie stellten die einzige Realität des Selbst dar? Ihr werdet hin- und hergeworfen zwischen der Haltung: »Ich muss bleiben wie ich bin, ohne mich zu ändern oder zu bessern, denn das ist meine einzige Realität, und ich will nicht aufhören zu existieren« und »Ich bin so schrecklich, so schlecht, so verabscheuungswürdig, dass ich kein Recht habe, zu existieren, und daher muss ich mich so bestrafen, dass ich nicht mehr existiere.« Da dieser Konflikt zu schmerzhaft ist, als dass man sich ihm stellen könnte, wird das ganze Thema auf Eis gelegt.

181

Dann führt ihr ein Leben voller Täuschungen, und euer Identitätsempfinden heftet sich an eure Maske. Ihr kämpft dagegen an, die Vorspiegelungen aufzudecken, geschweige sie aufzugeben, denn die einzige Alternative ist der schmerzliche, eben beschriebene Kampf. Kein Wunder, dass der Mensch sich so wehrt. Doch welche Verschwendung. Es gibt ein wahres Selbst, das weder mit euren negativen Aspekten, noch mit eurer hartnäckigen Selbstzerstörung oder der alles überdeckenden Vorspiegelung übereinstimmt. Dieses wahre Selbst zu finden ist unser Hauptanliegen.

Bevor sich das Universalselbst komplett in euch manifestieren kann, steht euch bereits jetzt einer seiner Aspekte zur Verfügung: euer bewusstes Selbst in seiner augenblicklichen Bestform. Es ist eine beschränkte Manifestation eures spirituellen Wesens, aber es ist euer wahres Selbst. Es ist das »Ich«, das ihr braucht, um Ordnung in dieser Verwirrung zu schaffen. Das bereits manifeste Bewusstsein existiert in zahlreichen Lebensbereichen, nur betrachtet ihr es als selbstverständlich. Ihr habt es noch nicht mit dem Konfliktbereich in Beziehung gebracht, in dem ihr durch eine falsche Selbstidentität oder vielmehr ihre Folgen kontrolliert werdet.

Das »Ich«, das eine Entscheidung zu treffen vermag, beispielsweise sich dem Konflikt zu stellen und dessen verschiedene Äußerungen zu beobachten, ist das Selbst, mit dem ihr euch gefahrlos identifizieren könnt. In dem Maße, in dem die Persönlichkeit erwacht und Selbstbewusstsein erlangt, wird eine solche Haltung möglich. Umgekehrt erweitert sich das Bewusstsein in dem Maße, in dem diese Entscheidungen getroffen werden. Das unmittelbar verfügbare Bewusstsein eines jeden Menschen wird gewöhnlich nicht dort eingesetzt, wo das größte Leiden und der größte Konflikt herrschen. Die gesamte Kraft wird nicht in den Dienst des Ringens um seine Identität gestellt. Wenn der Betreffende das systematisch zu tun beginnt, findet eine größere Veränderung statt, und ein neues Entwicklungsstadium wird erreicht. In dem Maße, in dem euer bewusstes Selbst sein bereits vorhandenes Wissen um die Wahrheit einsetzt, seine bestehende Fähigkeit und seinen guten Willen aufbietet, in genau dem Maß erweitert sich euer Bewusstsein und wird zunehmend vom spirituellen Bewusstsein durchdrungen.

182

Das spirituelle Bewusstsein kann sich nicht manifestieren, wenn euer bereits vorhandenes Bewusstsein nicht ganz eurer Lebensführung unterstellt wird. Wenn ihr das vorhandene Bewusstsein nutzt, steigen neue Inspiration, neue Wahrnehmungsbereiche, ein neues Verständnis und große Weisheit aus der Tiefe eures Innersten auf. So lange ihr jedoch den Weg des geringsten Widerstandes geht, euch blind in das Geschehen verwickeln lasst und mit einer Scheinexistenz zufrieden gebt, bleibt ihr auf dem alten Gleis der gewohnheitsmäßigen Reaktionen stecken, die ihr leicht rechtfertigen könnt. Ihr gebt euch einem zwanghaften, negativen, hoffnungslos zu Zirkelschlüssen neigenden Denken hin, und euer jetziges Bewusstsein wird nicht vollständig eingesetzt. Infolgedessen kann es sich unmöglich erweitern noch die negativen Aspekte verwandeln und synthetisieren, für die es sich fälschlicherweise hält. Es vermag auch keine tieferen Aspekte des spirituellen Selbst aufzunehmen. Solange die bereits bestehenden Werte nicht zum Tragen kommen, können zusätzliche Werte unmöglich verwirklicht werden. Das ist ein Gesetz des Lebens, das auf alle Seinsebenen zutrifft. Es ist sehr wichtig, meine Freunde, das zu verstehen.

Haltet ihr euch für einen Aspekt oder eine Ansammlung von ihnen, so geht ihr in ihnen unter. Zu Beginn dieser Lesungen verwendete ich die Begriffe höheres Selbst, niederes Selbst und Maskenselbst. Das sind Abkürzungen, die zahlreiche Unterabteilungen und Variationen enthalten. Die verschiedenen Aspekte lassen sich in eine dieser drei Grundkategorien als Bezugsrahmen einordnen.

Es erübrigt sich zu sagen, dass der echte Wille zum Guten eine Äußerung des höheren Selbst ist. Daneben gibt es noch einen anderen Willen zum Guten, der leicht mit diesem verwechselt wird. Es ist der Wille zum Guten um des Anscheins willen, um die niedrigeren Aspekte zu verleugnen, weil das bewusste, bestimmende Selbst sich nicht mit den negativen Aspekten befasst. Die dämonischen, destruktiven Aspekte sind offensichtlich Äußerungen des niederen Selbst. Doch die Riesenschuld, um derentwillen diesen zerstörerischen Aspekten die totale Vernichtung als Strafe droht, ist keine Äußerung des höheren Selbst, auch wenn es so aussehen mag. Sie ist noch zerstörerischer als die Destruktivität selbst und stammt aus der bereits erwähnten falschen Selbstidentifikation. Wenn ihr euer Dämon zu sein glaubt, scheint ihr keine andere Wahl zu haben, als euch zu vernichten. Dabei fürchtet ihr die Vernichtung und haltet am Dämon fest. Wenn ihr den Dämon jedoch beobachtet, könnt ihr euch langsam mit dem Teil von euch gleichsetzen, der beobachtet.

Vergesst nie, das niemand vollständig in diesen Kampf verwickelt ist, sonst wäre eine Lösung daraus unmöglich. Es gibt viele Aspekte eures Wesens, bei denen ihr die Macht des kreativen Denkens nutzt, euch geistig erweitert und somit produktiv arbeitet. Jetzt aber konzentrieren wir uns auf diejenigen Bereiche, in denen ihr euch weder ausdehnt noch produktiv seid.

Solange der Mensch nicht fähig oder vielmehr nicht bereit ist, seine destruktiven Aspekte zu erkennen, verliert er sich unweigerlich in ihnen und kann keine richtige Selbstidentifikation erlangen. Obschon euer Wunsch, die destruktiven Aspekte zu verbergen, zerstörerischer ist als das, was ihr zu verbergen sucht, weist dies gleichzeitig darauf hin, dass ihr vom Zerstörerischen frei sein möchtet. Der Wunsch, die Destruktivität zu verbergen, ist demnach eine fehlgeleitete, falsch verstandene Botschaft des höheren Selbst. Es ist eine falsche Art, der Sehnsucht des spirituellen Selbst zu entsprechen und sie zu deuten. Sehen wir uns deshalb an, wie das bewusste Selbst besser aktiviert und genutzt werden kann, damit ihr es erweitern und Platz für das spirituelle Bewusstsein schaffen könnt.

Wer auf dem Pfad fleißig und bewusst daran gearbeitet hat, die Maske abzulegen, Abwehrmechanismen aufzugeben und den Widerstand gegen das Aufdecken anscheinend peinlicher Neigungen zu überwinden, erlebt, wie befreiend es ist, negative Züge zuzugeben. Weshalb? Die nahe liegende Antwort lautet, dass allein die Tatsache, den Mut und die Ehrlichkeit dazu zu haben, ein erleichternder und befreiender Faktor ist. Doch es geht darüber hinaus, meine Freunde.

Der Wechsel in der Identifikation

Durch das Eingeständnis findet ein subtiler, aber deutlicher Wechsel in der Identifikation statt. Bevor ihr die negativen Züge zugabt, wart ihr einigen oder allen zerstörerischen Seiten in euch gegenüber blind und ihnen daher ausgeliefert. Ihr konntet es euch nicht leisten, die unannehmbaren

184

Aspekte zuzugeben, weil ihr euch mit ihnen gleichsetztet. Doch in dem Augenblick, in dem ihr das bislang Unannehmbare eingestanden habt, hört ihr auf, selbst unannehmbar zu sein. Stattdessen setzt ihr euch mit dem Teil in euch gleich, der es zugeben kann. Dann übernimmt ein anderer Teil die Führung, der etwas daran ändern kann, auch wenn er am Anfang nur beobachtet und sich zu einem besseren Verständnis der zugrundeliegenden Dynamik vortastet. Es ist etwas völlig anderes, ob ihr euch mit den hässlichen Zügen identifiziert oder sie feststellt. In dem Moment, in dem ihr sie feststellt, setzt ihr euch nicht mehr mit ihnen gleich. Deshalb ist es so befreiend, das Schlimmste in eurer Persönlichkeit einzugestehen, nachdem ihr gegen den ständigen Widerstand gekämpft habt. Es wird noch leichter, wenn ihr diese klare Unterscheidung treffen könnt.

Im Augenblick, in dem ihr eure destruktiven Seiten erkennt, beobachtet und deutlich formuliert, habt ihr euer wahres Selbst gefunden, mit dem ihr euch gefahrlos identifizieren könnt. Dieses wahre Selbst kann vielerlei Dinge tun, als Erstes das, was ihr gerade macht: feststellen, beobachten und formulieren. Jetzt braucht ihr euch nicht länger so erbarmungslos mit eurem Selbsthass zu verfolgen. Es scheint keine Möglichkeit zu geben als euch zu hassen, solange ihr diesen überaus wichtigen Vorgang der Gleichsetzung mit dem wahren Selbst vernachlässigt, das zudem neue Haltungen zu erkennen und ohne vernichtende Selbstverurteilung anzunehmen vermag. Es ist möglich, wahrheitsgemäß negativ zu beurteilen, aber es ist ein himmelweiter Unterschied, zu glauben, dass das Beurteilte das einzig Wahre an eurem Wesen ist, oder zu begreifen, dass der Teil, der das Destruktive feststellen kann, andere Möglichkeiten hat und eurer letzten Wirklichkeit näher kommt.

Wie sehr muss sich eure Haltung euch gegenüber verändern, wenn ihr erkennt, dass die Aufgabe der Menschen darin liegt, negative Aspekte zu haben, um sie zu integrieren und zu synthetisieren. Das lässt eine Aufrichtigkeit ohne Hoffnungslosigkeit zu.

Beim Eintritt in dieses Leben bringt ihr negative Aspekte mit. Es gibt sinnvolle Gesetze, die bestimmen, mit welchen Aspekten ihr kommt. Jeder Mensch erfüllt eine unermessliche Aufgabe in der universellen Evolutionsskala. Diese Aufgabe verleiht euch große Würde, die unendlich viel wichtiger ist als das vorübergehende Leiden, das sich aus dem

Unwissen darum, wer ihr seid, ergibt. Erst wenn ihr die Verantwortung für die negativen Aspekte übernehmt, gelangt ihr zu der wunderbaren Einsicht, dass ihr nicht sie seid, sondern etwas in euch mitbringt, für das ihr um der Evolution willen Verantwortung übernommen habt. Erst dann kommt der nächste Schritt: die Integration.

Die vier Bewusstseinsstadien

Lasst mich die vier bisher erwähnten Bewusstseinsstadien kurz zusammenfassen.

1. Das Halbschlafklima, in dem ihr nicht wisst, wer ihr seid, und blind gegen das ankämpft, was ihr in euch – bewusst, halbbewusst oder unbewusst – hasst.

2. Das erste Stadium des Erwachens, wenn ihr anerkennt, beobachtet und formuliert, was ihr nicht mögt. Wenn ihr spürt, dass dies nur ein Aspekt in euch ist und nicht die geheime letzte Wahrheit darstellt.

3. Die Einsicht, dass das Ich oder wahre Selbst, das beobachtet und formuliert, auch neue Entscheidungen und Wahlen treffen und sich auf bisher noch nie erahnte Möglichkeiten verlassen kann. Dies geschieht nicht durch Zauberei, sondern durch einfaches Ausprobieren von Haltungen, die zuvor völlig verneint oder ignoriert wurden.

Einige Beispiele einer neuen Haltung wären: Sich selbst anzunehmen, ohne das Gefühl für Proportionen aus dem Auge zu verlieren. Nach neuen Möglichkeiten tasten. Aus Fehlern und Misserfolgen lernen. Nicht aufgeben, wenn sich der Erfolg nicht gleich einstellt. Auf unbekanntes Potenzial vertrauen, das sich erst manifestieren kann, wenn die neuen Seinsweisen vom Bewusstsein angenommen werden.

4. Die Einbeziehung der zuvor geleugneten und gehassten Aspekte, was ihrer Auflösung und Integration gleichkommt. Dabei verschmilzt das sich ständig erweiternde Bewusstsein mit spiritueller Wirklichkeit, die sich nun in höherem Maße entfalten kann. Das ist mit Läuterung gemeint. Indem ihr euer Leben auf diese Weise führt, wird das allgemeine, das Universum durchdringende Bewusstsein weniger gespalten.

Wenn ihr aufnehmt, was ich hier gesagt habe, werdet ihr überaus wichtige Tatsachen verstehen. Zu allererst werdet ihr begreifen, wie wichtig es ist, die verzerrten dämonischen Züge zu erkennen. Ihr werdet die volle Verantwortung für sie übernehmen, was euch paradoxerweise davon befreit, euch mit ihnen gleichzusetzen. Ihr werdet euer wahres Selbst erkennen und begreifen, dass diese negativen Aspekte nur Anhängsel sind, die ihr in euch aufnehmen könnt, indem ihr sie auflöst. Ihre Grundenergie und ihr unverzerrtes Wesen werden Teil des Bewusstseins, das sich durch euch manifestiert.

Somit könnt ihr, egal, wie unerwünscht die Tatsachen auch sein mögen, damit umgehen, sie annehmen, erkunden und ihr braucht keine Angst mehr vor ihnen zu haben. Die Fähigkeit, zu erfassen, zu formulieren, abzuwägen und die bestmögliche Haltung für den Umgang mit dem Beobachteten zu wählen ist die eigentliche Macht eures wahren Selbst. Freiheit, Entdeckung und Selbsterkenntnis sind die ersten Schritte, die zur Wahrnehmung des größeren, universalen, göttlichen Bewusstseins in euch führen. Solange dies nicht geschieht, bleibt das innere spirituelle Bewusstsein nur ein Grundsatz, eine Theorie und ein Potenzial. Ihr glaubt vielleicht mit dem Verstand daran, könnt es aber in euch nicht wirklich feststellen, ehe ihr nicht das euch schon jetzt zur Verfügung stehende Bewusstsein nutzt, das ihr jedesmal brach liegen lasst, wenn eure so genannten Probleme auftauchen. Wenn diese vier Stadien, die ich in dieser Lesung umrissen habe, begriffen und durchgearbeitet sind, erweitert sich euer bewusster Verstand genügend, um der bislang noch nicht manifestierten Weisheit, Wahrheit, Liebe, Energie, Gefühlsstärke und Fähigkeit, über schmerzliche Gegensätze hinauszugehen, Einlass zu gewähren. Diese werden euer Leben bereichern, so dass ihr mehr Freude und Lust erzeugt.

Der Schrecken schwindet

In dem Augenblick, in dem die Selbstidentifikation stattfindet, weicht ein tiefer, anscheinend bodenloser Schrecken von der menschlichen Seele. Dieser Schrecken wird meist nicht bewusst wahrgenommen. Erst wenn ihr als verlorenes, blindes Wesen euer wahres Selbst zu ahnen beginnt, wird euch dieser Schrecken bewusst. Es ist eine Übergangsphase, die Wochen oder viele Inkarnationen andauern kann. Ihr könnt den Schrecken verdrängen oder euch ihm stellen. Mit der zweiten Möglichkeit bewältigt ihr ihn schneller. Versteckt ihr den Schrecken, habt ihr

187

nichts gewonnen, denn er wird dennoch seine unauslöschlichen Spuren in eurem Leben hinterlassen. Die versteckten Ängste sind nicht weniger schmerzlich und begrenzend, als den Schrecken tatsächlich zu erfahren. Das Gegenteil trifft zu.

Der Schrecken ist nur da, weil ihr nicht wisst, dass euer wahres Selbst sich jenseits der Aspekte befindet, die ihr hasst. Wegen dieses Schreckens zögert ihr beständig festzustellen, was ihr überhaupt hasst. Solange ihr nicht den Mut besitzt, herauszufinden, ob eure Angst berechtigt ist, könnt ihr nicht erkennen, dass sie es nicht ist und ihr sehr viel mehr seid, als was ihr zu sein fürchtet. Die menschliche Persönlichkeit steht häufig vor diesem Schritt. Er fühlt sich jedoch wie ein Abgrund an, weshalb ihr zögert und eine Pseudoexistenz in die Länge zieht. Wenn ihr euch nicht mit diesem Punkt auseinander setzt, bleibt der Schrecken in der Seele und wird verleugnet und unterdrückt. Das beeinträchtigt die Persönlichkeit, die sich immer mehr von ihrem wahren Kern entfremdet.

Wenn ihr schließlich die letzte Entscheidung trefft und euch verpflichtet, euren Ängsten ins Auge zu blicken, verschwindet der Schrecken und ihr könnt herausfinden, wer ihr wirklich seid. Ihr stellt fest, dass das Leben voll, reich, offen und unendlich ist. Sobald ihr euch als jenen Teil erfahrt, der beobachtet, und nicht als das Beobachtete, braucht ihr euch nicht mehr zu vernichten oder eure Identität auf eine betrügerische Maske, den hassenswerten Dämon oder einen kleinlichen, selbstsüchtigen Egoisten zu begrenzen. Die Gleichsetzung mit dem wahren Selbst nimmt den Schrecken der Vernichtung von euch – nicht nur des Todes, sondern der Vernichtung, und das ist etwas anderes.

Kehren wir nun zu eurem Bewusstsein zurück, wie es bereits jetzt in euch vorhanden ist. Es befindet sich in einem Zustand, in dem es das Selbst oder einen Aspekt des Selbst anerkennen und beobachten kann und ihm viele Möglichkeiten offen stehen. Die Haltung, die ihr euren unentwickelten, unerwünschten Zügen gegenüber einnehmt, ist der Schlüssel zur Bewusstseinserweiterung.

Die Bewusstseinserweiterung

Oft glaubt man, es handle sich bei der Bewusstseinserweiterung um einen plötzlich wie durch Zauberei hervorgerufenen Vorgang. Das ist es nicht.

188

Um ein wahres spirituelles Bewusstsein zu erlangen, ist es nötig, zuerst den noch nicht voll genutzten Aspekten in euch Beachtung zu schenken. Jede Minute der Depression oder Angst und jede hoffnungslose oder sonstwie negative Haltung bietet mehrere Möglichkeiten. Es erfordert jedoch einen inneren Willensakt eurerseits, um die in euch schlummernden Kräfte zu erwecken und zugänglich zu machen. Wird das bereits verfügbare Potenzial genutzt, entfaltet sich allmählich eine größere spirituelle Bewusstseinskraft.

Der Mensch macht häufig die verschiedensten spirituellen Übungen und erwartet, dass sich das umfassendere Bewusstsein auf wundersame Weise zeigt, während sein Geist und seine Verstandeskraft gleichzeitig in den alten negativen Haltungen, Gefühlen und Gedanken verstrickt sind. Entweder erliegt er einer Täuschung oder einem Wahn. Keine Übungen, Bemühungen oder Hoffnung auf einen Gnadenakt von außen können euch ein echtes Bewusstsein und die echte Manifestation eures spirituellen Selbst bescheren.

Die den Gedanken innewohnende kreative Energie wird von den meisten Menschen völlig unterschätzt. Deswegen vernachlässigt ihr den Vorgang des Erschaffens von Leben. Diese schöpferische Kraft anzuwenden ist ein anspruchsvolles und faszinierendes Unterfangen. Schon jetzt könnt ihr die Winkel eures Bewusstseins erforschen und kreativere Arten suchen, um Schwierigkeiten zu begegnen, und auch realistischere und konstruktivere Reaktionsweisen. Ihr braucht nicht so zu reagieren, wie ihr es tut. Euch stehen zahlreiche Möglichkeiten zur Verfügung zu denken und Denkprozesse wie Verhaltensmuster auf ein neues Ziel auszurichten. In dem Maß, in dem die Identifikation mit eurem wahren Selbst noch nicht stattgefunden hat und ihr euch insgeheim noch mit den Seiten in euch gleichsetzt, die ihr am meisten hasst, in dem Maß kann sich euer Bewusstsein dieser vielen Möglichkeiten nicht bedienen.

Wenn ihr euch die Frage stellt »Welche Haltung soll ich dem gegenüber einnehmen, das ich jetzt in mir beobachte und nicht mag?« habt ihr einen bedeutsamen Schritt in eurem jetzigen Entwicklungsstadium gemacht. Es erfordert keinen Durchbruch des tiefer liegenden spirituellen Selbst. Verwendet einfach das, was ihr euch bereits im Laufe von Jahrhunderten und Jahrtausenden der Evolution verfügbar gemacht habt.

Welche Wahl stellt sich euch, wenn ihr eure destruktiven Haltungen und Absichten beobachtet? Ihr könnt beschließen, völlig entsetzt und hoffnungslos zu sein, oder ihr behauptet, anders zu werden sei unmöglich und das sei alles, woraus ihr besteht. Ihr könnt aber auch denken, dass ihr die Macht habt, eine unverzügliche und drastische Veränderung vorzunehmen. Diese Haltung ist nicht positiver als die vorigen. Weil sie unrealistisch ist, führt sie unvermeidlich zur Enttäuschung und rechtfertigt anscheinend eure Negativität. Unrealistische Hoffnungslosigkeit und unrealistische Hoffnung sind die beiden Extreme, die einen Teufelskreis erzeugen.

Stehen euch denn keine anderen Möglichkeiten offen? Versetzt euch in folgende Worte: »Es ist wahrscheinlich und vorhersehbar, dass ich alles vergesse und mich wieder in der alten Blindheit mit den konditionierten Reflexen verstricke. Das braucht mich aber nicht abzubringen. Ich werde immer wieder um den Schlüssel ringen müssen. Das kann und will ich tun. Dadurch baue ich allmählich neue Stärke und neue Energie auf. Ich will mich nicht von der Tatsache abhalten lassen, dass der Bau eines schönen Gebäudes Geduld erfordert. Ich werde nicht so kindisch sein, zu erwarten, dass es sofort fertig gestellt ist. Ich will es und werde alle meine Kräfte dazu einsetzen, aber ich will dabei geduldig und realistisch bleiben. Ich möchte, dass mich meine inneren spirituellen Kräfte führen, und wenn meine Energien zu Beginn dieses Unterfangens noch zu undurchlässig und mein Bewusstsein zu trüb ist, will ich vertrauen, warten und durchhalten. Ich will dem Abenteuer des Lebens mein Bestes widmen. Ich will versuchen, immer wieder festzustellen, zu beobachten und zu formulieren, was ich nicht mag, ohne mich damit gleichzusetzen. Ich will nach einem neuen Verständnis des Ganzen suchen, damit ich mich entwickle.«

Eine solche Haltung steht euch zur Verfügung. Das ist keine Zauberei. Es ist eine Wahl, die ihr sofort habt. Ihr könnt jetzt beginnen, zu beobachten und festzustellen statt in dem unterzugehen, was ihr bislang nicht einmal zugeben wolltet. Diese Einstellungen gibt es in jedem möglichen Dilemma und jeder denkbaren Schwierigkeit. Ihr tragt ein Wissen in euch, das ihr auf das Beobachtete anwenden könnt. Wenn ihr dieses verfügbare

Wissen nutzt, erweitert ihr sowohl dieses Wissen als auch die Reichweite eurer Haltungen und Gefühle.

Je stärker ihr dies verfolgt, desto mehr wird das unendlich größere Bewusstsein eures vorläufig noch versenkten spirituellen Selbst in eurem Bewusstsein integriert, und ihr werdet zu ihm. Wie ich schon sagte, geschieht dies am besten durch ein dreifaches Gespräch: das Gespräch zwischen dem bewussten Selbst mit den dämonischen Seiten, das Gespräch des Bewusstseins mit dem göttlichen Selbst und das Gespräch zwischen dem göttlichen und dem dämonischen Selbst. Bei diesen drei Möglichkeiten sprechen und hören jeweils beide Seiten abwechselnd zu, wie bei jedem sinnvollen Gespräch. Je mehr ihr dabei wahrnehmen und beobachten könnt, desto leichter wird der nächste Schritt: die Erkenntnis eurer wahren spirituellen Identität. Ihr werdet dann wahrhaft wissen, dass dieses wunderschöne, grenzenlose Bewusstsein euer wahres Selbst ist, in dem alle Macht liegt und wo es nichts zu fürchten gibt.

Meine Freunde, diese Lesung erfordert wiederum, dass ihr sie fleißig durcharbeitet. Vieles von diesem Stoff kann zunächst nicht aufgenommen werden, weil es schwierig ist. Konzentriert euch und setzt euren guten Willen ein, aber tretet auch in der Meditation mit höheren Bereichen der spirituellen Wirklichkeit und Macht in Verbindung. Dies wird euch eine Hilfe sein, das eben Gesagte aufzunehmen und zu nutzen.

Seid gesegnet, seid in Frieden, seid in Gott.

191

20

Die Auflösung der Ängste

Ich grüße euch, meine liebsten Freunde.

Wir wissen alle, wie ausnehmend wichtig es ist, die Gefühle, Überzeugungen und Haltungen in euch anzusehen und zu akzeptieren, die entweder überhaupt nicht oder nicht genügend bewusst sind. Wird diese Wahrnehmung nicht gepflegt, ist es unmöglich, den innersten Kern eures Wesens zu befreien, den Kern, aus dem alles Leben entspringt. Versuchen wir nun herauszufinden, wo ihr steht. Wie viel habt ihr ausgegraben? Wie viel von dem, was in euch abläuft, ist euch im Gegensatz zu euren oberflächlichen Erklärungen wirklich bewusst?

Selbsttäuschungen zu entfernen erscheint anfänglich unmöglich, weil alle Menschen glauben, die diesen zugrunde liegenden Tatsachen seien unannehmbar, und deswegen seien sie selbst nicht annehmbar. Somit gilt es, eine doppelte Illusion zu tilgen: den erwähnten Glauben sowie die darüber gebreitete Decke. Das ist stets der mühseligste Teil der Pfadarbeit.

Das Böse als Abwehr

Um dieses Stadium der Arbeit alleine fortzusetzen, ist es erforderlich, dass ihr auf einer tieferen Ebene versteht, woher die negativen Haltungen und die Destruktivität stammen. Was ist der wahre Ursprung des Bösen? Ihr wisst und habt mich immer wieder sagen hören, die Verleugnung eurer Verletzlichkeit, Scham infolge Hilflosigkeit und der Glaube, ungeliebt zu sein, erzeugten das Böse sowie destruktive Haltungen und Gefühle. Das Böse ist eine Abwehr gegen das Leiden.

Es liegt auf der Hand, dass sich eure weiteren Schritte mit den Verletzungen und Leiden befassen, die ihr in eurer Kindheit erlitten habt. Diejenigen unter euch, die gelernt haben, vergangene Gefühle noch einmal zu empfinden, können bestätigen, was ich viele Jahre hindurch immer wieder gesagt habe. Die Verleugnung der ursprünglichen Erfahrung zwingt euch, sie immer wieder zu erleben. Ihr inszeniert die verleugnete Erfahrung neu und vergrößert dadurch den angesammelten Schmerz und die angesammelte Verletzung. Vieles davon muss noch einmal durchlebt werden, doch jetzt ohne Gefahr.

Allzu viel von dem, was ihr als Kinder erlitten habt – insbesondere das Ausmaß eures Unglücklichseins –, ist für euch nur verstandesmäßiges Wissen. Ihr spürt nicht, wie unglücklich ihr als Kind wart, und lange haben viele gedacht, genau das Gegenteil treffe auf ihre Kindheit zu. Das Wissen ist die notwendige Vorbereitung für das Erleben. Ohne ein intellektuelles Bewusstsein der Tatsachen aus eurer Kindheit lässt sich die Abwehr nicht überwinden, um die Ereignisse auf der Gefühlsebene noch einmal zu erleben. Jetzt, meine Freunde, seid ihr wirklich bereit, euch in die Tiefen eures Seins vorzuwagen. Dort könnt ihr loslassen und euch den angesammelten Gefühlen hingeben. Sie konnten zuvor nicht in ihren natürlichen Energiestrom umgewandelt werden, weil ihr die Tore zu euren Gefühlen geschlossen hattet.

Das Problem der Faulheit

Vor einiger Zeit wurde ich gebeten, über das Problem der Faulheit zu sprechen. Betrachtet Faulheit nicht als Haltung, die willentlich aufgegeben werden kann, wenn der Betreffende sich nur dazu bewegen ließe, vernünftig und konstruktiv zu sein. Es geht hier überhaupt nicht um Moral. Faulheit ist ein Ausdruck von Apathie, Stillstand und Lähmung infolge von stagnierender Energie in der Seelensubstanz. Erstarrte Seelensubstanz entsteht aus nicht vollständig empfundenen oder ausgedrückten Gefühlen, die infolgedessen weder hinsichtlich ihrer Aussagekraft noch ihres wahren Ursprungs ganz verstanden wurden. Solche Gefühle sammeln sich an und bringen den Fluss der Lebenskraft zum Stehen.

193

Es genügt nicht, gewisse Gefühle in euch wahrzunehmen, die logischerweise die jetzigen Umstände herbeigeführt haben. Solche Ableitungen sind meist der notwendige Anfang für eine tiefere Erfahrung. Das Wissen allein kann jedoch hinderlich sein, wenn ihr Gefühl durch Wissen ersetzt. In diesem Fall wird die Einheit der beiden Funktionen ebenso unterbrochen, wie wenn ihr fühlt, aber nicht wisst, was die Gefühle bedeuten, weshalb und wie sie entstanden sind, noch wie weit sie euer jetziges Leben lenken.

Trotz aller Fortschritte sind immer noch zahlreiche Abwehrmechanismen gegen das Empfinden aufgestauter Gefühle in euch vorhanden, meine Freunde. Ihr solltet Aufmerksamkeit und Bewusstsein auf eure Abwehr richten, um sie zu überwinden. Die schmerzlichen Erlebnisse können nicht losgelassen werden, wenn sie nicht so umfassend wie möglich empfunden, erkannt, ausgedrückt und durchlebt werden.

Alles, was in der menschlichen Natur böse, zerstörerisch und negativ ist, stammt aus der Abwehr der unerwünschten schmerzlichen Gefühle. Durch Verleugnung stagniert die Energie, und ihr könnt euch nicht mehr bewegen. Wie ihr wisst, sind Gefühle Energieströme in Bewegung. Sie verwandeln sich ständig, solange die Energie frei fließt. Gefühle nicht zu empfinden, unterbricht die Strömungen und somit die lebendige Energie. Wird der natürliche Energiefluss in eurer Seelensubstanz angehalten, befindet ihr euch im Zustand der Faulheit. Dort ist Bewegung nur möglich, wenn sie durch den äußeren Willen unter Schmerzen erzwungen wird. Wenn ihr also feststellt, meine Freunde, dass ihr stagniert, faul, passiv oder träge seid, wenn ihr nichts tun wollt – was häufig mit dem spirituellen Zustand des reinen Seins verwechselt wird –, dann könnt ihr daran ablesen, dass es Gefühle in euch gibt, die psychisches Gift erzeugt haben, weil ihr sie nur ungern zulassen wolltet.

Die Stagnation von Energieströmen hält nicht nur Gefühle, sondern auch Vorstellungen gefangen. Ihr verallgemeinert aufgrund von einmaligen Geschehnissen und haltet an daraus entstehenden falschen Überzeugungen fest. Meist gehen stagnierende Gefühle mit stagnierenden Lebensanschauungen einher. Diese finden sich zuweilen in den hintersten Winkeln der Seele und sind vom Bewusstsein völlig abgeschirmt. Das habe

194

ich vor Jahren »Bilder« genannt, die in der Psyche liegen. Ich habe euch geholfen, diese Bilder zu finden, und ihr wart gezwungen, falsche Vorstellungen und stagnierende Gefühle noch einmal zu erleben. Immer wieder seid ihr in dem Kreis gefangen, in dem ihr die Vergangenheit auf die eine oder andere Weise neu hervorbringen müsst, bis ihr den Mut findet, das zu durchleben, was ihr zuvor wegen eurer Abwehrmechanismen nicht durchlebt habt. Wie gut eure Absichten auch sein mögen und wie sehr ihr euch anderweitig bemüht, aus diesen sich wiederholenden Zyklen kommt ihr nur heraus, wenn ihr eure früheren Gefühle vollständig nacherlebt. Ich habe immer wieder erwähnt, dass das menschliche Dilemma in der dualistischen Spaltung liegt, die nichts weiter ist als eine Wahrnehmungstäuschung. Diese Täuschung besitzt viele Seiten. Eine davon ist die Spaltung im menschlichen Bewusstsein. Der Mensch kann dieses fühlen, jenes glauben, und beim Handeln nicht wissen, wie diese beiden Funktionen ihn beherrschen. Ein mangelndes Bewusstsein dessen, was ihr empfindet und glaubt, führt zu einer weiteren Manifestation der Spaltung. Wenn ihr Wissen und Gefühl verbindet, arbeitet ihr für die Integration, was sich in einem wunderbaren Neuerwachen und einem Gefühl der Ganzheit äußert.

Werden Gefühle nicht in voller Intensität erlebt, gerät der innere Lebensfluss unweigerlich ins Stocken. Die Betreffenden sind gelähmt, ohne zu wissen, warum. Sie handeln nur noch halbherzig. Das Leben scheint all ihre Ziele und Wünsche zu vereiteln. Die Türen zur Verwirklichung ihrer Gaben und Bedürfnisse sind geschlossen. Diese Lähmung äußert sich manchmal in so genannter Faulheit, mangelnder Kreativität oder allgemeiner Verzweiflung. Im letzten Fall greifen die Betroffenen meistens auf ein aktuelles Ereignis oder eine aktuelle Schwierigkeit zurück, um ihre seelische Verfassung zu erklären. Es wird euch unweigerlich ein Gefühl der Vergeblichkeit und Verwirrung über das Leben und eure Rolle darin überfallen, wenn ihr euch sträubt, die gehegten Gefühle wirklich zu empfinden. Dagegen wollt ihr euch weismachen, sie zu vermeiden würde euch weniger verletzen als sie aufzudecken. Die Folgen zeigen sich in der verbreiteten Unfähigkeit, das Leben auszukosten.

Die Angst vor Gefühlen

Die Gefühle haben sich meist über Jahrhunderte oder Jahrtausende angesammelt. Jede Inkarnation stellt die Aufgabe, euch davon zu reinigen, indem ihr sie erlebt und versteht. Ihr seid geläutert, wenn kein überflüssiges Material mehr vorhanden ist. Habt ihr diesen Lebenszyklus abgeschlossen, bieten euch die Umstände eures nächsten Lebens Gelegenheit, zuvor angesammeltes überflüssiges Material ans Licht zu holen. Doch die Erinnerung an frühere Inkarnationen wird ausgelöscht, und ihr könnt euch nur auf die Erfahrungen des jeweiligen Lebens stützen.

Die Gedächtnistrübung gehört zum Zyklus von Leben und Tod, in dem jeder gefangen ist, der Gefühle leugnet. Weigert ihr euch auch, die Erfahrungen nachzuempfinden, die ihr in diesem Leben gemacht habt, setzt ihr die Trübung der Erinnerung fort. Damit haltet ihr den Zyklus des Sterbens und Geborenwerdens aufrecht, stört die Kontinuität des Bewusstseins. Werden dagegen alle Gefühle dieses Lebens empfunden, kümmert ihr euch automatisch um das Restmaterial früherer Leben, denn das jetzige Trauma ist nur vorhanden, weil der frühere Schmerz verleugnet wurde.

Meine Freunde, vertraut auf den Prozess und das Abenteuer des wahrhaften Loslassens. Das mag einfacher gesagt sein, als getan. Ihr könnt nicht loslassen, wenn sich euer Innerstes sträubt, eure Gefühle zu empfinden, von denen ihr wisst, dass ihr sie habt. Eigentlich wehrt ihr euch, ein Bindeglied zwischen jenen Gefühlen, dem inneren Wissen und euren jetzigen Verhaltensmustern zu sein. Die Lähmung, die ihr häufig für Faulheit haltet, sollte als indirektes Symptom gelten.

Faulheit ist ein Schutz gegen die Bewegung der Seelensubstanz, die eure Gefühle hochzubringen droht. Ihr glaubt, diese Gefühle weiterhin vermeiden zu können, ohne dass sie eurem Leben im Wege stehen. Faulheit ist Wirkung und Schutz gleichzeitig. Bewegung rührt Brachliegendes auf. Begreift ihr das wirklich, könnt ihr euren inneren Willen und eure innere Absicht ausrichten, diese selbst erzeugte schützende Stagnation zu überwinden. Bringt den Mut auf, das zu empfinden, was es zu empfinden gibt.

Die wahre Gelassenheit des Seins, nach der sich jede Seele unbewusst sehnt, ist nicht vorsichtige Passivität, die Bewegung zu vermeiden sucht. Der wahre spirituelle Seinszustand ist äußerst aktiv, obwohl er dabei ruhig

196

und entspannt bleibt. Er ist freudige Bewegung und freudiges Tun. Nur die Passivität des angsterfüllten Selbst erzeugt wilde Aufregung, um der Stagnation entgegenzuwirken. Die Persönlichkeit kämpft gegen die Stagnation an, indem sie sich zwanghaftem Handeln ausliefert. Dadurch entfremdet sie sich noch mehr von der Stagnation und ihrem Auslöser, nämlich der Angst, alle Gefühle einschließlich Angst zu empfinden. Erst wenn das alles wirklich erlebt und verstanden wird, wenn ihr aufhört, dagegen zu kämpfen und durch das Nachempfinden der Gefühle das auflöst, wodurch sie verursacht werden, kommt ihr sowohl aus der aufgeregten Hyperaktivität wie der Lähmung heraus. Anders ausgedrückt: Ihr müsst die Angst empfinden, die in Faulheit und jeder Art von Stagnation steckt.

Die Angst sitzt jedem im Nacken, selbst denen, die offensichtlich nicht faul sind oder keine Symptome zeigen, die durch verleugnete Angst erzeugt wurden. Die Angst als Grundbefindlichkeit des Menschen muss sich äußern. Lasst sie sich im richtigen Rahmen ausbreiten. Ihr werdet zwei Grundbestandteile der Angst erkennen. Den ersten bilden die Umstände eurer Kindheit, die so schmerzlich waren, dass ihr sie nicht zulassen zu können glaubtet. Daher habt ihr euch von ihnen abgeschnitten. Der zweite bedeutungsvollere Bestandteil ist die Angst vor der Angst. In der Angst, die Angst zu empfinden, liegt der eigentliche Schaden.

Vor einigen Jahren habe ich über das Phänomen der ewigen Eigenfortpflanzung gesprochen und gezeigt, wie ein verleugnetes Gefühl schlimmer wird, indem es sich vervielfältigt.[17] Verleugnete Angst erzeugt zum Beispiel Angst vor der Angst, dann die Angst, die Angst vor der Angst zu empfinden, usw. Dasselbe trifft auch auf andere Gefühle zu. Verleugnete Wut erzeugt Wut über das Wütendsein. Wird dies verleugnet, entsteht größere Wut, weil man die Wut nicht akzeptieren kann, usw. Die Frustration ist erträglich, wenn ihr ganz hineingeht. Seid ihr aber frustriert, weil ihr nicht frustriert sein »solltet«, und frustriert euch das noch mehr, weil ihr es leugnet, breitet der Schmerz sich aus. Dieser Vorgang ist deswegen so bezeichnend, weil er deutlich macht, wie notwendig es ist, Gefühle unmittelbar zu empfinden, ganz gleich, wie unerwünscht sie

17 Lesung 140.

197

auch seien. Verschlimmert ihr euren Schmerz, weil ihr leugnet, den Schmerz zu empfinden, wird der Zweitschmerz unweigerlich bitter, verzerrt und unerträglich. Akzeptiert und spürt ihr den Schmerz, setzt dessen Auflösung automatisch ein. Diese Tatsache haben viele unter euch bei der Pfadarbeit schon öfters erfahren. Dasselbe gilt für Angst, Wut, Frustration oder welches Gefühl auch immer.

Wenn ihr also merkt, dass ihr Angst vor eurer Angst habt, euch aber in die Angst fallen lasst, weicht die Angst rasch einem weiteren verleugneten Gefühl. Dieses – was es auch immer sein mag – ist leichter zu ertragen als die Angst, die es verleugnete. So dringt ihr bis zum Kern der angesammelten und vergeudeten Energie verleugneter Gefühle vor. Eure Gefühle abzuwehren erzeugt eine zusätzliche, von eurem Kern entfremdete Erfahrungsschicht, die daher künstlich und schmerzlicher ist als die ursprüngliche Erfahrung, gegen die sie ankämpft.

Die Verpflichtung, hinein- und hindurchzugehen

Euer bewusstes Selbst muss all seine Fähigkeiten und Kräfte sammeln und den errungenen Boden nutzen, um mit fester Entschlossenheit die Angst vor den tief sitzenden, schmerzhaften, verletzenden, erschreckenden Gefühlen im Inneren zu spüren. Wie ich euch immer wieder sagte: »Der einzige Ausweg führt hinein und hindurch.«

Diejenigen unter euch, die inzwischen von der großen Macht überzeugt sind, haben gelernt, dass das bewusste Ausrichten der Meditation die innere Führung wachruft. Ihr müsst euch verpflichten, in euch hinein und nicht um euch herum zu gehen. Dieser Willensakt sollte die Treibkraft dieser speziellen Meditation sein. Zu erklären und festzustellen, dass ihr genau das zu tun beabsichtigt, erzeugt unweigerlich einen neuen Zustand in eurer Seelensubstanz. Dann könnt ihr um konkrete Führung bitten, was unverzüglich die stagnierende Masse auflockert. Die Faulheit, die zu Vermeidung, Verschiebung und Zaudern führt, nimmt dann so weit ab, dass ein Einströmen neuer Energie möglich ist. Der Willensakt der Verpflichtung erzeugt einen unwillkürlichen Energieschub und aktiviert die weise Führung eures spirituellen Selbst. In der Meditation eure Absicht auszudrücken, alle angesammelten Gefühle zu empfinden und euch von Abfallstoffen zu befreien, ist der beste und wirksamste Anfang.

198

Ergänzend zum richtigen Gleichgewicht und Zeitpunkt ergeben sich innere und äußere Führung, wie ihr es für eure Situation braucht. Ihr lernt, euch auf diese Führung einzustimmen und spürt sie als schlummerndes Potenzial. Das äußere, wollende Selbst muss willentlich seinen Teil tun, damit das unwillkürliche Selbst übernehmen kann.

Das unwillkürliche Selbst zeigt sich auf zwei völlig verschiedene Arten. Zum einen ist es die eben erwähnte höhere Weisheit und Führung, zum anderen jenes Selbst, das sich oft in Schmerzen windet, den Restschmerz jedoch nicht spüren will. Die erste Art hilft und führt die zweite.

Durch diesen Meditationsansatz wird Energie für wichtige Zwecke freigesetzt. Ihr versucht euch oft einzureden, es fehlten Energie und Zeit, um Gefühlen auf den Grund zu gehen. Gleichzeitig wendet ihr viel Energie für andere Aktivitäten auf, die euch im Augenblick wichtiger erscheinen. Ganz gleich, wie bedeutsam die anderen Aktivitäten sein mögen, sie können nie wichtiger sein als das Erforschen. Euch dieser Lebensaufgabe zu widmen ist euer wahrer Lebenssinn und der Schlüssel zu einem produktiven Leben.

Ein anderer wichtiger Aspekt der Meditation ist der Glaube, dass dieses »Hineingehen« euch nicht vernichtet. Ohne den Glauben fehlt euch der Mut, das zu tun. Habt ihr nicht gleich am Anfang festgestellt, dass dieser Kurs richtig ist, dann führt eure Abneigung gegen schmerzliche Gefühle dazu, dass ihr euch einen künstlichen Zweifel hinsichtlich der Gefahrlosigkeit dieses Prozesses bastelt. Damit geht die künstliche Illusion einher, man könne das »Hineingehen« vermeiden und dennoch Integration, Gesundheit und ein erfülltes Leben erlangen. Das Vermeiden von Gefühlen erzeugt immer dualistische Paradoxe falschen Zweifels und falscher Hoffnung.

Vor vielen Jahren sagte ich in der Lesung »Der Abgrund der Illusion«,[18] dass es auf dem Pfad der Selbstverwirklichung immer wieder Zeiten gibt, wo das Selbst in einen scheinbar bodenlosen Abgrund stürzt. Dies droht einen zu vernichten. Ich sagte, dass der Betreffende sich bis zu einem bestimmten Punkt in seiner Evolution vor diesem Abgrund

---

[18] Lesung 60.

199

hinkauert und nicht zu springen wagt. Er fühlt sich in diesem Zustand äußerst elend, glaubt aber immer noch, die Pseudosicherheit dieser verkrampften, angstvollen Lage sei der Vernichtung vorzuziehen. Erst nachdem er genügend Vertrauen gefasst hat, um den Sprung zu wagen, stellt er fest, dass er schwebt. Es braucht viele solcher Situationen, um jedesmal von neuem zu entdecken, dass Springen gefahrlos ist.

Dasselbe trifft auf das Sichhineinfallenlassen in den scheinbaren Abgrund der abgeblockten schmerzlichen Gefühle zu. Scheut ihr diesen Schritt, bleibt ihr in der unbequemen Lage stecken, in der es ganz unmöglich ist, zu leben und euch zu freuen. Das nötige Vertrauen für den Sprung kann aktiviert werden, indem ihr euch dem Thema stellt und untersucht, was auf dem Spiel steht. Erwägt dabei die Grundfrage, die sich folgendermaßen zusammenfassen lässt: »Gibt es wirklich eine bodenlose Grube der Negativität, Zerstörung und des Bösen im Fundament der menschlichen Befindlichkeit? Oder sind sie Aspekte einer Verzerrung, die nicht notwendig wäre?« Das Vertrauen der Menschen wird immer wieder geprüft. Ihr müsst euch mit der Diskrepanz zwischen dem, was ihr zu glauben vorgebt, und dem, was ihr tatsächlich glaubt, auseinander setzen. Glaubt ihr, dass die Menschheit letzten Endes spiritueller Natur ist, habt ihr nichts zu fürchten. Tut ihr das nicht, müsst ihr euch dieses schleichenden Zweifels bewusst werden und seine wahre Beschaffenheit untersuchen. Eure Zweifel ans Tageslicht zu ziehen wird euch wenigstens vom Schein des Glaubens an die Menschheit und ihres spirituellen Schicksals bewahren. Stoßt ihr dann auf die Überzeugung, der Mensch sei von Grund auf schlecht, destruktiv, furchtbar und chaotisch, gilt es, auch diese Einschätzung zu untersuchen. Man sollte das, was man tatsächlich glaubt, stets aufrichtig mit dem konfrontieren, was man zu glauben vermeint. Das gilt für jede wichtige Frage. Hilfe und Führung können durch Meditation zu diesem Zweck aktiviert werden.

Sagt in der Meditation ausdrücklich, dass ihr euch eurer Vermeidungsstrategien bewusst werden und diesbezüglich nicht mehr täuschen wollt. Es ist besser zu wissen, dass ihr den Sprung in den Abgrund weiterhin vermeidet, als eure Angst davor zu verleugnen. Indem ihr eure Angst zugebt, schafft ihr den Kontakt zu euch selbst. Wenn ihr dann untersucht, wie stichhaltig die Angst ist, stellt ihr meist fest, dass verleugneter Stolz und Scham der eigentliche Grund sind. Die Idee, bestimmte Gefühle zu empfinden oder verletzlich zu sein sei demütigend, sowie der Gedanke, ihr solltet nicht dort sein, wo ihr seid, zusätzlich zum Gefühl, euer vergangenes Leiden im Kindesalter sei darauf zurückzuführen, dass ihr nicht liebenswert seid, lösen gemeinsam die Neigung aus, euren jetzigen Zustand zu verleugnen. Dies erzeugt Angst, und Angst wiederum erfordert, dass ihr Theorien ausheckt, um die Angst zu rechtfertigen. Redet sich jemand ein, Gefühle zu empfinden sei gefährlich, dann kann diese Überzeugung zu einem Zusammenbruch führen. Die allem zugrunde liegende Gefühlskombination ist meistens nur Scham und Stolz sowie die Fehlannahme, das Leiden in der Kindheit fuße auf eigener Unzulänglichkeit.

Die Schranke der Verlegenheit, Demütigung, Scham und des Stolzes zu überschreiten löst die Angst meist auf. Ihr müsst euch mit diesen Fragen konfrontieren und euch unmittelbar mit ihnen befassen. Nur so wird der Weg zu eurem Inneren bereitet. *Ohne Meditation wird der Weg unnötig schwierig.* Dieser Ansatz und die entsprechende Haltung schaffen das erforderliche Klima, damit ihr euch in den Abgrund des Schreckens, der Einsamkeit, der Hilflosigkeit, des Schmerzes und der Wut begeben könnt, die durch das erlittene Leiden erzeugt wurden. Jede nicht vergossene Träne hält euch auf. Jeder nicht geäußerte Protest steckt weiterhin in euch und lässt euch protestieren, wenn es fehl am Platz ist. Diese Gefühle schienen alle bodenlose Gruben zu sein. Doch springt ihr hinein, entdeckt ihr tief in eurem Inneren den göttlichen Kern. Er ist Licht, Wärme, Lebendigkeit und Sicherheit. Diese Tatsachen werden nur erfahren, wenn ihr durch die zuvor vermiedenen realen Gefühle hindurchgeht.

Hinter der Pforte

Euer spirituelles Selbst mit aller Freude, Sicherheit und Frieden weilt direkt hinter der Trauer und dem Schmerz. Es lässt sich weder durch einen Willensakt aktivieren noch durch Übungen, die das Erleben eurer Gefühle übergehen. Euer spiritueller Kern äußert sich jedoch als Nebenprodukt des direkten Willensaktes, durch eure verleugneten Gefühle hindurchgehen zu wollen.

Ich will diese Lesung mit dem Satz beschließen, dass die Angst nicht wirklich ist. Sie ist tatsächlich eine Illusion, aber ihr müsst durch sie

201

hindurchgehen und sie spüren. Hinter der Pforte des Empfindens eurer Schwäche liegt eure Stärke. Hinter der Pforte eures Schmerzes liegen Lust und Freude. Hinter der Pforte eurer Einsamkeit befindet sich eure Fähigkeit zur Erfüllung, Liebe und Gemeinschaft. Hinter der Pforte eures Hasses erfahrt ihr Liebesfähigkeit. Hinter der Pforte eurer Hoffnungslosigkeit spürt ihr wahre Hoffnung. Das Annehmen der Mängel eurer Kindheit schafft eure jetzige Erfüllung. Beim Empfinden all dieser Gefühle und Zustände ist es äußerst wichtig, dass ihr euch nicht täuscht. Alles, was das Jetzt zu Tage fördert, ist lediglich das Ergebnis der Vergangenheit, die immer noch in euch steckt.

Jenseits dieser Pforten findet ihr das wahre Leben. All die vielen Versuchungen, die euch winken, Wege zu beschreiten, denen zufolge es möglich sei, spirituelle Wahrheit zu finden, ohne durch diese Pforten zu gehen, sind reines Wunschdenken. Es führt kein Weg an dem vorbei, was sich in euch angesammelt und euer ganzes Wesen verseucht hat, euer spirituelles, psychisches und häufig auch physisches Wesen. Dieses Gift lässt sich nur ausscheiden, indem ihr empfindet, was ihr hofftet, nie fühlen zu müssen. Danach strömt noch mehr Energie ein. Viele unter euch haben bis zu einem gewissen Grad erfahren, was ich sage, und hierin liegt euer Wachstum. Doch ihr müsst alle noch weiter gehen. Ihr müsst aufhören, euch wegen Hass und Bosheit, Grausamkeit und Gier, Selbstsucht und einseitigen Forderungen an andere selbst zu bestrafen, damit ihr in den Schrecken eurer Angst, eurer Scham und eures Schmerzes eintreten könnt. Dann werdet ihr wirklich, offen und wahrhaft lebendig.

Seid alle gesegnet.

202

21

Die Identifikation mit dem spirituellen Selbst

Segen und Gruß an alle Anwesenden. Lasst die Macht des Geistes entstehen, in euch leben und sich durch euch manifestieren. Dann seid ihr in der wirklichen Welt, und euer Leben hat einen Sinn. Jeder Schritt in dieser Richtung erzeugt neue Energie. Wollt ihr wirklich herausfinden, wer ihr seid, und bringt ihr das Opfer, alte, zerstörerische Denk- und Reaktionsmuster aufzugeben, dann werdet ihr den unvergleichlichen Schatz in eurem Inneren entdecken. Doch das Wort »Opfer« ist fehl am Platz, denn ihr gebt nichts auf und gewinnt alles.

Dank eurer zunehmenden Aufmerksamkeit erkennt ihr, dass die Wirklichkeit des Geistes größer ist als diejenige der Dinge, die ihr berühren und sehen könnt. Die spirituelle Energie, die durch euch erzeugt wird, pflanzt sich selber fort. Das macht sich in eurem eigenen Leben und auch in den Unternehmungen mit anderen bemerkbar. Natürlich müsst ihr euch immer noch mit Abwehrmechanismen und unaufgelösten Negativitäten, Widerständen und Verzerrungen auseinander setzen, auch wenn ihr schon große Fortschritte gemacht habt. Diese Aspekte müssen zuerst zugegeben und angenommen werden, bevor ihr sie aufgeben könnt. Es ist unmöglich, etwas loszulassen, von dem ihr nicht wisst, dass ihr es habt oder das ihr nicht äußert.

Die negative Intentionalität

Es ist notwendig, dass ihr eure inzwischen bewusst gewordene negative Intentionalität wahrnehmt. Früher habt ihr möglicherweise die Theorie akzeptiert, dass auch ihr ein niederes Selbst seid mit Mängeln und Charakterfehlern. Vielleicht habt ihr euch diesen Aspekten gestellt und sie aufrichtig und konstruktiv bearbeitet. Das ist jedoch nicht mit dem Aufdecken der negativen Intentionalität zu verwechseln.

Eine wichtige psychologische Tatsache besagt, dass der Mensch das, was er fürchtet, unbewusst will. Und dass er das, was er erlebt, ebenfalls unbewusst will. Der gesamte Pfad gründet auf dieser Lebenserkenntnis. Viele stehen vor einer verneinenden Lebenshaltung, der jeder Wunsch abgeht, zu geben, zu lieben, einen Beitrag zu leisten, nach etwas zu streben, etwas zu bekommen oder gut und fruchtbar zu leben. Das mag für das Bewusstsein absurd erscheinen, das sich nichts sehnlicher als jede nur vorstellbare Erfüllung wünscht. Es gibt jedoch noch jenen anderen Teil der Seele in einem verborgenen Winkel der Psyche, der genau das Gegenteil besagt. Er will hassen, bösartig sein, zurückhalten, auch wenn es zu Leiden und Verlust führt.

Diesen Bereich der Seele zu erkennen ist äußerst wichtig. Es muss gar nicht der Hauptanteil des Selbst sein. Wahrscheinlich ist es nur ein verhältnismäßig kleiner Teil eures Bewusstseins, in dem die Verneinung eingeschlossen ist, während der größere Teil des Selbst das Gegenteil anstrebt. Doch ungeachtet dessen, wie klein der negative Teil im Verhältnis zu den befreiten, positiven Aspekten des Selbst ausfällt, übt er eine magische Macht über das Leben des Betreffenden aus, weil er nicht bewusst erkannt wird.

Werdet ihr euch dieser negativen Intentionalität bewusst, nehmt ihr allmählich wahr, in welch verheerendem Griff diese Haltung euch und euer Leben hat. Obwohl ihr wisst, wie zerstörerisch und sinnlos sie ist, stellt ihr fest, dass ihr unfähig – das heißt nicht bereit – seid, diese Haltung aufzugeben. Große Bemühungen sind erforderlich, um den Widerstand zu überwinden und zu dieser anfänglich schockierenden Einsicht über euer Leben zu gelangen. Ein Großteil des Widerstandes entsteht, weil ihr nicht sehen wollt, dass es eine solche sinnlose Zerstörung und Verneinung in euch gibt.

Habt ihr die Einsicht gewonnen könnt ihr euch mit dieser Verneinung des Lebens befassen. Es gibt eine Anzahl von »Gründen« für Negativität, die euch bereits bewusst sind. Trotzdem kommt ihr immer noch nicht weiter. Doch das Wissen, dass *ihr* die Isolation, Einsamkeit, Lieblosigkeit, Hass und Boshaftigkeit wollt, statt irgendein Schicksal dafür anzuklagen, ist der Schlüssel, das nächste Glied in eurer Evolutionskette zu finden.

Es ist hilfreich zwischen *Negativität* und *negativer Intentionalität* klar zu unterscheiden. Negativität umfasst eine große Bandbreite an Gefühlen einschließlich Feindseligkeit, Neid, Hass, Angst, Stolz und Wut. Wenn wir jedoch von negativer Intentionalität reden, meinen wir ausdrücklich die Absicht, an einem Zustand festzuhalten, in dem das Leben und das Selbst verneint werden. Schon das Wort Absicht weist darauf hin, dass das Selbst am Ruder ist und beabsichtigt, auf bestimmte Weise zu handeln und zu sein. Selbst wenn ihr die zerstörerischsten, grausamsten und brutalsten Seiten zugebt, vermittelt ihr den Eindruck, ihr könntet nichts dafür. Grabt ihr jedoch eure negative Intentionalität aus, könnt ihr euch nicht länger vormachen, dass Negativität einfach so »passiert«. Früher oder später müsst ihr euch damit abfinden, dass das Leben das Ergebnis eurer eigenen Entscheidungen ist. Eine Entscheidung oder Wahl beinhaltet die Möglichkeit, eine andere Haltung einzunehmen. Ihr könnt also auf einer tieferen Ebene entdecken, dass ihr frei seid. Sogar eure jetzigen engen Grenzen sind das Ergebnis eines frei gewählten Weges, dem ihr folgt und weiterhin folgen werdet, bis ihr einen anderen Kurs einschlagt.

Dem Bewusstsein erscheinen solche negativen Absichten vielleicht absurd. Lasst euch aber versichern, dass es eine negative Intentionalität gibt. Diese Tatsache wirklich anzuerkennen und sich damit zu befassen erfordert ein beträchtliches Ringen, Mühe und Geduld sowie das Überwinden innerer Widerstände. Ich meine damit nicht einen gelegentlichen vagen Hinweis auf eine Einsicht, die sich dann selbst überlassen wird. Die Auseinandersetzung mit der eigenen negativen Intentionalität stellt eine größere Krise im Leben dar und deutet auf eine grundlegende Änderung hin. So etwas fällt einem nicht einfach in den Schoß.

Sehen wir uns nun Abschnitte dieses Übergangs an. Ihr könnt euch auf einen solchen Weg begeben, ohne eine Ahnung von euren starrsinnigen negativen Absichten zu haben. Ihr würdet diese Tatsache nicht glauben,

205

wenn ihr damit konfrontiert würdet, geschweige denn sie nachempfinden und in euch beobachten. Vielleicht sind euch einige Fehler und destruktive Seiten bewusst, ein gewisses neurotisches Verhalten und entsprechende Gefühle. Ich kann jedoch nicht genug betonen, dass dies keineswegs dasselbe ist wie das Gewahrsein eurer negativen Intentionalität.

Kommt ihr mit eurer Arbeit auf dem Pfad gut voran und erlangt ihr immer tiefere Einsichten in euer Inneres, dann könnt ihr zunehmend gute wie auch schmerzliche Gefühle in euch akzeptieren. Ihr werdet stärker und objektiver. Durch eure Verpflichtung, euch immer wieder den Tatsachen in euch zu stellen, um die reinsten spirituellen Energien zu aktivieren, deckt ihr schließlich eure absichtliche Verneinung aller guten Dinge im Leben auf. Ihr werdet feststellen, dass eure innere negative Absicht umso größer ist, je frustrierter ihr seid, weil ihr nicht erlangt, was ihr euch sehnlichst wünscht. Gleichzeitig sinkt auch euer Bedürfnis, euch damit zu befassen. Dasselbe trifft auf euren Zweifel zu: Je mehr ihr fürchtet, dass sich das Gewollte nicht ergibt, desto weniger vertraut ihr dem Leben, und desto weniger seid ihr mit eurem eigenen negativen Willen verknüpft.

Eine neue Hoffnung

Es ist außerordentlich schwierig, zuzugeben, dass das Selbst absichtlich einen Kurs der Verneinung, Bösartigkeit und des Hasses einschlägt, sogar um den Preis des Leidens. Ist dies einmal geschehen, öffnet sich die Tür zur Freiheit, bevor man überhaupt bereit ist, über ihre Schwelle zu treten. Allein die Möglichkeit eines anderen Weges, einer anderen Lebenshaltung und eines anderen Ansatzes, die eigenen Energien und Mittel einzusetzen, weckt Hoffnung – keine falsche Hoffnung, sondern eine realistische Erwartung.

Ihr investiert tatsächlich eure besten Energien in neurotische Lösungen, die auf unerfüllbaren Hoffnungen oder reiner Illusion gründen. Dabei gibt es eine wirkliche, realistische und umsetzbare Hoffnung, die nicht zwangsläufig in Enttäuschungen und Desillusionierung endet. Diese Hoffnung wird langsam zu einer Realität, die zur Erfüllung und Verwirklichung des Besten in euch führt und euch Zugang zu allem verschafft, was das Leben zu bieten hat. Die Möglichkeiten sind zahllos und euer, ihr braucht nur darum zu bitten.

206

Das Entdecken eurer negativen Intentionalität ist wichtig, aber das Wissen darum noch nicht dasselbe wie sie aufzugeben. Manchmal räumt die Einsicht in eine destruktive oder verzerrte Haltung sie automatisch aus dem Weg, aber das ist nicht immer der Fall. Immer wieder wird es bei der Arbeit offensichtlich, dass trotz des Wissens, wie sinnlos und zerstörerisch die eigene negative Intentionalität ist, mehr als bloßes Erkennen erforderlich ist, bevor sich Geisteshaltung, Wille und Intention verändern lassen.

Wir haben uns aus diesem Grund mit vielen Glaubenssätzen und Fehlannahmen, Motivationen und Gründen befasst. Da ist einmal die Angst vor dem Ungewissen, die Angst, verletzt und gedemütigt zu werden, die Angst vor Schmerz und die Weigerung, vergangenen und jetzigen Schmerz zu empfinden. Die negative Haltung ist somit eine Abwehr gegen reale Gefühle. Das Festhalten an einer negativen Willenshaltung ist auch auf die Weigerung zurückzuführen, Verantwortung im Leben zu übernehmen oder sich mit Umständen abzugeben, die zu wünschen übrig lassen. Es scheint, als bestündet ihr innerlich darauf, »schlechte Eltern« dazu zu zwingen, »gute Eltern« zu werden, indem ihr euer Elend als Waffe gegen sie einsetzt. Negative Intentionalität ist auch ein Mittel, das Leben im Allgemeinen zu bestrafen. Einige unter euch haben solche Gefühle, Reaktionen und Haltungen zur Genüge erforscht, bestätigt und durchgearbeitet. Dennoch besteht ihr immer noch darauf, an ihnen festzuhalten. Weshalb?

Wir haben auch mit der Entstehung der Verneinung gearbeitet. Häufig ist sie die einzige Art, wie sich ein Kind sein Selbst bewahren kann. Wenn der innere Widerstand nicht aufrechterhalten wird, fühlt sich die Persönlichkeit bedroht. Das Kind setzt das Aufgeben von Widerstand mit einer Kapitulation gleich, mit dem Aufgeben seiner Individualität. Viele von euch wissen das und sind sich auch bewusst, wie unangemessen es ist, einen einst gültigen Zustand in die Gegenwart zu holen, wo er nicht mehr gültig und sogar zerstörerisch wirkt.

Für diejenigen unter euch, die noch nicht an sich selbst erfahren haben, dass man eine sinnlose, verschwenderische Haltung zugeben kann, scheint dies unvorstellbar. Weshalb diese Weigerung, auch wenn ihr wisst, dass sie euch und anderen nur Schmerz beschert? Es muss einen triftigen Grund geben, der offensichtlich über die bereits erwähnten

207

Ursachen hinausgeht. Viele von euch stecken an diesem Punkt fest und brauchen Hilfe, um darüber hinauszugehen.

Mit welchem Teil setzt ihr euch gleich?

Um diesen Engpass zu bewältigen, muss man die Frage der Identifikation stellen. Mit welchem Teil eures Wesens seid ihr identifiziert? Es sind auch mehrere Teile vorstellbar. Auf jeden Fall wird eine solche Identifikation nicht vom bewussten Ich gewählt.

Wenn ihr euch ausschließlich mit dem Ich gleichsetzt – mit jenem bewussten, wollenden, handelnden Teil –, dann ist es unmöglich, eine Veränderung herbeizuführen, die jenseits des Ich liegt. Eine Veränderung tief liegender Einstellungen und Gefühle lässt sich nicht durch die begrenzten Ich-Funktionen herbeiführen. Man muss sich mit einem wirksameren Aspekt des Selbst identifizieren, um eine solche Veränderung zu ermöglichen. Dabei verpflichtet sich das Ich, die Veränderung zu wollen, und vertraut auf die Abläufe des unwillkürlichen spirituellen Selbst. Ohne Identifikation mit dem spirituellen Selbst sind dieses Vertrauen und die erforderliche positive Erwartungshaltung nicht zu erreichen. Der Betreffende kann sie nicht einfach wollen, denn ein Misslingen würde die Machtlosigkeit des Ich nur allzu unangenehm verdeutlichen. Das Ich zieht es also vor, »ich will nicht« zu sagen als »ich kann nicht«.

Eine Identifikation kann im nicht positiven, konstruktiven Sinn bestehen oder mit einem äußerst negativen, hinderlichen und zerstörerischen Aspekt ausgestattet sein. Der Unterschied wird nicht durch einen guten oder schlechten Persönlichkeitsaspekt bestimmt, sondern ob die Verbindung wünschenswert, gesund und fruchtbar oder aber das Gegenteil ist. Ihr denkt beispielsweise: »Wie kann es zerstörerisch sein, sich mit dem höheren Selbst zu identifizieren?«

Identifiziert ihr euch mit dem höheren Selbst, ohne euch wirklich eures niederen Selbst, eures Maskenselbst, eurer Abwehrmechanismen, eurer unaufrichtigen Mittel und negativen Intentionalität bewusst zu sein, dann wäre diese Identifikation eine Flucht und Illusion. Unter solchen Umständen gibt es überhaupt keine wahrhaftige oder wirkliche Erfahrung. Die Situation entspricht eher dem Lippenbekenntnis zu einer Philosophie, an die ihr nur auf der intellektuellen Ebene glaubt. Es ist gut

208

und schön, dass ihr eine göttliche Manifestation mit potenziell grenzenloser Macht seid, euch und euer Leben zu verändern, und dass ihr sogar den Geist des Universums manifestiert. Doch bleibt dies eine Halbweisheit, wenn jene Identifikation den Teil von euch übersieht, der eure Prüfung und ehrliche Aufmerksamkeit erfordert.

Es ist etwas anderes, euch mit eurem niederen Selbst oder eurem Maskenselbst zu identifizieren, als es zu beobachten und einfach festzustellen. Wenn ihr euch mit dem niederen Selbst gleichsetzt, glaubt ihr, das sei alles, woraus ihr bestündet. Sobald ihr es aber erkennt, beobachtet und euch mit ihm befasst, glaubt ihr nicht mehr, dass ihr nur daraus besteht. Wäre dies der Fall, könntet ihr es nicht erkennen, beobachten, bewerten, analysieren und verändern. Denn jener Teil in euch, der das alles beobachtet, hält das Steuer bestimmt fester in der Hand, hat mehr Macht und ist aktiver und wirklicher als der beobachtete, eingeschätzte oder veränderte Teil. In dem Moment, in dem ihr etwas erkennt, ist der Teil, der dies feststellt, mehr als das, was beobachtet wurde.

Das ist der große Unterschied zwischen dem Erkennen von etwas und der Gleichsetzung damit. Werden die Maske und das niedere Selbst oder aber die negative Intentionalität festgestellt, entsteht Platz für das Empfinden echter Gefühle einschließlich des Schmerzes, der nicht mehr verleugnet zu werden braucht. Die Energie, die nicht mehr in die Verleugnung investiert wird, führt euch zur Wahrheit. Wenn ihr eure Gefühle wirklich empfinden könnt, könnt ihr euch mit dem spirituellen Selbst gleichsetzen.

Das niedere Selbst sollte erkannt werden, während man sich mit dem spirituellen Selbst gleichsetzen sollte. Das Ich führt die Identifikation herbei, gibt sich aber willentlich auf, um in das spirituelle Selbst integriert zu werden.

Die Probleme der Abkehr

Beim Aufgeben der negativen Intentionalität erhebt sich der Betreffende bereits über sein niederes Selbst, das es aufzulösen gilt. Dessen Energien werden in ihrer jetzigen Form aufgelöst, umgewandelt, geändert und in neue, bessere Bahnen gelenkt. Die sinnlose Weigerung, den negativen Willen aufzugeben, besteht deswegen, weil sich der Betreffende vollständig mit diesem Aspekt des Selbst gleichsetzt, ungeachtet anderer Aspekte, für die dies überhaupt nicht zutrifft. Keiner ist ganz mit dem niederen Selbst oder überhaupt nicht mit ihm identifiziert. Es ist unweigerlich eine Kombination: Manche Aspekte des Selbst sind frei und vermitteln eine tiefe spirituelle Identifikation. Gleichzeitig erzeugen die noch unerkannten Aspekte des niederen Selbst, die noch nicht empfundenen Gefühle, ein teilweises, furchterregendes Eintauchen in das niedere Selbst, und das Selbst glaubt nun, dieses sei seine einzige Realität. Zudem ist noch eine dritte Identifikation mit dem Ich als einzig gültiger, verlässlicher Funktion möglich. Entsprechend ist der Mensch hinsichtlich seiner Identifikation gespalten.

Liegt eine geheime Identifikation mit dem niederen Selbst vor, dann kommt es einer Selbstvernichtung gleich, dieses aufzugeben. Der Teil des Selbst, der destruktiv, grausam, hasserfüllt und bösartig ist, sieht darin das wirkliche Selbst. Alles andere erscheint unwirklich, vielleicht sogar unecht. Sich von Hass, Bösartigkeit und negativen Absichten zu trennen, ist, als gäbe man das eigene Wesen auf. Eine solche scheinbare Selbstvernichtung kann man nicht riskieren, auch wenn das Versprechen winkt, dass diesem Opfer Freude und Erfüllung entspringen. Bestenfalls scheint diese Freude für jemand anderen zu sein als für jenes Ich, das euch vertraut ist. Und was ist schon Gutes daran, wenn Freude, Erfüllung, Lust und Selbstachtung von einem anderen als euch erlebt werden? So sehen die unausgesprochenen Gefühle und das geheime Klima aus.

Die Überwindung eurer Gleichsetzung mit dem niederen Selbst kommt im Schwierigkeitsgrad gleich nach der Verpflichtung, die Wahrheit über euch herauszufinden. Das schließt die geistige Beobachtung und das Zulassen eurer wirklichen Gedanken ein, das Erleben aller Gefühle und das Eingestehen derselben auf allen Ebenen.

Wenn ihr euch nur im niederen Selbst als real erfahrt, könnt ihr es nicht aufgeben. Ihr lebt in der Illusion, dass nichts jenseits eurer negativsten Aspekte existiert. Ihr fühlt euch nur real und energiegeladen, wenn sich Negativität und Destruktivität zeigen, ungeachtet dessen, wie sehr eure Umgebung diese beschneidet und euch zwingt, die Existenz dieser Energie nur in euch zu erfahren.

Meine Freunde, euer Widerstand, das aufzugeben, was ihr in euch am meisten hasst, ist auf eine falsche Identifikation zurückzuführen.

210

Der Ausweg

Um einen Ausweg zu finden, solltet ihr euch als Erstes fragen: »Ist das wirklich alles, was ich bin? Stimmt es, dass meine Realität aufhört zu existieren, wenn ich negative Absicht und Willen aufgebe?« Allein diese Frage ehrlich zu stellen, öffnet bereits eine Tür. Noch bevor sich Antworten einstellen, erreicht ihr dadurch das zweite Entwicklungsstadium, bei dem euch aufgeht, dass der Teil, der die Frage stellt, bereits jenseits eurer angenommenen Identität ist. Von da aus ist es nicht mehr ganz so schwer, eine Stimme in euch zu finden, die jenseits des niederen Selbst spricht.

Wagt euch mit zögernden Fragen vor, die ihr guten Willens und in Treu und Glauben stellt. Das ist der allererste Schritt aus dem Gefängnis unnötigen Leidens. Ihr gelangt zu einem Punkt, an dem ihr das niedere Selbst erkennen und beobachten könnt. Sich mit dem Beobachter zu identifizieren ist eine erste Ausdehnung über eure vertraute Selbsterfahrung hinaus.

Nehmen wir an, dass ihr es gewohnt seid, euch als hochmütig, kalt und verächtlich zu erleben. Diese Haltung aufzugeben kommt einem Sterben gleich. Doch wo hinein sterben? In euer wahres Selbst hinein sterben, wo sich eure wahren Gefühle und euer wahres Wesen befinden! Seid ihr bereit, eure Gefühle ungeachtet ihrer Art wahrzunehmen, erkennt ihr, wer ihr seid. Seid ihr nicht dazu bereit, müsst ihr das harte, begrenzte »Selbst« bleiben. Das ist eure Wahl.

Man kann nicht erwarten, dass ihr beim Aufgeben eurer negativen Intentionalität gleich Glückseligkeit erfahrt. Ihr werdet eure wirklichen Gefühle kennen lernen, und manche davon sind ziemlich schmerzlich. Doch der Schmerz ist leichter zu ertragen als die Stellung, die ihr jetzt verteidigt. In seinem Fluss wird er euch wie der Strom des Lebens zu neuen und besseren Zuständen tragen.

Die Verpflichtung gebührt immer der Wahrheit des Selbst, dem, was es wirklich fühlt, denkt und ist. Habt ihr dies als Ziel gewählt, könnt ihr nicht umhin, euch zu verwirklichen. Ihr werdet neue Gefühlstiefen erleben und den Schmerz sogar begrüßen, denn er ist wirklich, bewegt und ganz und gar ihr selbst.

Die ersten Antworten, die ihr auf eure Fragen bekommt, stammen möglicherweise noch nicht aus eurem tiefer liegenden, spirituellen Selbst.

211

Sie entspringen vielleicht eurem Bewusstsein. Die Fähigkeit, neue Möglichkeiten und Antworten zu formulieren und das bereits in eurem Bewusstsein integrierte Wissen um die Wahrheit einzusetzen, wird sich sicher und real anfühlen. Gleichzeitig liefert sie euch einen neuen Schlüssel, die euch zur Verfügung stehenden Mittel anders zu verwenden.

Solche neuen Gedanken beschäftigen sich vielleicht damit, dass eine positive Intentionalität für euch interessant und wünschenswert wäre. Ihr könntet neue Möglichkeiten erwägen, wie ihr euren Denkapparat einsetzt. Das ist ein spannendes Unterfangen und verpflichtet euch nicht, irgendeiner Handlungsweise nachzukommen. Ihr könnt stets euer Recht in Anspruch nehmen, dorthin zurückzukehren, wo ihr wart. Ihr werdet weder von dem Leben noch sonst jemandem gezwungen. Es bleibt immer eure Wahl. Das zu wissen lässt das anscheinende Risiko, eine neue Gedankenrichtung auszuprobieren, weniger groß erscheinen. Geht einfach der Frage nach, wie es sich anfühlt, eine positive Intentionalität in Gang zu setzen. Indem ihr euch dieser neuen Freiheit bedient, baut ihr eine Brücke zur Selbsterweiterung. Mit der Zeit werdet ihr ruhig und hört in euch hinein. Ihr werdet die allgegenwärtige, ständige Stimme der Wahrheit und Gottes vernehmen. Sie wird intensiver und häufiger, bis es euch aufgeht, dass ihr alles seid, was existiert. Es gibt nichts, was ihr nicht seid, meine Freunde. Das mag euch sehr fern erscheinen, aber es ist nicht so weit entfernt, wie es jetzt aussieht.

Seid ihr bereit zur Vorstellung, Wahrnehmung und Bildung neuer innerer Haltungen, werdet ihr den Reichtum des Universums und seines innersten Wesens erfahren. Daraus strömen neue Handlungsweisen und neue äußere Erfahrungen. Bleibt ihr aber innerhalb eurer alten Möglichkeiten stehen, müsst ihr in einem unbefriedigenden Zustand verweilen, ganz gleich, wie entwickelt ihr im Vergleich zu anderen auch seid. Es gibt keinen Stillstand. Wenn ihr stillsteht, begrenzt ihr euch. Nur wenn ihr euch ausdehnt, könnt ihr wirklich ihr selbst werden.

Eine wunderbare goldene Kraft will sich ihren Weg durch die Wolken bahnen. Mit jedem eurer Schritte werden die Wolken durchlässiger. Wenn ihr euch hinter Verneinung und Zweifeln versteckt, können die goldene Sonne und die Kraft nicht hindurch. Doch sie sind hier. Glaubt

212

nicht, ihr müsstet jemand anderer werden. Ihr werdet zum Besten dessen, was ihr bereits seid. Wenn ihr das werdet, werdet ihr es erkennen und spüren, wie sicher es ist, wie sehr ihr dies seid. Ihr verratet eure Realität nicht, ihr werdet nicht zu etwas, dessen ihr euch zu schämen bräuchtet. Versucht, das zu glauben. Lasst das Licht in euch hineinströmen und akzeptiert, dass die Wirklichkeit nicht trostlos ist. Die Wirklichkeit ist wunderschön. Das Universum ist voller Liebe. Wahrheit ist Liebe, und Liebe ist Wahrheit. Die Freiheit eures eigenen Geistes ist in der Wahrheit und Liebe zu finden. Seid alle gesegnet!

22

Der Übergang zur positiven Intentionalität

Seid gegrüßt! Gott segne euch alle, die ihr hier seid. Konzentriert euch auf die Dimension, die euch nun ihre Fülle und ihren Reichtum mitteilen will. Ihr könnt durch sie bereichert werden. Es ist eine Frage der Ausrichtung und Absicht. Bittet um innere Führung und Unterstützung, damit diese Lesung wieder ein weiterer hilfreicher Schritt auf eurer Suche werde.

Ich möchte noch einmal über euren Versuch sprechen, negative Intentionalität zu einer positiven Äußerung zu verändern. Viele unter euch, die diese Pfadarbeit leisten, sind sich mit der Zeit dessen bewußt geworden, was ignoriert, verleugnet oder unterdrückt war. Dies ist auf jedem Pfad der Selbsterkenntnis, Konfrontation mit sich selbst und Läuterung wichtig. Aber es braucht noch mehr, meine Freunde.

Ein Hauptgrund für die Schwierigkeit, negative in positive Intentionalität zu verändern, liegt darin, dass das Selbst sich nahezu ganz mit dem zerstörerischen Teil gleichsetzt. Deshalb erscheint das Aufgeben dieses Teils der Persönlichkeit als riskant und vernichtend. Wie geht man nun vor, um das subtile, innere Identitätsgefühl zu verschieben? Werden negative Äußerungen dem Selbst gegenüber nicht zugegeben, erstarren sie zu einer Eiterbeule der Schuld und Selbstzweifel, die etwa lauten könnten: »Würde die Wahrheit über mich bekannt, würde ich als schlecht bezeichnet. Da ich das jedoch wirklich bin und nicht aufhören will zu existieren, kann ich mich nicht aufgeben wollen. Ich kann also nur vorgeben, anders zu sein.«

Das ist ein verheerendes Seelenklima, in dem Verwirrung wächst und das echte Selbstgefühl weiter verloren geht. Ein theoretisch richtiges Wissen trägt wenig dazu bei, diesen schmerzhaften, beunruhigenden Umstand zu lindern. In dieser Lesung wollen wir uns mit den Einzelheiten des Veränderungsprozesses befassen, den ich empfehle.

Erforscht jeden Gedanken

Begreift, dass eure negative Intentionalität nicht wirklich unbewusst ist. Es handelt sich eigentlich um eine bewusste Haltung, nur wolltet ihr sie ignorieren und habt ihr Dasein schließlich verdrängt. Ständiges und absichtliches Wegschauen führt schließlich dazu, dass man etwas stets Vorhandenes nicht mehr sieht. Konzentriert sich das Auge wieder darauf, erblickt man es unverzüglich wieder. Ein solcher Stoff ist nicht wirklich unbewusst.

Inzwischen akzeptieren die meisten die negative Intentionalität zumindest teilweise, stellen sich ihr und geben sie zu. Um alle Aspekte bewusst zu machen und die Veränderung von der negativen zur positiven Intentionalität herbeizuführen, ist es erforderlich, jene »kleinen, unwichtigen« alltäglichen Gedankenmuster zu prüfen, die inzwischen schon so sehr zu euch gehören, dass es euch kaum mehr einfällt, sie zu beachten. Alle Gedankenvorgänge haben eine ungeheure Macht und müssen deshalb untersucht werden. Viele Gedanken und automatische Reaktionen werden als selbstverständlich hingenommen und übergangen. Somit könnt ihr eine Reaktion schlechten Willens, von Neid oder schuldzuweisendem Groll ignorieren, obwohl euch eure negative Absicht in anderen Belangen bewusst ist. Diesen kleinen, gewohnheitsmäßigen Reaktionen und Gedanken ist jedoch nachzugehen.

Ihr gesteht beispielsweise einen irrationalen Zorn oder Hass ein. Äußerlich stellt ihr fest, dass es irrationale Reaktionen sind, aber ein Teil von euch fühlt sich immer noch gerechtfertigt, so zu empfinden, weil er sich ungerecht behandelt wähnt. Ihr reagiert auf die Vergangenheit und holt eure Reaktionen in die Gegenwart. Vergangener Schmerz und Qual mögen im echten Sinn des Wortes unterdrückt sein. Um eine wirkliche

Erfahrung zu ermöglichen, muss man sich gründlich mit der Abwehr befassen. Die Abwehr ist stets eine negative Intentionalität in einer nicht wirklich unbewussten Form. Euer vergangener Schmerz, dessen Erfahrung ihr euch verweigert, wird zur verzerrten Reaktion in der Gegenwart.

Nehmen wir an, ihr seid heute in einer bestimmten Situation wütend und grollt. Ihr gebt zu, dass dies ein negatives Gefühl ist, emotional aber glaubt ihr immer noch im Recht zu sein. Es existiert eine schmerzliche Verwirrung: Ein Teil euer selbst spürt, dass eure Forderungen und Reaktionen ungerechtfertigt sind. Ein anderer Teil fühlt sich benachteiligt und reagiert, als sollte sich die Welt um euch drehen. Er hindert euch daran, das gesamte Bild objektiv zu sehen.

In diesem Stadium ist es nötig, den in euch schwärenden Gedanken ans Licht zu ziehen und ihn mit eurem reifen Teil zu untersuchen. Ihr müsst diesem verwirrten Gedanken folgen und eure ganze Aufmerksamkeit einsetzen, um euch besser zu verstehen. Dann könnt ihr den negativen Gefühlen und verzerrten Gedanken mit wahren, reifen und realistischen Gedanken begegnen. Vermeidet unbedingt, das Unangenehme zurückzustoßen. Der Prozess muss als bewusster Dialog vonstatten gehen. Es ist ein Integrationsprozess, der die Spaltung schließlich aufhebt und eine Identifikation mit eurem reifen, konstruktiven, echten Selbst herstellt.

Es ist nicht nur erforderlich, die Existenz der falschen, destruktiven, gemeinen und unrealistischen Haltungen zuzugeben. Der nächste Schritt besteht darin zu erkennen, weshalb diese Haltungen negativ sind und inwiefern sie die Wahrheit verzerren. Dann kann euer Verstand die realistische Situation erwägen und nicht eure kindische, verzerrte Sicht. Könnt ihr den irrationalen Wunsch und die völlig irrationale Absicht hinter der destruktiven Haltung formulieren und auch noch sagen, inwiefern diese Absicht sich der Realität, Fairness und Wahrheit widersetzt, dann werdet ihr ungeachtet der Negativität einen weiteren wichtigen Schritt gemacht haben, um diese Aspekte in positive Intentionalität zu verwandeln. Ihr habt eine brüchige Mauer entfernt, die euch abhielt, das Leben zu erfahren.

Euer erwachsenes Denken muss sich neben dem kindischen destruktiven Denken zu diesem Thema äußern, bei dem ihr gefühlsmäßig so engagiert seid. Eure Denkprozesse funktionieren in der Regel ziemlich gut, wenn ihr wirklich wollt. Sie können in den Dienst der Läuterung gestellt werden.

Lernt die Verzweigungen und die Bedeutung eurer falschen Haltungen kennen, schaut, weshalb euer Ärger, eure Feindseligkeit, eure Eifersucht, euer Neid und eure unfairen, einseitigen Forderungen tatsächlich ungerecht sind. Erst dann versteht ihr auch, dass ein gesunder Ärger gerechtfertigt sein kann. In der Folge könnt ihr ihn ohne Schuld, Selbstzweifel, Schwäche und schleichende Nachwehen erleben. Auch wenn es angezeigt ist, Wut und Verletzung zu empfinden, wird euch dies immer verwirren, solange ihr nicht klar wisst, ob euer Ärger gerechtfertigt ist oder nicht. Ihr werdet immer zwischen Schuld und Groll, Verneinung und Ablehnung, Angst und Tadel hin und her schwanken. Einerseits werdet ihr versuchen, eure Selbstzweifel zu beschwichtigen, indem ihr einen Fall zu euren Gunsten aufzubauen versucht, andererseits seid ihr vor Angst und Schwäche gelähmt und könnt euch nicht durchsetzen. Genauso schwach und verwirrt seid ihr auch in Situationen, bei denen ihr irrationale, kindische Forderungen aufstellt und dann, wenn diese Forderungen nicht erfüllt werden, eure destruktive Absicht äußert. Das gilt auch für Situationen, in denen ihr eure Rechte um der Wahrheit willen schützen solltet. Euer Verstand kann solche Konflikte nicht alleine lösen. Die zerstörerischen Elemente müssen zuerst zugegeben werden, damit der Verstand sich ihnen stellen und darauf antworten kann, indem er sie versteht und berichtigt.

Wird die Erwachsenenintelligenz nur dazu benutzt, die schmerzliche Verwirrung zu rationalisieren, eine Verteidigung aufzubauen, die eigene Lage zu rechtfertigen oder sich davor zu schützen, die zerstörerische Absicht zuzugeben, wird nichts gewonnen. Wird der erwachsene Verstand hingegen eingesetzt, um die irrationalen Forderungen zu beleuchten und klarzumachen, dass sie unrealistisch und unfair sind, zeigt er auch, dass die sich daraus ergebenden Gefühlsreaktionen für alle Beteiligten zerstörerisch sind. Damit ist viel gewonnen, und das Wahre an der Situation wird sich zeigen.

Den Weg zu Ende gehen

Ihr habt gute Fortschritte beim Anerkennen der negativen Intentionalität gemacht. Manchmal allerdings wird dieses Zugeben zu einer Flucht. Ein zerstörerisches Gefühl immer wieder zuzugeben, ohne zu ergründen, weshalb es falsch ist, öffnet ihm lediglich eine weitere Hintertür. Ihr tut anscheinend das Richtige, weigert euch aber, zu Ende zu gehen.

Die Versuchungen des Bösen sind so subtil. Jede Wahrheit kann in den Dienst einer Verzerrung gestellt werden. Deshalb ist so viel Achtsamkeit erforderlich. Deshalb garantiert auch das richtige Tun nie, dass ihr wahrhaftig seid und in Einklang mit dem Universalgesetz steht. Es gibt keine Formel, die euch vor dem Bösen zu schützen vermöchte. Nur ein aufrichtiges Herz kann das tun. Die Aufrichtigkeit des Herzens und den guten Willen heißt es immer wieder zu pflegen. Das kommt aus der spirituellen Reinigung bei der Tagesrückschau, der Meditation und der Verpflichtung an Gottes Welt der Wahrheit, Liebe, Ehrlichkeit und Integrität. Ist die Bereitschaft vorhanden, Anstand, Wahrheit, Liebe und Fairness mehr zu ehren als die anscheinenden Vorteile des furchtsamen, klammernden, eitlen kleinen Ich, schreitet eure Befreiung voran. Geschieht dies auf den inneren Ebenen, mit denen ihr durch diese Arbeit in Berührung kommt, geht die Läuterung sehr tief.

Bringt die Ebene der Gefühle und die Verstandesebene zusammen. Geht der Bedeutung eurer Gefühlserfahrung nach und untersucht ihre Gültigkeit und Realität. Findet heraus, ob die Annahme, die einer Gefühlsreaktion zugrunde liegt, gültig ist. Jede zerstörerische Haltung ist der Ausdruck eines zugrunde liegenden Werturteils. Deshalb müsst ihr euch über die Genauigkeit oder den Trugschluss dieser Werturteile klar werden.

Zweifel verschwinden erst, wenn ihr einer vertrauensvollen Haltung Platz macht und sie ausprobiert. Gebt ihr nur euer Misstrauen zu, ohne herauszufinden, was es bedeutet, weshalb es falsch ist und wie es möglicherweise anders sein könnte, verharrt ihr unweigerlich im Status quo. Ihr müsst die Schlussfolgerungen untersuchen, die der Boshaftigkeit, dem Misstrauen, der Eifersucht, der Feindseligkeit usw. innewohnen, weil diese Schlussfolgerungen nur in eurem Kopf stattfinden.

218

Dem Menschen gehen sein Leben lang allerhand kleine Gedanken durch den Kopf. Er achtet nicht darauf, dabei bedeuten diese Gedanken sehr viel. Gedanken haben Macht. Eure Gedanken erschaffen genauso wie eure Gefühle Handlungen und Erfahrungen. Sie erzeugen den Zustand eures Körpers, Verstandes, eurer Seele und eures Geistes.

Immer mehr Menschen vermögen den Wandel zu vollziehen, indem sie realistische Schritte zur Verwandlung des Bösen unternehmen. Ihr werdet euch erlauben, alle Gefühle zu empfinden und eurem Bewusstsein die Macht geben, das Leben zu wählen, das ihr euch wünscht.

Das ist positive Schöpfung. Bittet bei jedem Schritt eure innere Führung, euch Wachsamkeit und Bewusstsein zu verleihen, um die Dinge, mit denen ihr euch zu befassen habt, nicht aus dem Auge zu verlieren. Ihr werdet mit jeder Faser eures Wesens wissen, spüren und erfahren, dass das, was ihr fürchtet, eine Illusion ist und dass das Universum ein reicher, freudiger Ort ist.

Drückt bei eurer Meditation euer Vertrauen in das Universum aus. Findet Freude und Erfüllung eures Lebens. Diese Erfüllung bringt einen tiefen Frieden mit sich. Seid gesegnet, meine Lieben.

23

Das Hineinwachsen in die Einheit

Gruß und Segen. Diese Lesung leistet euch konkrete Hilfe. Die individualisierte Persönlichkeit muss sich bei Wachstum stets zu neuen Bewusstseinszuständen und Erfahrungen hin entwickeln. Jedes Stadium geht tiefer und setzt neue kreative Energien frei, mit denen wünschenswerte Lebenserfahrungen und Welten geschaffen werden können. So wird immer mehr von der Fülle des Universums für den Einzelnen zugänglich.

Ihr alle wisst, dass Visualisierung für die Arbeit des Schaffens und Neuerschaffens, die ihr in der Meditation leistet, wesentlich ist. Ohne diese Technik ist der Zustand, in den ihr hineinwachsen sollt, kaum zu erlangen. Es ist jedoch äußerst schwierig, ohne ein Beispiel einen neuen Zustand zu visualisieren.

In dieser Lesung möchte ich euch einige klar umrissene Hinweise vermitteln, wonach ihr Ausschau halten, worauf ihr euch einstimmen und worauf ihr bei eurem noch schlafenden Potenzial gefasst sein sollt. Ich führe euch an den Punkt, an dem sich die Persönlichkeit wahrhaft mit dem göttlichen Selbst verbindet und der eines jeden Menschenwesens innerster Kern ist. Diese Lesung skizziert bestimmte Grundbedingungen, die man unbesorgt verallgemeinern und auf jene anwenden kann, bei denen sich das göttliche Selbst ununterbrochen äußert und aktualisiert. Seht mit neuen Augen und erkennt vielleicht bei anderen das, wofür ihr zuvor blind wart.

Die Verpflichtung aus ganzem Herzen

Erreicht ein Mensch den Zustand, in dem er bewusst beschließt, sich dem göttlichen Willen und der göttlichen Realität zu verpflichten, dann ist das Fundament für lebenswichtige Veränderungen gelegt, die in seinem inneren und äußeren Leben stattfinden sollen. Diese Verpflichtung gilt dem Allbewusstsein, das jedem Lebewesen innewohnt. Ihr könnt es bei vielen Namen nennen, sobald es über das kleine Ich hinausgeht: Gott, universelles Bewusstsein, wahres Selbst, inneres Selbst. Wird diese Verpflichtung von ganzem Herzen getroffen, geschehen bestimmte Dinge im Leben des Betreffenden. Natürlich erreicht man diesen Zustand nicht durch Überschreiten einer definierten Linie, sondern in einem allmählichen Prozess. Bevor ich diesen beschreibe, möchte ich noch darauf hinweisen, dass ihr euch nicht davon irreführen lassen solltet, bewusst eine Verpflichtung eingegangen zu sein, ohne größere innere oder äußere Veränderungen in eurem Leben festzustellen.

Manche unter euch sind Gott durchaus bewusst verpflichtet, erkennen jedoch nicht, dass es Ebenen in ihnen gibt, bei denen dies nicht der Fall ist. Ihr glaubt, diese Art von Verpflichtung sei genau das, was ihr wollt. Bewusst seid ihr voll guten Willens und meint es auch so. Doch wenn ihr die widersprüchlichen Ebenen in euch nicht wirklich erfahren habt, auf denen ihr dies ablehnt oder nur zu euren egoistischen Bedingungen wollt – was eine Hingabe gerade vereitelt –, dann scheut ihr unweigerlich zurück. Wenn ihr eure Widerborstigkeit, Angst, euren Eigenwillen und Stolz nicht anerkennt, wird eure bewusste Verpflichtung abgeblockt. Wenn ihr nicht die gegenteilige Ich-Ebene zugebt, die sich hinter eurem guten Willen verbirgt, versteht ihr möglicherweise nicht einmal, weshalb sich bestimmte Ergebnisse trotz eurer bewussten Verpflichtung zu der Wahrheit, Gott und der Liebe noch immer nicht eingestellt haben. Dessen gewahr zu sein ist außerordentlich wichtig. Die Pfadarbeit hilft euch, die heimtückische Selbsttäuschung zu vermeiden.

Wir suchen nach jenem negativen Teil des Selbst und holen es ans Licht, das »ich will nicht« sagt. Ihr werdet den Mut, die Demut und Ehrlichkeit erlernen, jenen Teil zu enthüllen, der sagt: »Ich will widerstehen. Ich will bösartig sein. Ich will, dass alles so läuft, wie ich es will, sonst ...« Erst wenn sich die geheimen Risse in eurer Seelensubstanz auftun, könnt ihr unter vielen Kämpfen beginnen, diese äußerst negative Ebene der Persönlichkeit zu verändern. Bleibt dieser Teil verborgen, seid ihr gespalten und versteht nicht, weshalb eure positiven Bemühungen nicht fruchten.

Dann folgt ein Punkt, an dem ihr den Kampf gewonnen habt. In diesem Stadium nehmt ihr die Hingabe an das göttliche Bewusstsein aus ganzem Herzen an und vertraut darauf. Doch ergibt sich das nicht plötzlich, sondern muss mit Selbstdisziplin bekämpft werden. Das äußere Selbst ist wie früher noch konditioniert und wirkt auf der höchsten Verstandesebene. In diesem Stadium müsst ihr euch ein neues Gewohnheitsmuster aneignen. Das braucht Zeit. Vielleicht erinnert ihr euch daran loszulassen, wenn ihr in einer Krise steckt. Im Alltagsleben aber fällt es euch noch nicht ein. Ihr stoßt auf alte Sturheit, Misstrauen und Vergesslichkeit, und die Probleme dauern an. Erst allmählich erreicht ihr den Zustand, in dem sich eine neue Gewohnheit gebildet hat, in dem die Hingabe aktualisiert ist, sich manifestiert und eure Gedanken und Wahrnehmungen, Entscheidungen und Handlungen, Gefühle und Reaktionen durchdringt.

Inneres und äußeres Leben

Über die Beziehung zwischen eurem inneren und äußeren Leben herrscht viel Verwirrung. Manche behaupten, nur das innere Leben sei wichtig. Sie verbieten sich, unwillkürlich vom inneren zum äußeren Leben überzugehen, weil sie nicht sehen, wie beschränkt und falsch dieser Gedanke ist. Sind Vereinigung und göttlicher Vorgang wahrlich in Bewegung, muss sich das Innere in einer äußeren Form ausdrücken. Das äußere Leben spiegelt zwangsläufig und in jeder Hinsicht das innere Leben. Übergeht euer Bewusstsein diese Tatsache oder glaubt es gar, dass das Äußere keine Rolle spielt, dann hindert ihr den Gesamtprozess. Wenn das geschieht, kann sich die strahlendere energetische Materie nicht auf den Ebenen dichterer Materie äußern und sie verfeinern.

Die falsche Vorstellung, die Ebene des Äußeren zähle nicht, verbirgt die innere spirituelle Wahrheit und Schönheit und trennt sie von der materiellen Realität. Zahlreiche spirituelle Lehrmeinungen predigen Askese und das Leugnen des äußeren Lebens unter dem Vorwand, es sei für das innere spirituelle Leben förderlich. Diese Verzerrung ist eine

222

Reaktion auf das ebenso verzerrte gegenteilige Extrem, demzufolge die äußere Form wichtiger sei als der Inhalt. Manchmal wird sogar geleugnet, dass es eine innere Realität oder einen Inhalt gibt. Stattdessen wird beteuert, nur die äußere Form spiele eine Rolle. Wahres inneres Wachstum muss sich am Ende außen zeigen, wenn auch nicht unbedingt so schnell, wie es ein nach außen gerichteter Mensch anstrebt, der durch seine Erwartung einer sofortigen Veränderung einem Fehlurteil unterliegt. Es ist möglich, eine äußere Form auszudrücken, ohne dass sich der Inhalt direkt äußert. Geht deshalb vorsichtig mit euren Einschätzungen um.

Die beiden Verzerrungen sind falsche Gegenreaktionen, wobei eine jede versucht, die andere auszuräumen, ohne dabei die eigene zu verstehen. Dieses Phänomen kann sich bei jedem Thema zeigen, solange das Bewusstsein in einer dualistischen Illusion gefangen ist. In verschiedenen Zeitaltern und Zivilisationen wird je nach den kulturellen Bedingungen vielleicht eine dieser einander entgegengesetzten Verzerrungen übernommen, bis das Pendel zur anderen schwingt. Nur ein wirklich verbundener, selbst-aktualisierender und in sich geeinter Mensch drückt eine äußere Form als unvermeidliche Folge eines Inhaltes aus.

Eine äußere Form ohne Inhalt ist wie ein vorübergehender Deckmantel, der unweigerlich zerbricht, auch wenn er der herrlichen Vollkommenheit göttlicher Wirklichkeit und deren Äußerungen gleicht. Dieser Vorgang wiederholt sich auf vielen Gebieten und durch die gesamte menschliche Entwicklung hindurch. Ein ehernes Gesetz jedoch besagt, dass alle falschen Deckmäntel zerbrechen und zerfallen. Eine äußere Form ohne Verbindung zu einem organischen Inhalt im Inneren löst sich unweigerlich auf. Besteht sie durch ihre Erscheinung auf falschen Voraussetzungen, wobei das äußere mit dem inneren Leben verwechselt wird, muss die äußere Form zerfallen, bevor sie als organische Äußerung der inneren Bewegung und des Inhaltes wieder aufgebaut werden kann. Erst wenn das innere Chaos aufgedeckt und völlig ausgeräumt wurde, kann die innere Schönheit äußere Schönheit aufbauen, die innere Harmonie äußere Harmonie und die innere Fülle äußere Fülle schaffen. Sich dieses Prinzip zu verdeutlichen ist nötig, um eure eigene Bewegung zu visualisieren, damit sie sich im äußeren Leben als Folge eures inneren Prozesses manifestiert.

Die Aktualisierung des göttlichen Lebens

Ich möchte jetzt über Manifestationen sprechen, die jemand erlebt, bei dem das Aktualisieren des göttlichen Lebens im Ich-Bewusstsein bereits stark verankert ist. Wie sehen innere und äußere Haltung, Manifestationen und Äußerungen eines solchen Menschen aus? Alle großen oder kleinen Entscheidungen werden aufgrund der Selbsthingabe getroffen, wobei sich das kleine Selbst dem Gottselbst hingibt. Es tritt beiseite und lässt sich von der inneren Weisheit durchdringen. Bei diesem Vorgang erkennt die Persönlichkeit, dass es nichts Unwichtiges gibt. Jeder Gedanke, jede Meinung, jede Deutung, jede Reaktionsweise wird zur Möglichkeit, vom größeren Bewusstsein durchdrungen zu werden.

In diesem Stadium ist die Abneigung überwunden, auf alles zu achten, was geschieht. Eine neue Gewohnheit ist gebildet, wodurch sich der göttliche Vorgang jetzt selbst erneuert. Er wirkt sogar in jenen seltenen Fällen, wo die Persönlichkeit den Kontakt herzustellen vergisst, weil vielleicht ein verletzlicher Bereich auflodert und die Persönlichkeit in die falsche Richtung zieht. Das innere Selbst ist genügend befreit, um sich zu manifestieren, so dass es eine Warnung, eine andere Meinung, einen Rat aussenden kann, um die Entscheidung, ob diesem gefolgt wird oder nicht, der äußeren Persönlichkeit zu überlassen. Dies ist bereits der Zustand der Gnade. Zuversicht und Vertrauen sind infolge des wiederholten Nachweises gefestigt, dass die göttliche Realität Wahrheit, Weisheit, Güte und Freude bringt. Zuerst vertraut man dem göttlichen Willen nicht. Er wird mit der wenig vertrauenswürdigen elterlichen Autorität verwechselt, die häufig für das Kind etwas als gut erklärte, was sich nicht bewahrheitet hat. Im fraglichen Stadium findet diese Verwechslung nicht mehr statt. Das Selbst ist sich bewusst, dass es wahrhaft in Einklang mit allem ist, was das Herz begehrt. Dieses Vertrauen wächst jedes Mal, wenn ihr euren Widerstand überwindet, euch dem scheinbaren Abgrund der Hingabe überlasst und euren engen Eigenwillen aufgebt.

Der sich selbst erneuernde göttliche Prozess führt eine lebenswichtige und revolutionäre Veränderung des ganzen Menschen herbei. Ich kann hier nur auf wenige Aspekte hinweisen. Ungeachtet begrenzter Gedanken, denen ihr weiterhin gewohnheitsmäßig folgt, strömen wahre Gedanken in euer Wesen. Ihr werdet eine innere Stimme hören, die euch mit einer Weisheit und in einem verbindenden Geist belehrt, die euer äußeres Selbst unmöglich erzeugen kann. Dieser Weisheit zufolge braucht man niemals zu hassen, sich abgelehnt zu fühlen oder andere abzulehnen. Die Antworten und Offenbarungen zeigen das Einssein und die Einheit aller Dinge und räumen Angst, Besorgnis, Reibungen und Verzweiflung vollständig aus.

Das Wissen des begrenzten Ich dem Wissen des tieferen Selbst hinzugeben, damit die gesamte Energie, Ehrlichkeit und Selbstdisziplin und aller Mut zur Selbsterneuerung dieses innersten Wissens eingesetzt werden, führt zur höchsten Erfüllung. Ohne diese Grundlage ist keine Freude, Lust oder Erfüllung von Bestand. Während die Erfüllung noch da ist, kann sie unerträglich werden und schließlich nicht angenommen sein. Verzichtet auf eure negative Reaktion, auf starrsinnige Meinungen eures kleinen Verstandes und Faulheit, die euch zwingen, den alten Gewohnheiten eures getrennten Selbst nachzugeben. Dann gewinnt ihr das wahre Leben. Wartet geduldig und seid bereit, die göttliche Weisheit zu empfangen, die ihr aktivieren könnt, wenn ihr das wünscht. Ist dieser Zustand erlangt oder wird er ständig vertieft, zeigen sich mit der Zeit andere innerliche und äußerliche Manifestationen.

Ihr werdet eine unermessliche Sicherheit finden, die ihr nur erlangt, wenn ihr die Wirklichkeit der geistigen Welt in euch entdeckt und seht, wie sie in eurer Umgebung wirkt. Dann werdet ihr den tiefen Frieden in der Bedeutung eures und allen Lebens erfahren. Ihr werdet intuitiv um die Verbindungen wissen und von einer Erfüllung und Sicherheit durchdrungen sein, die unvorstellbar ist. Das alles wird keine Theorie und kein Glaube mehr sein, an den ihr euch klammert oder den ihr leugnet, sondern eine immer während Erfahrungstatsache. Aus jeder Dunkelheit gibt es einen Ausweg und daher nie einen Grund zur Verzweiflung. Alles, was ihr erlebt, könnt ihr dazu verwenden, euer glückseliges Leben zu stärken. Dunkle Punkte werden zu Gelegenheiten, das Licht zu fördern, und brauchen nicht mehr vermieden zu werden, ganz gleich, ob es sich um Schmerz, Schuld, Angst oder was auch immer handelt. Immer wieder werdet ihr das unermessliche System der Schöpfung erfahren.

Ihr werdet eure eigenen schöpferischen Kräfte kennen lernen und nutzen, statt euch wie ein hilfloser Gegenstand in einer festgefahrenen Welt zu fühlen. Frieden und das Wissen um die Richtigkeit des Lebens entstehen aus der Erkenntnis, dass eure Welt, eure Erfahrung und euer Leben eure Schöpfung sind. Das öffnet viele neue Türen. Ihr weilt nicht mehr in der zweidimensionalen Welt des Entweder-oder, sondern macht von der vielfältigen Realität, die euch zur Verfügung steht, Gebrauch.

Die Zuversicht und Furchtlosigkeit, in der ihr dann lebt, setzt eine ungeheure Menge an Energie und Freude frei. Indem ihr Angst, Wut oder Hass verliert, weil ihr Wut und Hass in euch selbst annehmen könnt, gibt es sie nicht mehr. Die Energie ist jetzt für andere, bessere Äußerungen frei. Nun seid ihr fähig, Lust und Freude zu empfinden, und braucht sie nicht länger abzulehnen. Statt Einsamkeit zu schaffen, entstehen Beziehungen, die Glückseligkeit der intimsten Beziehung mit einem Partner und die Befriedigung tiefer, offener Freundschaften. Lust erschreckt euch nicht mehr, weil ihr mit jeder Pore und Zelle eures Wesens wisst, dass ihr sie verdient. Sie sind Äußerungen eines Bewusstseins, das nun in Einklang mit eurem Gott-Bewusstsein steht.

Viele unter euch befinden sich in einem Zwischenstadium, in dem ihr neue Freuden und neue Lust erfahrt, von denen ihr nicht einmal wusstet, dass es sie gibt. Das Leben öffnet sich vor euch wie nie zuvor. Aber ihr seid noch nicht in der Lage, zu viel davon zu ertragen. Es fehlt die totale Hingabe an das Gott-Bewusstsein. Zudem habt ihr euch den negativen Seiten nicht genügend gestellt und hängt noch an ihnen. Daher fürchtet ihr die Lust, die erschreckender zu sein scheint als das Grau, das ihr noch wünscht und erzeugt, ein Grau ohne Lust oder Schmerz. Ihr behaltet meist mühselig diesen grauen Zustand bei, ohne zu wissen, dass ihr das tut. Es ist ein Grau, das euch tröstet, aber auf lange Sicht leer lässt.

Die laufende Aktualisierung eures tiefinnersten Selbst zeigt die unglaubliche Kreativität, die eurem inneren Leben entspringt. Ihr habt schöpferische Ideen, Alternativen, Talente, Gefühlsreichtum und die Fähigkeit, mit anderen zu leben. Ihr entdeckt den Schatz eurer eigenen schöpferischen Kräfte, eurer Gefühle und der Fülle eures Seins. Nur indem ihr durch die Leere geht, findet ihr diesen Reichtum. Das erfordert

Mut, der sich einstellt, wenn ihr betet oder meditiert. Ihr müsst die Fülle wollen und euch ihr verpflichten. Diese unendlichen Gefühle, dieser Reichtum kreativer Gedanken und die Fähigkeit, im Jetzt mit all dem Spannenden und dem Frieden zu leben, werden sich vertiefen und erweitern. Sie bestehen nicht aus sich ausschließenden Gegensätzen, sondern sind verschiedene Aspekte derselben Fülle. Die Zeiten, in denen ihr sie anscheinend verliert, werden immer seltener.

Da die Macht zu erschaffen dann euer ist, könnt ihr ein tieferes intuitives Verständnis eurer selbst, anderer und des Lebens herbeiführen. Die völlige Entspannung hinsichtlich eines jeden Teils in euch räumt die Notwendigkeit des Zudeckens und der Flucht vor allem, was in euch steckt, aus. Daher nehmt ihr andere unweigerlich auf ihrer tiefinnersten Ebene wahr. Ihr lest ihre Gedanken und wisst um die tieferen Verbindungen im Inneren, so dass ihr ihnen helfen, euch in sie einfühlen und lieben könnt. Ihr braucht andere nie zu fürchten oder euch mit euren zerstörerischen Ich-Abwehrmechanismen gegen sie zu verteidigen.

Die innere Einheit mit dem ewigen Selbst macht es möglich, schöpferische Fähigkeiten zu nutzen, um jeden Bereich universeller Wahrheit zu erkunden, den ihr wirklich erfassen möchtet. Die Macht der Gedanken und des Bewusstseins könnt ihr als Ergebnis der erlernten Selbstdisziplin auf etwas konzentrieren. Ihr pflegt eine schöpferische Empfänglichkeit, um den ewigen Zustand jenseits des physischen Todes zu erleben. Diese Wahrnehmung ist nicht zuverlässig, solange ihr sie aus eurer Todesangst sucht. Sie wird es erst dann, wenn ihr den Tod nicht mehr fürchtet, weil ihr Schmerzen leiden könnt. Sobald ihr etwas wollt, weil ihr das Gegenteil fürchtet, ist das Ergebnis unmöglich verlässlich. Ihr könnt nur aus der Fülle heraus erschaffen, nicht aus Bedürftigkeit und Armut.

Die Schwierigkeit liegt also darin, zuerst Fülle zu schaffen. Das Gegenteil dessen zu suchen, was ihr fürchtet, ist Flucht und führt eher zur Spaltung als zur Einigung. Es gilt, genau den entgegengesetzten Weg einzuschlagen. Ihr müsst in eurem Leben täglich viele Tode sterben, um die Ewigkeit des Lebens zu entdecken. Erst dann lebt ihr ohne Angst.

Wie könnt ihr all diese kleinen Tode sterben? Lasst das kleine Ich, die kleinen Meinungen, die negativen Reaktionen los, in die ihr so viel investiert habt. Sie müssen in euch sterben. So geht ihr über den Tod hinaus und erlebt intuitiv die Wirklichkeit des ständigen Lebens.

Wenn ihr ohne Todesangst lebt, weil ihr ihn viele Male erfahren habt, werdet ihr wissen, dass der physische Tod im Grunde dasselbe ist. Lasst das kleinere Selbst vorübergehend los, um festzustellen, dass ein größeres Selbst erwacht, welches sich mit dem kleinen Selbst vereint. Das kleine Ich-Selbst stirbt also nicht. Es scheint allerdings, als würde es aufgegeben, dabei wird es umfassender und mit dem größeren Selbst vereint. Ihr müsst bereit sein, den Sprung zu wagen.

Dadurch äußert sich ein gewisses Maß Ewigkeit in eurem Leben. Es löst nicht nur die Angst vor dem Tod auf, sondern erhält euch vital und jugendlich, gleichsam ein Vorgeschmack auf die Zeit- und Alterslosigkeit des wahren Lebens.

Da das wahre geistige Leben grenzenlose Fülle ist, muss sie sich bis zu einem gewissen Grad auch bei euch manifestieren, wenn ihr das göttliche Selbst aktualisiert. Könnt ihr in eurem Bewusstsein Platz für äußere Fülle als Spiegelung der universellen Fülle machen, dann schafft und erfahrt ihr sie auch. Wollt ihr sie erleben, weil ihr Angst vor Armut habt, erzeugt ihr wieder eine Spaltung. Eine aus Angst hervorgerufene Fülle beruht nicht auf Realität. Deshalb muss ihre labile Struktur wieder zerstört werden, damit ihr das Armsein zulassen könnt und die Illusion der Armut aufgelöst wird. Erst danach kann der wirkliche Reichtum als Äußerung der inneren Zufriedenheit eintreten. Ihr wollt nicht mehr um der Macht oder eines äußeren Gewinns willen reich sein oder aus Gier und Angst, sondern als wahrer göttlicher Ausdruck der Fülle, die das Wesen des Universums ist.

Infolge der fortgesetzten Aktualisierung des göttlichen Lebens manifestiert sich auch das richtige Gleichgewicht in allem. Beispielsweise das Gleichgewicht zwischen Behauptung und Nachgeben. Das spontane Wissen, wann das eine oder andere angemessen ist, kommt von innen. Oder bedenkt das richtige Gleichgewicht zwischen richtiger und falscher Selbstlosigkeit. Diese Balancen und Dualitäten werden alle Elemente einer spontanen Einigung und Harmonie. Das intuitive Wissen um wann, was und wie entsteht nicht, weil ihr es mit dem Verstand beschließt, sondern als Ausdruck der inneren Wahrheit und Schönheit, die sich auf der äußeren Ebene wunderbar angemessen zeigt.

Eure ganze Haltung wird anmutig und schön, von einer Höflichkeit und Ritterlichkeit, bei der ihr nie zu fürchten braucht, lächerlich gemacht oder übers Ohr gehauen zu werden. Es wird in allem eine Ordnung ohne Spur von Zwang geben. Ordnung und Schönheit sind miteinander verwandt und hängen voneinander ab. Es wird Großzügigkeit da sein, ein ständig fließendes Geben und Nehmen. Zudem entsteht eine tief empfundene Fähigkeit, dankbar zu sein und andere sowie euch selbst und das gesamte schöpferische Universum wertzuschätzen.

Weich und verletzbar zu sein wird euch wahrhaft stark machen und jede falsche Scham nehmen. Gleichzeitig werdet ihr die neue Freiheit verspüren, euch ohne falsche Schuld durchzusetzen oder sogar zornig zu sein. Ihr werdet von innen heraus wissen und handeln, weil ihr in ständigem Kontakt zur Weisheit, Liebe und Wahrheit eurer eigenen göttlichen Wirklichkeit steht.

Die Gefühlsisolation, die das selbst gewählte Los vieler Menschen ist, verschwindet im Laufe eurer Entwicklung. Ihr lernt, echt zu sein und ohne Masken und Vortäuschungen zu funktionieren. Die Furcht vor dem Schmerz/Lust-Syndrom schwindet, ihr erlebt wahre Ekstase und tiefe Verschmelzung auf allen Ebenen. Ihr werdet zu neuen Höhen und Tiefen des Erlebens fortschreiten und die Harmonie des inneren Universums erforschen. Einsamkeit und der quälende Konflikt zwischen dem Bedürfnis nach Nähe und der Angst davor hören auf. Die Beziehungen verschmelzen auf allen Ebenen, und die Fülle des Universums drückt sich in allen Lebensbereichen aus. Wenn ihr etwas mit anderen teilt, spürt ihr es an der Achtung, Wärme, Leichtigkeit und dem Behagen, mit dem ihr mit einem anderen Menschen verschmelzen könnt. Die Sicherheit eures Gefühls wird euch Gewissheit verschaffen, dass auch ihr geliebt seid.

Ihr werdet die tiefe Befriedigung erfahren, zu geben, zu helfen, eine Aufgabe zu erfüllen und es mit Hingabe zu tun. Ihr werdet euch am fortlaufenden schöpferischen Prozess erfreuen, der hier am Werk ist.

Das alles sind Maßstäbe für euch, meine Freunde. Ihr solltet sie nicht dazu verwenden, euch ungeduldig und intolerant abzuwerten. Diese

Maßstäbe können eine bewusste innere Visualisierung über Äußerungen des Lebens hervorrufen. Dann seid ihr vielleicht motivierter, weiter nach dem zu suchen, was noch im Wege steht. Diese Lesung gibt euch viele Werkzeuge in die Hand.

Die Liebe des Universums breitet sich über euch alle aus und leuchtet bis in das Innerste eures Herzens, meine liebsten Freunde. Seid gesegnet, seid in Gott.

24

Innerer Raum, konzentrierte Leere

Meine geliebten Freunde, ihr seid an Körper, Seele und Geist gesegnet. Euer Pfad ist auf jedem Schritt gesegnet. Manchmal zweifelt ihr daran, wenn es schwierig wird. Doch es liegt nicht am fehlenden Segen, sondern an den Bereichen eurer inneren Landschaft, die ihr zu bewältigen habt. Um schwieriges inneres Gebiet zu queren, müsst ihr dessen Sinn für euer eigenes Wesen verstehen und damit die Hindernisse auflösen, denen ihr unterwegs begegnet.

Wir haben diese innere Landschaft ab und zu besprochen. Ich habe den *inneren Raum* erwähnt, der die wirkliche Welt ist. Der Begriff »innerer Raum« wird in eurer heutigen Welt meist als Gegensatz zum äußeren Raum verwendet. Die meisten Menschen stellen sich den inneren Raum lediglich als symbolische Beschreibung eines Geisteszustandes vor. Dem ist nicht so. Der innere Raum ist eine weite Realität, eine wirkliche Welt. Er ist das eigentliche Universum, während der äußere Raum lediglich ein Spiegelbild davon liefert. Deshalb kann die äußere Realität nie wirklich erfasst werden. Das Leben kann nicht wirklich verstanden und aufgenommen werden, wenn es nur von außen betrachtet wird. Deswegen ist das Leben für viele Menschen frustrierend und häufig auch erschreckend.

Es ist schwer verständlich, dass der innere Raum eine Welt an sich sein kann, sogar *die* Welt. Der Grund für diese Schwierigkeit liegt wieder im begrenzten Raum-Zeit-Kontinuum eurer dreidimensionalen Realität.

Alles, was ihr seht, berührt und erlebt, wird aus einem begrenzten Blickwinkel wahrgenommen. Der Verstand wird konzentriert und so konditioniert, dass er eine bestimmte Richtung verfolgt und unfähig ist, das Leben auf irgendeine andere Art zu sehen. Doch diese Realitätswahrnehmung ist beileibe nicht die einzige, richtige oder vollständige Art.

Die innere Wirklichkeit finden

Jede geistige Disziplin sieht das Leben auf eine Weise, die über die äußere Spiegelung hinausgeht und sich auf neue Dimensionen im inneren Raum ausrichtet. Zum Teil wird dieses Ziel direkt erwähnt, in anderen Fällen wird nie darüber gesprochen. Nach dem Erreichen eines bestimmten Entwicklungsgrades und einer bestimmten Läuterung erwacht die neue Schau plötzlich, manchmal allmählich. Sogar die Plötzlichkeit, mit der sich die Schau einstellt, ist nur eine Illusion, weil sie eigentlich das Ergebnis unzähliger mühseliger Schritte und innerer Kämpfe ist.

Ihr wisst, dass jedes Atom ein Abbild des äußeren Universums ist. Stellt euch vor, dass Raum wie Zeit je nach der Dimension, aus der sie erfahren werden, Variablen sind. Genauso, wie es keine objektive, festgesetzte Zeit gibt, gibt es auch keinen objektiven, festgesetzten Raum. Euer wahres Wesen kann leben, atmen, sich bewegen und eurem äußeren Maß entsprechend große Distanzen innerhalb eines Atoms zurücklegen. Zieht sich der Geist in die innere Welt zurück, verändert sich die Beziehung zum Maß ebenso wie die Beziehung zur Zeit. Deshalb scheint ihr den Kontakt zu so genannten »Toten« zu verlieren und sie nicht mehr wahrzunehmen. Sie leben in der inneren Realität, die für euch eine Abstraktion darstellt. Die eigentliche Abstraktion aber ist der äußere Raum. Beim physischen Tod *zieht sich* der Geist in die innere Welt zurück und nicht, wie meist irrtümlich angenommen wird, in den Himmel. Der lebendige Geist steigt nicht aus dem Körper und schwebt nicht im äußeren Raum. Scheint zuweilen eine außersinnliche Wahrnehmung ein solches Bild zu offenbaren, dann entspricht dies wiederum nur dem Spiegelbild des inneren Ereignisses.

Die Mehrheit der Menschen hat die längste Zeit Gott im Himmel gesucht. Jesus Christus lehrte, dass Gott in den inneren Räumen lebt und dort gefunden werden muss. Deshalb konzentrieren sich auch alle Meditationsübungen auf den inneren Raum.

Vor langer Zeit habe ich eine Meditationsübung vorgeschlagen, bei der ihr nicht denkt, sondern euch leert. Wer sich an diese Übung wagt, weiß, wie schwer das ist. Der Verstand ist mit seinem eigenen Stoff gefüllt, und ihn zur Ruhe zu bringen ist nicht leicht. Es gibt verschiedene Arten, das zu tun. In den östlichen Religionen werden langwierige Übungen und Disziplin eingesetzt. In Verbindung mit Alleinsein und äußerer Stille führt dies zu innerer Stille.

Das Vorgehen des Pfades ist anders. Er will euch nicht aus eurer Welt heben, sondern helfen, dass ihr auf bestmögliche Art in eurer Welt seid. Auf die produktivste, konstruktivste Weise zu verstehen, anzunehmen und hervorzubringen ist das Ziel. Das gelingt nur, wenn ihr euch wirklich kennt und versteht und wenn ihr die schwierigen Bereiche bewältigt, die euch befähigen, in dieser dreidimensionalen Realität zu funktionieren. Dann gibt es keine Spaltung mehr zwischen innerem und äußerem Raum. Herrscht die innere Wahrheit, nimmt die Wahrnehmung der äußeren Wahrheit zu. Wird das Selbst zunehmend besser verstanden, wird auch die Welt besser verstanden. Lernt ihr, das Unvollkommene und Fehlerhafte in euch umzuwandeln, dann lernt ihr auch, euer äußeres Leben neu zu strukturieren. Indem ihr eure ewige Schönheit als göttliche Manifestation kennen lernt, erweitert sich euer Gesichtsfeld, und ihr schätzt die Schönheit der Schöpfung des Schöpfers mehr. Indem Frieden in euch entsteht, habt ihr in dieser Welt selbst bei unerwünschten Erfahrungen mehr Frieden. Anders ausgedrückt, ihr braucht als äußere Bedingungen keine völlige Abgeschiedenheit, um den inneren Raum zu erreichen. Ihr beschreitet den anderen Weg, indem ihr direkt durch das geht, was wie das größte Hindernis aussieht: die Unvollkommenheiten in euch und eurer Umgebung. Ihr befasst euch damit, bis sie ihre furchterregenden Seiten verlieren. Das ist euer Weg.

Eine weitere nützliche Übung ist die Konzentration auf die innere Leere. Allerdings sollte dies nie der alleinige Ansatz zur Selbstverwirklichung sein, genauso wenig, wie der Umgang mit ungünstigen äußeren Umständen der alleinige Ansatz für eure und die Erlösung der Welt sein sollte.

233

Konzentrierte Leere nimmt durch Entfernung innerer Hindernisse sowohl absichtlich wie spontan zu. Wenn euer Verstand zur Ruhe kommt, begegnet ihr der Leere. Das macht diesen Versuch so erschreckend. Es scheint sich der Verdacht zu bestätigen, dass es nichts in euch gibt und ihr tatsächlich nur das äußere, sterbliche Selbst seid. Deswegen bemüht sich der Verstand, geschäftig und laut zu sein, um der Stille als Vorbote des Nichts zu begegnen.

Einmal mehr braucht es Mut, um durch den Tunnel der Ungewissheit zu schreiten. Ihr müsst das Risiko eingehen und die große Stille zulassen, die zunächst bedeutungsleer ist und jeglicher Äußerung entbehrt, die wie Leben oder Bewusstsein aussieht.

Die meisten von euch haben bereits erfahren, dass das höhere Selbst euch seine Eingebungen nicht gleich nach einer Meditation oder einem Gebet zukommen lässt, sondern einige Zeit später – meist, wenn ihr es am wenigsten erwartet. Der Verstand ist entspannt genug und ohne Eigenwillen, damit sich das höhere Selbst manifestieren kann und die Erfahrung des inneren Universums, der wirklichen Welt, möglich ist.

Konzentrierte Leere bringt euch mit allen Ebenen eures Seins in Berührung. Dabei kann Verborgenes auftauchen wie Verzerrungen, Fehler, der Stoff des niederen Selbst und schließlich die Realität eures höheren Selbst und die weite Welt des ewigen Lebens, in dem es weilt. Viele Phasen sind zu durchschreiten. Die letzten Stadien sind nur nach einer gewissen Läuterung und Integration erreichbar. Unkonzentrierte Leere ist eine Minderung des Bewusstseins, konzentrierte Leere eine Bewusstseinserhöhung. Der erste Zustand hat Ausklinken und vages Herumschweifen des Geistes zur Folge, das zu geistloser Leere führt. Schlaf oder andere Zustände der Bewusstlosigkeit sind die Endformen. Konzentrierte Leere heißt äußerst konzentriert, gewahr und ganz da zu sein.

Konzentriert ihr euch auf die innere Welt und schließt die äußere aus, entsteht nicht nur eine Spaltung, sondern auch eine Vereitelung eurer Inkarnation. Wie könnt ihr eure wie auch immer geartete Aufgabe erfüllen, wenn ihr die Außenwelt nicht zu diesem Zweck verwendet? Ihr wäret nicht in diese Dimension gekommen, wenn es für euch nicht notwendig gewesen wäre. Deshalb müsst ihr sie nutzen und stets die äußeren und inneren Umstände in einen sinnvollen Zusammenhang bringen. Das lernt ihr auf dem Pfad. Eure äußeren Erfahrungen hängen alle mit der Persönlichkeit und den verschiedenen Ebenen eures Selbst zusammen. Das innere Wesen erzeugt immer die äußeren Umstände. Diese Tatsache lernt ihr auf dem Pfad rasch erkennen. Kennt eure Lebenshaltung keine Beziehung zwischen dem Äußeren und dem Inneren, erzeugt das Ungleichgewicht unweigerlich ungünstige Umstände. In eurer Welt sieht man manchmal, wie Menschen, die nach außen hin viel Gutes tun, sich genauso leicht verirren wie andere, die nie einen Gedanken an Mitmenschen verschwenden. Die guten Absichten und Taten müssen ein inneres Ziel haben, um Disharmonie und gefährliche Spaltung zu vermeiden.

Die Stadien konzentrierter Leere

Konzentrierte Leere führt euch am Ende zum Licht des Ewigen. Es gibt bestimmte grundlegende Stadien, auch wenn das eine große Vereinfachung ist. In Wirklichkeit überlappen diese Bereiche meistens und folgen nicht so ordentlich hintereinander, wie ich sie hier zum Zweck der Klärung aufführe.

Ihr erlebt den Lärm und die Geschäftigkeit des Verstandes.

Es gelingt euch, diesen Lärm zur Ruhe zu bringen, und ihr begegnet der Leere, dem Nichts.

Einsichten über das Selbst und Zusammenhänge zwischen manchen Aspekten des Selbst und äußeren Erfahrungen werden klar. Ein neues Verständnis entsteht, und bisher unerkannte Ebenen des niederen Selbst tauchen auf. Das niedere Selbst zu erkennen weist immer auf die Führung des höheren Selbst hin.

Direkte Botschaften des höheren Selbst, was ihr Öffnung eures Kanals nennt. Ihr bekommt Rat und Zuspruch, Worte, die euch Mut und Vertrauen einflößen. In diesem Stadium macht sich die göttliche Führung immer noch vorwiegend über den Verstand bemerkbar. Sie ist noch keine umfassende seelische und geistige Erfahrung. Ihr seid vielleicht aufgeregt und erfreut über diese Zeichen, aber diese Reaktion entstammt dem Wissen, das euer Verstand aufgenommen hat und als überzeugend erachtete.

In diesem Stadium tritt eine direkte, umfassende, spirituelle und emotionale Erfahrung ein. Euer ganzes Sein ist vom Heiligen Geist erfüllt. Ihr *erkennt*, nicht indirekt über euren Verstand, sondern mit eurem gesamten

235

Wesen. Der Verstand ist ein für den Menschen erforderliches Instrument, um auf dieser Bewusstseinsebene zu funktionieren. Direkte Erkenntnis ist etwas anderes.

Dieses Stadium enthält wiederum viele Unterteilungen und Stadien. Es gibt endlose Möglichkeiten, die wirkliche Welt zu erfahren. Eine davon ist die *totale Erkenntnis*, die jede Faser eures Seins, jede Ebene eures Bewusstseins betrifft. Die wirkliche Welt kann auch durch die Schau anderer Dimensionen erfahren werden, wobei solche Visionen nie auf das Gesehene beschränkt bleiben. Es sind umfassende Erfahrungen, die den ganzen Menschen bewegen.

In der wirklichen Welt ist im Gegensatz zu eurer fragmentarischen Welt jede Sinneswahrnehmung total. Sehen ist nicht einfach Sehen, sondern besteht gleichzeitig aus Hören, Schmecken, Fühlen, Riechen und vielen anderen Wahrnehmungen, von denen ihr auf eurer Seinsebene nichts wisst. In diesem fünften Stadium schließen Sehen, Hören, Wahrnehmen, Fühlen und Wissen immer alles ein. Sie umfassen jede Fähigkeit, die Gott erschaffen hat. Ihr könnt euch kaum den Reichtum, die Vielfalt und die grenzenlosen Möglichkeiten vorstellen.

Konzentrierte Leere ist der Idealzustand, um vom Heiligen Geist erfüllt zu werden. Der Heilige Geist ist die gesamte Welt Gottes in ihrer vollen Pracht und unbeschreiblichen Herrlichkeit. Ihr Reichtum lässt sich unmöglich in menschlicher Sprache ausdrücken. Man kann den Zustand nicht beschreiben, wenn Angst, Zweifel, Misstrauen und damit das Leiden, der Tod und das Böse überwunden sind. Konzentrierte Leere ist nichts anderes als die Schwelle zu einer Fülle, die nur in der Welt des Geistes existiert.

Man sollte konzentrierte Leere nie mit der Erwartungshaltung verbinden, dass sie unmittelbare Folgen zeitigt. Es ist vielmehr erforderlich, *keinerlei Erwartungen* zu haben. Erwartungen sind Spannung, und Spannung verhindert die völlige innere und äußere Entspannung. Zudem sind Erwartungen unrealistisch. Manchmal sind viele Inkarnationen nötig, bis ein Mensch sich dieser Erfahrung auch nur nähert. Irgendwelche Erwartungen führen zu Enttäuschungen, die wiederum eine Kettenreaktion weiterer negativer Gefühle wie Zweifel, Angst und Entmutigung auslöst.

Ich schneide dieses Thema an, weil ich euch auf eine wichtige Übung für die Meditation vorbereiten will. Ich habe schon früher über verschiedene Meditationsarten gesprochen, insbesondere im Hinblick auf *einprägen* und *ausdrücken*. In vielen Meditationen befasst ihr euch mit Einprägen. Dieser Aspekt dient der Reinigung des Verstandes, um ihn zu einem konstruktiven Werkzeug zu machen. Danach wird das Werkzeug zu einem kreativen Mittel.

Der Aspekt des Ausdrückens hat sich bis zu einem gewissen Grad bei jenen gezeigt, deren Kanäle zeitweilig offen sind. Ihr solltet aber wissen, dass es weitere Stadien, Phasen und Möglichkeiten gibt. Tretet mit Geduld, Ehrfurcht und Demut an sie heran. Versteht, dass diese Erfahrungen den inneren Raum öffnen, in dem es viele Welten, viele Universen, viele Sphären, endlose Ebenen, Berge, Meere unbeschreiblicher Schönheit gibt. Wisst, dass diese inneren Räume keine Abstraktionen oder symbolische Äußerungen sind. Sie sind wirklicher und zugänglicher als eure äußere, objektivierte Welt, die ihr für die einzige Wirklichkeit haltet. Der innere Raum fußt auf anderen Maßen und auf einer anderen Relativität von Zeit/Raum/Bewegung. Sogar eine vage Erwägung wird eure Sicht verändern und dazu führen, dass ihr die weitere Arbeit auf dem Pfad anders angeht.

Ihr braucht nicht Stunden mit der Übung konzentrierter Leere zu verbringen. Das ist nicht ihr Zweck. Aber ihr könnt es jedesmal, wenn ihr betet und meditiert, versuchen, nachdem ihr mit dem Verstand eurer Seelensubstanz göttliche Intention eingeprägt und sie darauf ausgerichtet habt.

Euer wahres Ich

Geist kann die Materie in dem Ausmaß durchdringen, in dem geistige Wahrheit, geistige Gesetze und geistige Gesundheit etabliert wurden. Der Schlüssel dazu ist die Eigenverantwortung des Einzelnen. Wird das Selbst stärker, durchdringt mehr Leben die Materie, und es kann mehr Geist zu Fleisch geboren werden. Je mehr geistiges Format ihr durch zunehmende Selbstwerdung erlangt, umso mehr wird von eurem wahren Wesen in eurer physischen Manifestation geboren. Talente machen sich bemerkbar, von denen ihr zuvor nichts wusstet. Plötzlich eröffnen sich euch eine neue Weisheit, ein neues Verständnis und eine neue Fähigkeit des Fühlens und Liebens. Eine bislang nicht empfundene Stärke geht von euch aus. So äußert sich euer wahres Selbst, das im inneren Raum, in der wirklichen Welt, lebt. Indem ihr Raum für diese Aspekte schafft, stoßen sie ins Leben der Materie vor, und ihr erfüllt eure Rolle im Plan der Evolution. Diese Haltungen wachsen nicht von außen heran. Sie werden euch nicht beigefügt. Sie sind das Ergebnis dessen, dass euer äußeres Wesen Raum für das innere, bisher noch nicht manifestierte Wesen schafft. Das geschieht durch den Wachstumsprozess, durch die harte Arbeit, die ihr auf diesem Pfad leistet. Ab einem bestimmten Entwicklungspunkt könnt ihr sie fördern, indem ihr euch auf die innere Leere konzentriert, bis ihr entdeckt, dass die Leere eine Illusion ist. Sie ist Fülle, eine reiche Welt der Herrlichkeit. Aus dieser inneren Quelle könnt ihr alles empfangen, was ihr braucht, und in äußere Erfahrung umsetzen.

Naht ihr der Leere ohne Angst, entfernt ihr zudem ein Hindernis für das Leben. Die Konzentration auf den inneren Raum bedeutet zunächst, euch etwas zu nähern, das wie Leere erscheint. Durch diese Leere erreicht ihr die Fülle des Geistes, die Totalität des Lebens in seiner reinen Form. Dieser Lebensstoff birgt alle Äußerungs- und Manifestationsmöglichkeiten. Die Freude, diese Wirklichkeit zu erfahren, ist größer als jede andere. In ihr liegt euer Einssein mit dem Schöpfer.

Ihr seht nun, meine Freunde, dass kein Aspekt eurer Persönlichkeit in Bezug auf die Schöpfung und Evolution unbedeutend ist. Jede Haltung, jede Denk-, Fühl-, Seins- und Reaktionsweise spiegelt eure Teilnahme am großen Plan. Das zu wissen erleichtert es euch vielleicht, eurem Leben, euren Bemühungen und dem Pfad mehr Wert zuzumessen. Ihr lernt eine willkürliche Dualität von geistigen und weltlichen Belangen miteinander zu vereinen.

Schafft Raum für ein ungehindertes Leben, für einen unbelasteten Geist! Lasst ihn jeden Teil eures Wesens erfüllen, damit ihr endlich erkennt, wer ihr in Wirklichkeit seid. Meine Liebsten, seid alle gesegnet.

Nachwort

Das transformierte Böse, das transzendierte Böse, der Zustand der Einheit

Wisset, alle Kreaturen jagen und wirken von Natur aus zu dem Ende, Gott gleich zu werden ... sei's dir lieb oder leid, du wissest es oder wissest es nicht: Heimlich im Innersten sucht und strebt die Natur nach Gott ... Die Natur würde weder nach Essen noch nach Trinken, nach Kleidern noch nach Gemach noch nach irgendetwas in irgendwelchen Dingen verlangen, wenn nichts von Gott darin wäre, und sie sucht heimlich und jagt und nagt immerzu danach, *Gott* darin zu finden.

Meister Eckehart[19]

Man ist gerne versucht, die Arbeit am niederen Selbst nur in den Frühstadien des spirituellen Weges für erforderlich zu halten. Bei der Erforschung der transpersonalen Bereiche und auf dem Weg zur Einheit könnten Betrachtungen des niederen Selbst dagegen zurückgelassen werden. Das ist jedoch nicht der Fall.

In diesen Lesungen wurde erläutert, wie Eigenwille, Stolz und Angst die Hauptwurzeln des Bösen in jedem Menschen sind. Angst ist als Ursache des Bösen vielleicht am schwersten vorstellbar. Denkt man jedoch ein wenig darüber nach, begreift man, wie die Angst, von anderen verletzt zu werden, leicht dazu führt, andere zu verletzen. Wie wir erfahren haben, ist das Böse eine Abwehr gegen Leiden, gleich ob es sich um reales oder gefürchtetes Leiden handelt.

[19] a.a.O., Predigt 40, S. 346.

Darüber hinaus ist Angst eine Wurzel des Bösen, weil sie mit der letztendlichen Wirklichkeit nicht im Geringsten übereinstimmt. In Wahrheit ist das Universum gütig, und es gibt nichts zu fürchten. Das Universum ist eins, daher gibt es niemanden außerhalb von mir, der mich verletzen könnte.

Angst ist in den fortgeschrittenen Stadien des spirituellen Wachstums das größte Hindernis. Auf dieser Ebene ist es nicht die Angst, von anderen verletzt zu werden. Vielmehr geht es darum, sein Selbstverständnis als getrenntes Selbst aufzugeben. Wie Meister Eckehart sagt, sehnt sich und strebt die ganze Natur nach der Erfahrung, wie Gott zu werden, und einen Zustand des Einsseins mit allem, was ist, zu erlangen. »Erleuchtung« ist die Erfahrung, jenes Einssein mit Gott total und vollkommen zu verwirklichen.

So seltsam es auch klingen mag, nach der Erleuchtung braucht man nicht zu suchen. Sie ist bereits da, und somit braucht man nirgendwohin zu gehen, um sie zu finden. Vielmehr gilt es zu sehen, auf welche Art und Weise wir ständig vor der Erleuchtung fortlaufen. Welche Methoden wir auch verwenden, der Grund dafür ist immer Angst. Wir fürchten, was wir ersehnen. Wir fürchten den Verlust unseres separaten Identitätsempfindens. Wir fürchten den Tod des Ich und glauben fälschlich, das setze unserer Existenz ein Ende.

Die meisten spirituellen Wege versuchen mittels verschiedener Übungen den Suchenden zu einer Erfahrung der Einheit zu führen. Manchmal gelingt es ihnen, dieses Ziel zu erreichen. Auf solchen Wegen liegt jedoch die Gefahr, zu glauben, das *Transzendieren* des menschlichen Zustands sei möglich, während einige Teile immer noch im niederen Selbst stecken. Es gibt viele Beispiele in diesem Jahrhundert, denen zufolge spirituelle Lehrer eine beachtliche *Transzendenz* erlangt haben, wobei es sich jedoch zeigte, dass eine *Transformation* des niederen Selbst noch nicht geleistet war.

Aus den Lesungen geht hervor, dass die meisten spirituellen Sucher eine voreilige Transzendenz anstreben, weil sie das eigene niedere Selbst nicht deutlich zu sehen vermögen und weiter sein möchten, als sie wirklich sind. Deswegen wird bei der Pfadarbeit immer wieder betont, wie notwendig die horizontale Bewegung der Transformation ist und wie notwendig die ständige Selbsterforschung, um das niedere Selbst aufzuspüren. Es geht darum, dieses Material *durchzuarbeiten* und es zu *transformieren*, statt es zu *transzendieren*.

Wie jedoch in diesem Buch hervorgehoben wurde, kann die Arbeit von einem bestimmten Punkt an nicht geleistet werden, wenn der Arbeitende nicht lernt, sein Identitätsgefühl zu verlagern. Vom Persönlichen zum Transpersonalen, vom kleinen Ich-Bewusstsein zum größeren Bewusstsein muss der Wechsel stattfinden, damit die Transzendenz vollzogen werden kann. Diese Arbeit verläuft mehr senkrecht statt waagerecht. Offensichtlich sind beide Richtungen erforderlich. Das richtige Gleichgewicht zwischen Transformation und Transzendenz zu finden ist eine der subtilsten und wichtigsten Seiten der Arbeit an sich selbst.

Sowohl Transformation, d. h. die Zusammensetzung oder Struktur, den Charakter oder die Befindlichkeit zu ändern, als auch Transzendenz, d. h. sich über Grenzen zu erheben oder darüber hinauszugehen, sind erforderlich. Wir müssen unser Menschsein ganz akzeptieren, um dann Stück für Stück zu entdecken, dass wir mehr sind.

Mensch sein bedeutet fehlerhaft und unvollkommen zu sein. Das ist jedoch kein Grund zum Verzweifeln. Wir leben in einem Zwischenreich, weder im Himmel noch in der Hölle. Das ist der Zustand unserer Existenz. Unser Ziel lautet, uns selbst aufrichtig zu erforschen, unsere Unvollkommenheiten deutlich zu erkennen, zu beschließen, uns zu verändern, zu lernen, wie wir das bewerkstelligen, und dann die Arbeit der Selbsttransformation fleißig und mutig in Angriff zu nehmen. Das ist das Edle. Dazu ist der Mensch da.

Schreiten wir auf dem Pfad der Selbsttransformation voran, werden wir zunehmend liebevoll und weise. Mehr Klarheit, Mut, Freude und Mitgefühl stellen sich ein, das Leben öffnet sich. Schmerz, Kummer und Herausforderungen existieren noch, aber wir lernen, uns nicht von ihnen vernichten zu lassen.

Werden wir denn nicht alle am Ende durch den Tod vernichtet? Der Tod wird nur dann als Niederlage erlebt, wenn man völlig mit dem Ich identifiziert ist. Sogar der Tod verliert seinen Stachel, wenn wir erkennen, dass der Übergang vom Leben zum Tod nicht erschreckender ist als der Übergang vom Schlaf in Erwachen.

Anders ausgedrückt: Indem wir unser Menschsein mit seinen Mängeln und Unvollkommenheiten akzeptieren und den Mut aufbringen, uns dem eigenen niederen Selbst zu stellen und es zu verwandeln, stärken wir uns, bis uns aufgeht, dass wir mehr als menschlich sind. Geburt und Tod sind Grundbestandteile des Menschseins, die wahre Essenz aber besteht vor der Geburt und nach dem Tod. Die beständige Arbeit an der Transformation des niederen Selbst führt am Ende zur Transzendenz des niederen Selbst. Die letzte Transzendenz führt in das Einssein mit Gott, von dem Meister Eckehart sprach.

Der Pfad ist eine Herausforderung. Wie Christus sagte, erwirb die wertvolle Perle um den Preis von *allem, das du besitzt.*

Doch die Reise ist vollkommen sicher.

In den Lesungen heißt es immer wieder: »Du hast nichts zu fürchten.«

Donovan Thesenga

Anmerkung

Den Kapiteln in diesem Buch liegen Pfadlesungen zugrunde. Die Titel der Originallesungen werden nachfolgend aufgeführt.

Kapitel	Lesung	Lesungsüberschrift
1	11	Selbsterkenntnis – der große Plan – die Geistwelt
2	14	Höheres Selbst, niederes Selbst und die Maske
3	25	Der Pfad
4	26, 28	Die eigenen Fehler finden, Kommunikation mit Gott
5	38-41	Bilder, Über das Auffinden von Bildern, Mehr über das Auffinden von Bildern, Bilder – Schäden, die sie anrichten
6	50	Der Teufelskreis
7	73	Der Zwang, Kindheitsverletzungen zu wiederholen, um sie zu überwinden
8	83	Das idealisierte Selbstbild
9	84	Liebe, Macht und Gelassenheit
10	100	Den Schmerz aus destruktiven Mustern lösen
11	124	Die Sprache des Unbewussten
12	125	Der Übergang vom Nein-Strom zum Ja-Strom
13	132	Die Funktion des Ego in Beziehung zum wahren Selbst
14	134, 135	Der Begriff des Bösen, Bewegung in Entspannung
15	140	Bindung negativer Lust als Ursprung des Schmerzes
16	148	Positivität und Negativität: ein Energiestrom
17	176	Die Überwindung der Negativität
18	182	Der Meditationsvorgang
19	189	Durch Bewusstseinsstadien bestimmte Selbstidentifikation
20	190	Alles fühlen, auch die Angst
21	195	Identifikation mit dem spirituellen Selbst, um die negative Absicht zu überwinden
22	196	Verpflichtung: Ursache und Wirkung
23	210	Die Vorstellung, in den Einheitszustand hineinzuwachsen
24	256	Innerer Raum, konzentrierte Leere.

Guide-Lesungen in deutscher Übersetzung[20]

[20] Erhältlich bei Paul Czempin, Ludemannstr. 51, 24114 Kiel

Die mit (B) gekennzeichneten Lesungen finden sich in Pierrakos, Eva: *Bereit sein für die Liebe*, Synthesis 1997.
Die mit (P) gekennzeichneten Lesungen finden sich in Pierrakos, Eva: *Der Pfad der Wandlung*, Synthesis 1994.
»nur B« oder »P« bedeutet, dass die Lesungen nur im betreffenden Buch zu finden und nicht als Separatabdruck erhältlich sind.

244

Pathwork Center weltweit

Argentinien
Pathwork
Castex 3345, Piso 12, Cap. Fed.
Buenos Aires, Argentina 00541
Tel/Fax 0054-1-801-7024

Brasilien Nordost
Conselho do Pathwork
Rua Waldemar Falcao, 377-Brotas
40295-001 Salvador - BA - Brazil
Tel 0071-334-7151, Fax 0071-334-2729

Brasilien Südost
Grupos do Pathwork
Rua Roquete Pinto, 401
CEP 05515010
Sao Paulo, SP, Brazil
Tel 0011-814-4678, Fax 0011-211-4073

Deutschland
Pfadgruppe Kiel
Ludemannstr. 51
D-24114 Kiel, Germany
Tel (0049) 0431-66 58 07

Italien
Il Sentiero
Via Campodivivo, 43
I-04020 Spigno Saturnia (LT)
Tel 0039-771-64463
Fax 0039-771-64693
e-mail: info@crisalide.com
web: http://www.saephir.it./crisalide

Kanada
Ottawa/Montreal Pathwork
Louise Stevenson
14 Graham Street, Box 164
Pakenham, Ontario KOA 2XO

Luxemburg
Pathwork Luxemburg
L-8274 Brilwee 2
Kehlen
Tel 00352-307328

Mexiko
Pathwork Mexico
Admin. De Correos 6
Apdo. M8-13
Cuernavaca, Mor 62120 Mexiko
Tel 0073-131395
Fax 0073-113592

Niederlande
Padwerk
Amerikalaan 192
NL-3526 Utrecht
Tel/Fax 0035-693 5222
e-mail: Trudi.groos@pi.net

Uruguay
Uruguay Pathwork
Mones Roses 6162
Montevideo 11500, Uruguay
Tel 00598-2-618 612, Fax 00598-2-920 674
e-mail: LGF@adinet.com.uy

Pathwork Center in den USA

California
Pathwork of California
1355 Stratford Court #16
Del Mar, California 92014
Tel 001-619-793 1246
Fax 001-619-259 5224
e-mail: CAPathwork@aol.com

Central United States
Pathwork of Iowa
25 Highland Drive
Iowa City, Iowa 52246
Tel 001-319-338 9878

Great Lakes Region
Great Lakes Pathwork
1117 Fernwood
Royal Oak, Michigan 48067
Tel/Fax 001-248-585 3984

Mid-Atlantic Region
Sevenoaks Pathwork Center
Route 1, Box 86
Madison, Virginia 22727
Tel 001-540-948 6544
Fax 001-540-948 3956
e-mail: SevenoaksP@aol.com

Northwest
Northwest Pathwork
811 NW 20th, Suite 103-C
Portland, Oregon 97209
Tel 001-503-223 0018

Philadelphia
Philadelphia Pathwork
901 Bellevue Avenue
Hulmeville, Pennsylvania 19407
Tel 001-215-752 9894
e-mail: dtilove@itw.com

Southeast
Pathwork of Georgia
120 Blue Pond Court
Canton, Georgia 30115
Tel/Fax 001-770-889 8790

Southwest
Path to the Real Self/Pathwork
Box 3753
Santa Fe, New Mexico 87501
Tel 001-505-455 2533

Um Eva Pierrakos sammelte sich eine wachsende Zahl von Lehrern, Heilern und Therapeuten, die vom Pfad der Läuterung und Wandlung, wie ihn der Guide lehrt, angezogen wurden. In der Zusammenarbeit mit ihrem Gatten, Psychiater Dr. med. John C. Pierrakos, Begründer der Core-Energetik, entwickelte Eva ein umfassendes System der Läuterung und Wandlung.

Adressen von Instituten, deren therapeutische Arbeit auf Eva Pierrakos' Lesungen und John C. Pierrakos' Arbeit basieren:

Core Energetik Institut
Walid Daw
Stauffacherstr. 77
CH-3014 Bern
Tel/Fax 0031-333 11 77

Core Energetik Institut
Dr. med. Teddy R. Lorrusso
Brunnenstr. 181
D-10119 Berlin
Tel (0049) 030-282 3008
Fax (0049) 030-282 6572

Institute of Core Energetics West
Siegmar Gerken, Ph.D.
P. O. Box 806, Mendocino
CA 94560, USA
Tel 001-707-937 1825
Fax 001-707-937 3052
siegmar@mcn.org
www.CoreEnergeticInstitute.com

Core Energetik Institut
Dr. phil. Siegmar Gerken
Postfach 4
D-82405 Wessobrunn
Tel (0049) 08809-568
Fax (0049) 08809-755
Core@CoreEnergeticInstitute.com
www.CoreEnergeticInstitute.com

Instituto de Core Energetica
Ilse Kretschmann
Roberto Gayol 46, Col. de Valle
Mexico D.F. C.P. 03100, Mexiko
Tel 0052-575-4641
Fax 0052-554-4083

(English only:)
Institute of Core Energetics
115 East 23rd St.
N.Y., N.Y., 10010, USA
Tel 001-212-982 96 37
Fax 001-212-673 59 39

WEITERE BÜCHER ZUR PFADARBEIT:

Eva Pierrakos
Der Pfad der Wandlung
Eva Pierrakos war über 20 Jahre Channel für eine Energieexistenz, die sich nur als GUIDE bezeichnete. Mit der einzigartigen Verbindung von Psychologie, dem Körper und der Spiritualität bieten diese Botschaften eine inspirierende Vision des menschlichen Potentials.
256 S., kart., ISBN 3-922026-70-2

Eva Pierrakos
Bereit sein für die Liebe
Bereit sein für die Liebe vermittelt außerordentliche Einsichten in das Wesen unserer unvermeidlichen Beziehungsschwierigkeiten und hilft uns, sie zu überwinden und lebenssprühende Partnerschaften zu formen. Dieses Buch beantwortet mit großem Mitgefühl praktische Fragen zur Sexualität und Spiritualität, zur Scheidung, Angst vor Nähe, der Erschaffung von Gegenseitigkeit und der Kunst, den Funken am Leben zu erhalten.
224 S., kart., ISBN 3-922026-89-3

Susan Thesenga
In Offenheit leben
Jede Sehnsucht ist letztendlich dieselbe Sehnsucht: eine liebevolle Beziehung zu sich selbst, anderen, der Umgebung oder Gott zu erfahren.

Mensch sein heißt, eine angeborene Ganzheit und Vollkommenheit in uns erleben zu können. Wir erkennen, daß wir eins mit der Lebenskraft, mit dem Geistigen, mit Gott sind.

In Offenheit leben beschreibt die persönliche Transformation durch die Pfadarbeit. Es umfaßt inspirierende und berührende Berichte von Menschen, deren Lebensprobleme oder akute Krisen sich durch den persönlichen Prozeß umwandeln in Wachstum und positive Lebensgestaltung.
304 S., kart., ISBN 3-922026-93-1

Dr. med. John Pierrakos
CORE ENERGETIK –
Zentrum Deiner Lebenskraft

Dr. Pierrakos' therapeutischer Ansatz basiert auf: 1. Der Mensch ist eine psychosomatische Einheit. 2. Die Quelle der Heilung liegt im Selbst. 3. Alles Existierende bildet eine Einheit.

Core Energetik ist ein von Dr. med. John C. Pierrakos begründeter transformativer Prozess, der alle Ebenen der menschlichen Existenz anspricht; Körper, Gefühle, Intellekt, Willen und die geistige Ebene.

Core Energetic beinhaltet die grundlegenden Konzepte von W. Reich, die Bioenergetik (begründet von Dr. med. A. Lowen und Dr. med. J. C. Pierrakos), Erkenntnisse der neuen Physik und Erfahrungen aus somatischen, psychologischen und geistigen Prozessen.

Diese drücken sich aus durch pulsierende Bewegungen von Energieströmen im Körper. Wenn diese Ströme zugelassen werden erfährt die Person eine Vibration im gesamten Organismus. Diese verbindet das Bewusste mit dem Unbewussten und unterstützt damit die Selbstregulation und den Selbstheilungsprozess.

Dr. J. Pierrakos, Schüler und Mitarbeiter von Wilhelm Reich, war mit Dr. A. Lowen Mitbegründer der Bioenergetik. Die Weiterentwicklung führte ihn zur Core Energetik.

320 S., gebunden, zahlreiche Vierfarbabbildungen der Energiefelder des Menschen, ISBN 3-922026-74-5

Dr. med. John Pierrakos
Eros, Liebe und Sexualität

Eros ist die transformierende Kraft des Lebens, Liebe die vereinende und Sexualität die schöpferische Kraft – der Ausdruck unserer physischen Natur. Sie erfordern, daß wir uns auf unserer Suche nach Erfüllung unablässig der Wahrheit hingeben.

Wenn wir zulassen, daß die Liebe unser Leben durchströmt, spüren wir in unserem Körper eine starke organische Reaktion: Unsere Atmung wird tiefer, unser Herz wird weiter, unser Puls stärker. Der Zustand der Liebe stärkt unseren Körper und unsere Emotionen, wir öffnen uns neuen

Perspektiven und werden von einer göttlichen Energie durchtränkt, einer Energie, die die gesamte Existenz durchströmt.
128 S., kart., ISBN 3-922026-90-7

Anna Halprin
Tanz, Ausdruck und Heilung
Wege zur Gesundheit durch Bewegung, Bilderleben und kreativen Umgang mit Gefühlen
Anna Halprin bietet uns die Weisheit ihrer Lebenserfahrung als Tänzerin, Lehrerin und Heilungshelferin an. Sie erzählt uns ihre eigene Geschichte als Krebsüberlebende und die Geschichten vieler anderer mit tiefem Mitgefühl und großer Klarheit. Mit ihrem aus ihrer eigenen, ermutigenden Perspektive geschriebenen Buch geleitet sie uns zu einem Verständnis der für eine gesundheitliche Krise typischen emotionalen Prozesse und gibt uns außerdem eine klare Anleitung für die Arbeit mit diesen Einsichten.
»Ihr Buch ist ein machtvolles Werkzeug für alle, die die Freude genießen wollen, in einem veränderten Körper zu leben – ein Buch weiser und heilender Worte von einer der größten Tänzerinnen Amerikas, die in ihrem eigenen Leben beispielhaft verkörpert hat, daß es möglich ist, das Leben auch nach einer Krebserkrankung zu feiern.« (Rachel Naomi Remen, M.D., Medizinische Leiterin des Commonweal Cancer Help Programms) *208 S., kart., illustriert, ISBN 3-922026-49-4*

Peter A. Levine
Trauma-Heilung
Unsere Fähigkeit, traumatische Erfahrungen zu transformieren
Im Gegensatz zur allgemein verbreiteten Sicht können Traumata geheilt werden. In vielen Fällen sind dazu nicht einmal langwierige Therapien, kein schmerzhaftes Reaktivieren von Erinnerungen und keine Dauermedikation erforderlich. Alte Traumasymptome sind Beispiele für gebundene Energie und vergessene Lektionen des Lebens.
Mit der Information und den Hilfsmitteln, die Ihnen dieses Buch an die Hand gibt, können Sie vermeiden, daß potentiell traumatische Erfahrungen ihre destruktive Wirkung entfalten, und besser mit bedrohlichen Situationen umgehen.
272 S., kart., ISBN 3-922026-91-5

Ruth White
Arbeit mit den Chakren
Persönliche Entwicklung und Heilung durch Chakraenergien
Dieses Buch ist ein praktisches Handbuch zur Chakraarbeit. Verständlich geschrieben und klar gegliedert, rückt es esoterisches Wissen über Chakren in eine westliche Perspektive. Es zeigt, wie durch die Verbindung mit den Chakren Wachstum, Heilung und Ausgeglichenheit in allen Seinsbereichen möglich werden – physisch, mental, emotional und spirituell.

Ruth White ist anerkannte Heilerin, Autorin und Workshopleiterin. Ein Großteil der Chakraarbeit hat Selbsthilfecharakter. Durch die Verbindung mit den Chakren – in Übungen, Farbvisualisierungen und Meditationen – erschließt sich eine Fülle von Informationen über unser Selbst. Ungeahnte Begabungen kommen zum Vorschein und bringen ein Wissen an den Tag, das zur vollständigen physischen und seelischen Heilung wesentlich ist. Das so erlangte Selbstverständnis führt zu einem erfüllteren Leben und dynamischeren Lebensentscheidungen.
176 S., kart., ISBN 3-922026-09-5

Ernest L. Rossi
Die Psychobiologie der Seele-Körper-Heilung
Neue Ansätze der therapeutischen Hypnose
Gibt es tatsächlich eine Verbindung zwischen den Genen und der Seele, mit denen unsere Gedanken und Gefühle die Heilung unterstützen können? Ja, sagt der Autor, und führt uns in die faszinierende Welt der Psychobiologie ein.
340 S., geb., ISBN 3-922026-64-8

Ken Dychtwald
KörperBewußtsein
Das fachlich allgemeinverständliche, richtungsführende Buch auf der Selbsterfahrungsreise zu sich selbst.
320 S., kart., illustriert, ISBN 3-922026-02-8

A. Wallace, B. Henkin
Anleitung zum geistigen Heilen
Das Grundlagenbuch zum geistigen Heilen. Erfolgreich durch seine sachliche Beschreibung auf der Grundlage der Erfahrung der Humanistischen Psychologie. Viele Übungen für Anfänger und Fortgeschrittene.
7. Auflage, 240 Seiten, ISBN 3-922026-06-0

David V. Tansley
Die Aura des Menschen
Dieses Buch leitet uns an zum Erwecken unserer latenten Fähigkeiten, die Aura zu sehen, zu fühlen und zu interpretieren; es zeigt, wie wir das noch weitgehend ungenutzte Potential der Aura für Medizin und Heilarbeit entfalten können.
240 S., Abb., kart., ISBN 3-922026-60-5

David V. Tansley
RADIONIK –Energetische Diagnose und Behandlung
Diese Kunst des Heilens entwickelte sich aus einem Bereich der medizinischen Forschung von Prof. Dr. A. Abrams, der aufzeigte, daß Leben – und somit auch Krankheit – schwingende Energie ist, die energetisch behandelt werden kann. Radionik kann in jeder Therapieform praktiziert werden.
100 S., kart., illustriert, ISBN 3-922026-44-3

David V. Tansley
Der feinstoffliche Mensch
Radionik in der energetischen Behandlung
Radionik ist eine Diagnose- und Therapiemethode, die vorrangig über die feinstofflichen Kraftfelder und Energiezentren zur Untersuchung und Behandlung von Krankheitsursachen führt. Tansley gibt ein einfaches und zugleich praktisch anwendbares Bild der feinstofflichen Anatomie des Menschen, des Informationsträgers unserer Existenz – und damit der Basis für Heilung und Gesundheit.
112 S., kart., ISBN 3-922026-62-1

JEMANDEN LIEBEN,
DAS HEISST,
IHN ZUM LEBEN
FÜHREN,
SEIN WACHSTUM
HERAUSFORDERN.

– *Die Essenz unseres Verlages*

SYNTHESIS
Postfach 14 32 06 · D-45262 Essen · Fax 02 01 - 51 10 49
e-mail: Synthesis@Synthesis-Verlag.com · www.Synthesis-Verlag.com